CONFÉRENCE DE BRUXELLES.

Projet d'une convention internationale concernant les lois et coutumes de la guerre. (Texte primitif soumis à la conférence).

Projet d'une déclaration internationale concernant les lois et coutumes de la guerre. (Texte modifié par la conférence).

Protocoles des séances plénières de la conférence.

Protocoles des séances de la commission déléguée par la conférence.

Annexes.

LA HAYE,
LES FRÈRES VAN CLEEF.
1890.

CONFÉRENCE DE BRUXELLES.

CONFÉRENCE DE BRUXELLES.

Projet d'une convention internationale concernant les lois et coutumes de la guerre. (Texte primitif soumis à la conférence).

Projet d'une déclaration internationale concernant les lois et coutumes de la guerre. (Texte modifié par la conférence).

Protocoles des séances plénières de la conférence.

Protocoles des séances de la commission déléguée par la conférence.

Annexes.

LA HAYE,
LES FRÈRES VAN CLEEF.
1890.

IMPRIMERIE DE LA HOLLANDE MÉRIDIONALE.

TABLE DES MATIÈRES.

PROTOCOLES

DES

SÉANCES PLÉNIÈRES DE LA CONFÉRENCE DE BRUXELLES.

PROTOCOLES

DES

SÉANCES DE LA COMMISSION DÉLÉGUÉE PAR LA CONFÉRENCE.

ANNEXES.

CONFÉRENCE DE BRUXELLES.

Projet d'une convention inter- nationale concernant les lois et coutumes de la guerre.	Projet d'une déclaration inter- nationale concernant les lois et coutumes de la guerre.
(Texte primitif soumis à la conférence.)	(Texte modifié par la conférence.)

PRINCIPES GÉNÉRAUX.

§ Ier. Une guerre internationale est un état de lutte ouverte entre deux Etats indépendants (agissant isolément ou avec des alliés), et entre leurs forces armées et organisées.

§ II. Les opérations de guerre doivent être dirigées exclusivement contre les forces et les moyens de guerre de l'Etat ennemi et non contre ses sujets, tant que ces derniers ne prennent pas eux-mêmes une part active à la guerre.

§ III. Pour atteindre le but de la guerre, tous les moyens et toutes les mesures, conformes aux lois et coutumes de la guerre et justifiés par les nécessités de la guerre, sont permis.

Les lois et coutumes de la guerre n'interdisent pas seulement les cruautés inutiles et les actes de barbarie commis contre l'ennemi; elles exigent encore, de la part des autorités compétentes, le châtiment

1

immédiat de ceux qui se sont rendus coupables de pareils actes, s'ils n'ont pas été provoqués par une nécessité absolue.

§ IV. Les nécessités de la guerre ne peuvent justifier: ni la trahison à l'égard de l'ennemi, ni le fait de le déclarer hors la loi, ni l'autorisation d'employer contre lui la *violence* et la cruauté.

§ V. Dans le cas où l'ennemi n'observerait pas les lois et coutumes de la guerre, telles qu'elles sont définies par la présente convention, la partie adverse peut recourir à des représailles, mais seulement comme un mal inévitable et sans jamais perdre de vue les devoirs de l'humanité.

SECTION PREMIÈRE.

Des droits des parties belligérantes l'une à l'égard de l'autre.

CHAPITRE PREMIER.

DE L'AUTORITÉ MILITAIRE SUR LE TERRITOIRE DE L'ÉTAT ENNEMI.

§ Ier. L'occupation par l'ennemi d'une partie du territoire de l'État en guerre avec lui, y suspend, par le fait même, l'autorité du pouvoir légal de ce dernier et y substitue l'autorité du pouvoir militaire de l'État occupant.

§ II. L'ennemi qui occupe un territoire peut, selon les exigences de la guerre et en vue de l'intérêt public, soit maintenir la force obligatoire des lois qui y étaient en vigueur en temps de paix, soit les modifier en partie, soit les suspendre entièrement.

DE L'AUTORITÉ MILITAIRE SUR LE TERRITOIRE DE L'ÉTAT ENNEMI.

Art. 1er. Un territoire est considéré comme occupé lorsqu'il se trouve placé de fait sous l'autorité de l'armée ennemie.

L'occupation ne s'étend qu'aux territoires où cette autorité est établie et en mesure de s'exercer.

Art. 2. L'autorité du pouvoir légal étant suspendue et ayant passé de fait entre les mains de l'occupant, celui-ci prendra toutes les mesures qui dépendent de lui en vue de rétablir et d'assurer, autant qu'il est possible, l'ordre et la vie publique.

Art. 3. A cet effet, il maintiendra les lois qui étaient en vigueur dans le pays en temps de paix, et ne les modifiera, ne les suspendra ou ne les remplacera que s'il y a nécessité.

§ III. D'après le droit de la guerre, le chef de l'armée d'occupation peut contraindre les institutions et les fonctionnaires de l'administration, de la police et de la justice, à continuer l'exercice de leurs fonctions sous sa surveillance et son contrôle.

§ IV. L'autorité militaire peut exiger des fonctionnaires locaux qu'ils s'engagent, sous serment ou sur parole, à remplir les devoirs qui leur sont imposés pendant la durée de l'occupation ennemie; elle peut révoquer ceux qui refuseraient de satisfaire à cette exigence et poursuivre judiciairement ceux qui ne rempliraient pas l'obligation acceptée par eux.

§ V. L'armée d'occupation a le droit de prélever à son profit sur les populations locales, tous les impôts, les redevances et les droits et péages établis par leur gouvernement légal.

§ VI. L'armée qui occupe un pays ennemi, a le droit de prendre possession de tous les capitaux du gouvernement, de ses dépôts d'armes, de ses moyens de transport, de ses magasins et approvisionnements et, en général, de toute propriété du gouvernement pouvant servir au but de la guerre.

Observation. — Tout le matériel des chemins de fer, quoique appartenant à des compagnies privées, de même que les dépôts d'armes et en général toute espèce de munitions de guerre, bien qu'appartenant à des personnes privées, sont également sujettes à la prise de possession par l'armée d'occupation.

Art. 4. Les fonctionnaires et les employés de tout ordre qui consentiraient, sur son invitation, à continuer leurs fonctions, jouiront de sa protection. Ils ne seront révoqués ou punis disciplinairement que s'ils manquent aux obligations acceptées par eux et livrés à la justice que s'ils les trahissent.

Art. 5. L'armée d'occupation ne prélèvera que les impôts, redevances, droits et péages déjà établis au profit de l'Etat, ou leur équivalent, s'il est impossible de les encaisser, et, autant que possible, dans la forme et suivant les usages existants. Elle les emploiera à pourvoir aux frais de l'administration du pays dans la mesure où le Gouvernement légal y était obligé.

Art. 6. L'armée qui occupe un territoire ne pourra saisir que le numéraire, les fonds et les valeurs exigibles appartenant en propre à l'Etat, les dépôts d'armes, moyens de transport, magasins et approvisionnements et, en général, toute propriété mobilière de l'Etat de nature à servir aux opérations de la guerre.

Le matériel des chemins de fer, les télégraphes de terre, les bateaux à vapeur et autres navires en dehors des cas régis par la loi maritime, de même que les dépots d'armes et en général toute espèce de munitions de guerre, quoique appartenant à des sociétés ou à des personnes privées, sont également des moyens de nature à servir aux opérations de la guerre et qui peuvent ne pas être laissés par l'armée d'occupation à la disposition de l'ennemi. Le matériel des chemins de fer, les télégraphes de terre, de même que les bateaux à vapeur et autres navires

§ VII. Le droit de jouissance des édifices publics, immeubles, forêts et exploitations agricoles appartenant à l'Etat ennemi et se trouvant dans le pays occupé, passe de même à l'armée d'occupation.

§ VIII. La propriété des églises, des établissements de charité et d'instruction, de toutes les institutions consacrées à des buts scientifiques, artistiques et de bienfaisance, n'est pas sujette à prise de possession par l'armée d'occupation. Toute saisie ou destruction intentionnelles de semblables établissements, des monuments, des œuvres d'art ou des musées scientifiques, doit être poursuivie par l'autorité compétente.

susmentionnés seront restitués et les indemnités réglées à la paix.

Art. 7. L'Etat occupant ne se considérera que comme administrateur et usufruitier des édifices publics, immeubles, forêts et exploitations agricoles appartenant à l'Etat ennemi et se trouvant dans le pays occupé. Il devra sauvegarder le fonds de ces propriétés et les administrer conformément aux règles de l'usufruit.

Art. 8. Les biens des communes, ceux des établissements consacrés aux cultes, à la charité et à l'instruction, aux arts et aux sciences, même appartenant à l'Etat, seront traités comme la propriété privée.

Toute saisie, destruction ou dégradation intentionnelle de semblables établissements, de monuments historiques, d'œuvres d'art ou de science, doit être poursuivie par les autorités compétentes.

CHAPITRE II.

QUI DOIT ÊTRE RECONNU COMME PARTIE BELLIGÉRANTE; DES COMBATTANTS ET NON-COMBATTANTS.

§ IX. Les droits de belligérants n'appartiennent pas seulement à l'armée, mais encore aux milices et aux corps de volontaires dans les cas suivants :

1° Si, ayant à leur tête une personne responsable pour ses subordonnés, ils sont en même temps soumis au commandement général;

2° S'ils ont un certain signe distinctif extérieur reconnaissable à distance;

3° S'ils portent des armes ouvertement, et

4° Si, dans leurs opérations, ils se conforment aux lois, coutumes et procédés de la guerre.

Les bandes armées ne répondant pas aux conditions mentionnées ci-dessus, n'ont pas les droits de belligérants; elles ne sont pas considérées comme des ennemis réguliers et, en cas de capture, sont poursuivies judiciairement.

QUI DOIT ÊTRE RECONNU COMME PARTIE BELLIGÉRANTE; DES COMBATTANTS ET DES NON-COMBATTANTS.

Art. 9. Les lois, les droits et les devoirs de la guerre ne s'appliquent pas seulement à l'armée, mais encore aux milices et aux corps de volontaires réunissant les conditions suivantes :

1° D'avoir à leur tête une personne responsable pour ses subordonnés;

2° D'avoir un signe distinctif fixe et reconnaissable à distance;

3° De porter les armes ouvertement, et

4° De se conformer dans leurs opérations aux lois et coutumes de la guerre.

Dans les pays où les milices constituent l'armée ou en font partie, elles sont comprises sous la dénomination d'*armée*.

(Voir le § XLV.)

§ X. Les forces armées des Etats belligérants se composent de combattants et de non-combattants. Les premiers prennent une part active et directe dans les opérations de guerre; les seconds, tout en entrant dans la composition de l'armée, appartiennent à diverses branches de l'administration militaire, telles que: le service religieux, médical, de l'intendance, de la justice, ou bien se trouvent attachés à l'armée. En cas de capture par l'ennemi, les non-combattants jouissent, à l'égal des premiers, des droits de prisonniers de guerre; les médecins, le personnel auxiliaire des ambulances, de même que les ecclésiastiques, jouissent, en outre, des droits de la neutralité (v. plus bas, § 38).

Art. 10. La population d'un territoire non occupé qui, à l'approche de l'ennemi, prend spontanément les armes pour combattre les troupes d'invasion sans avoir eu le temps de s'organiser conformément à l'article 9, sera considérée comme belligérante si elle respecte les lois et coutumes de la guerre.

Art. 11. Les forces armées des parties belligérantes peuvent se composer de combattants et de non-combattants. En cas de capture par l'ennemi les uns et les autres jouiront des droits de prisonniers de guerre.

CHAPITRE III.

DES MOYENS DE NUIRE A L'ENNEMI; DE CEUX QUI SONT PERMIS OU DOIVENT ÊTRE INTERDITS.

DES MOYENS DE NUIRE A L'ENNEMI.

§ XI. Les lois de la guerre ne reconnaissent pas aux parties belligérantes un pouvoir illimité quant aux choix des moyens de se nuire réciproquement.

§ XII. D'après ce principe, sont interdits:

A. L'emploi d'armes empoisonnées, ou la propagation, par un moyen quelconque, du poison sur le territoire ennemi;

B. Le meurtre par trahison des individus appartenant à l'armée ennemie;

C. Le meurtre d'un ennemi qui a mis bas les armes ou n'a plus les

Art. 12. Les lois de la guerre ne reconnaissent pas aux belligérants un pouvoir illimité quant au choix des moyens de nuire à l'ennemi.

Art. 13 D'après ce principe sont notamment interdits:

A. L'emploi du poison ou d'armes empoisonnées;

B. Le meurtre par trahison d'individus appartenant à la nation ou à l'armée ennemie;

C. Le meurtre d'un ennemi qui, ayant mis bas les armes ou n'ayant moyens de se défendre. En général, les parties belligérantes n'ont pas le droit de déclarer qu'elles ne feront pas de quartier. Une mesure aussi extrême ne peut être admise qu'à titre de représailles pour des actes de cruauté antérieurs, ou bien comme moyen inévitable pour prévenir sa propre perte. Les armées qui ne font pas de quartier n'ont pas le droit de le réclamer à leur tour;

D. La menace d'extermination envers une garnison qui défend obstinément une forteresse;

E. L'emploi d'armes occasionnant des souffrances inutiles comme: les projectiles remplis de verre pilé ou de matières propres à causer des maux superflus;

F. L'emploi de balles explosibles d'un poids inférieur à 400 grammes et chargées de matières inflammables.

§ XIII. Aux moyens *permis* appartiennent:

A. Toutes les opérations de la grande et de la petite guerre (guerre de partisans);

B. La saisie ou la destruction de tout ce qui est indispensable à l'ennemi pour faire la guerre, ou de ce qui peut le renforcer;

C. La destruction de tout ce qui empêche le succès des opérations de guerre;

D. Toute espèce de *ruses de guerre;* mais celui qui emploie le pavillon national, les insignes militaires ou l'uniforme de l'ennemi dans le but de le tromper se prive de la protection des lois de la guerre;

E. L'emploi de tous les moyens possibles pour se procurer des renseignements sur l'ennemi et sur le terrain.

plus les moyens de se défendre, s'est rendu à discrétion;

D. La déclaration qu'il ne sera pas fait de quartier;

E. L'emploi d'armes, de projectiles ou de matières propres à causer des maux superflus, ainsi que l'usage des projectiles prohibés par la déclaration de Saint-Petersbourg de 1868;

F. L'abus du pavillon parlementaire, du pavillon national ou des insignes militaires et de l'uniforme de l'ennemi, ainsi que des signes distinctifs de la convention de Genève;

G. Toute destruction ou saisie de propriétés ennemies qui ne serait pas impérieusement commandée par la nécessité de guerre.

Art. 14. Les ruses de guerre et l'emploi des moyens nécessaires pour se procurer des renseignements sur l'ennemi et sur le terrain (sauf les dispositions de l'art. 36) sont considérés comme licites.

CHAPITRE IV.

§ XIV. Les forteresses ou villes fortifiées peuvent seules être assiégées. Une ville entièrement ouverte, qui n'est pas défendue par des troupes ennemies et dont les habitants ne résistent pas les armes à la main, *ne peut pas être attaquée ou bombardée.*

§ XV. Mais si une ville est défendue par des troupes ennemies ou par les habitants armés, l'armée assaillante, avant d'entreprendre le bombardement, doit en informer préalablement les autorités de la ville.

§ XVI. Le commandant d'une armée assiégeante, lorsqu'il bombarde une ville fortifiée, doit prendre toutes les mesures qui dépendent de lui pour épargner, autant qu'il est possible, les églises et les édifices artistiques, scientifiques et de bienfaisance.

§ XVII. Une ville prise d'assaut ne doit pas être livrée au pillage des troupes victorieuses.

CHAPITRE V.

DES ESPIONS.

§ XVIII. Est considéré comme espion l'individu qui, agissant en dehors de ses obligations militaires, recueille clandestinement des informations dans les localités occupées par l'ennemi, avec l'intention de les communiquer à la partie adverse.

§ XIX. L'espion, pris sur le fait, lors même que son intention n'aurait pas été définitivement accomplie ou n'aurait pas été couronnée de succès, est livré à la justice.

Art. 15. Les places fortes peuvent seules être assiégées. Des villes, agglomérations d'habitations ou villages ouverts qui ne sont pas défendus ne peuvent être ni attaqués ni bombardés.

Art. 16. Mais si une ville ou place de guerre, agglomération d'habitations ou village est défendu, le commandant des troupes assaillantes, avant d'entreprendre le bombardement, et sauf l'attaque de vive force, devra faire tout ce qui dépend de lui pour en avertir les autorités.

Art. 17. En pareil cas. toutes les mesures nécessaires doivent être prises pour épargner, autant qu'il est possible, les édifices consacrés aux cultes, aux arts, aux sciences et à la bienfaisance, les hôpitaux et les lieux de rassemblement de malades et de blessés, à condition qu'ils ne soient pas employés en même temps à un but militaire.

Le devoir des assiégés est de désigner ces édifices par des signes visibles spéciaux à indiquer d'avance à l'assiégeant.

Art. 18. Une ville prise d'assaut ne doit pas être livrée au pillage des troupes victorieuses.

DES ESPIONS.

Art. 19. Ne peut être considéré comme espion que l'individu qui, agissant clandestinement ou sous de faux prétextes, recueille ou cherche à recueillir des informations dans les localités occupées par l'ennemi, avec l'intention de les communiquer à la partie adverse.

Art. 20. L'espion, pris sur le fait, sera jugé et traité d'après les lois en vigueur dans l'armée qui l'a saisi.

§ XX. Est également livré à la justice, tout habitant du pays *occupé par l'ennemi, qui communique des informations à la partie adverse.*

§ XXI. Si l'espion, qui, après avoir rempli sa mission avec succès, retourne à son corps d'armée, est capturé plus tard par l'ennemi, il est traité comme prisonnier de guerre et n'encourt aucune responsabilité pour ses actes antérieurs.

§ XXII. Les militaires qui ont pénétré dans les limites de sphère d'opérations de l'armée ennemie, dans le but de recueillir des informations, ne sont pas considérés comme espions, s'il a été possible de reconnaître leur qualité de militaires. De même, ne doivent pas être considérés comme espions s'ils sont capturés par l'ennemi : les militaires (et aussi les non-militaires accomplissant ouvertement leur mission), envoyés pour transmettre des dépêches écrites ou verbales, d'une partie de l'armée à l'autre.

Observation. — A cette catégorie appartiennent aussi les individus capturés dans les ballons, et envoyés pour transmettre des dépêches, et en général pour entretenir les communications entre les diverses parties d'une armée.

Art. 21. L'espion, qui rejoint l'armée à laquelle il appartient, et qui est capturé plus tard par l'ennemi, est traité comme prisonnier de guerre et n'encourt aucune responsabilité pour ses actes antérieurs.

Art. 22. Les militaires non déguisés qui ont pénétré dans la zone d'opérations de l'armée ennemie, à l'effet de recueillir des informations, ne sont pas considérés comme espions.

De même, ne doivent pas être considérés comme espions, s'ils sont capturés par l'ennemi : les militaires (et aussi les non-militaires accomplissant ouvertement leur mission) chargés de transmettre des dépêches destinées soit à leur propre armée, soit à l'armée ennemie.

A cette catégorie appartiennent également, s'ils sont capturés, les individus envoyés en ballon pour transmettre les dépêches, et, en général, pour entretenir les communications entre les diverses parties d'une armée ou d'un territoire.

CHAPITRE VI.

DES PRISONNIERS DE GUERRE.

§ XXIII. Tous les combattants et non-combattants qui entrent dans la composition des forces armées des parties belligérantes reconnues par la loi (chap. II, §§ 9 et 10), à l'exception des non-combattants mentionnés plus bas (chap. VII, § 38), sont sujets à être prisonniers de guerre.

§ XXIV. Peuvent être faits prisonniers en même temps que les armées, les individus qui, se trouvant auprès d'elles, n'en font pas directement partie, tels que : les correspondants, les reporters de journaux, les vivandiers, fournisseurs, etc., etc.

DES PRISONNIERS DE GUERRE.

(V. art. 34).

§ XXV. Les prisonniers de guerre ne sont pas des criminels, mais des ennemis légaux. Ils sont au pouvoir du gouvernement ennemi, mais non des individus ou des corps qui les ont faits prisonniers, et ne doivent être assujettis à aucune *violence* ou mauvais traitement.

Art. 23. Les prisonniers de guerre sont des ennemis légaux et désarmés.

Ils sont au pouvoir du Gouvernement ennemi, mais non des individus ou des corps qui les ont capturés.

Ils doivent être traités avec humanité.

Tout acte d'insubordination autorise à leur égard les mesures de rigueur nécessaires.

Tout ce qui leur appartient personnellement, les armes exceptées, reste leur propriété.

§ XXVI. Les prisonniers de guerre sont assujettis à l'internement dans une ville, forteresse ou localité quelconque, avec obligation de ne pas s'en éloigner au delà de certaines limites déterminées; mais ils ne peuvent pas être soumis à la réclusion comme des criminels.

Art. 24. Les prisonniers de guerre peuvent être assujettis à l'internement dans une ville, forteresse, camp ou localité quelconque, avec obligation de ne pas s'en éloigner au delà de certaines limites déterminées; mais ils ne peuvent être enfermés que par mesure de sûreté indispensable.

§ XXVII. Les prisonniers de guerre peuvent être employés à certaines travaux publics, qui ne soient pas exténuants ou humiliants pour le grade et la position sociale qu'ils occupent dans leur pays, et qui en même temps n'aient pas un rapport direct avec les opérations de guerre entreprises contre leur patrie ou contre ses alliés.

Art. 25. Les prisonniers de guerre peuvent être employés à certains travaux publics qui n'aient pas un rapport direct avec les opérations sur le théâtre de la guerre et qui ne soient pas exténuants ou humiliants pour leur grade militaire, s'ils appartiennent à l'armée, ou pour leur position officielle ou sociale, s'ils n'en font point partie.

Ils pourront également, en se conformant aux dispositions réglementaires, à fixer par l'autorité militaire, prendre part aux travaux de l'industrie privée.

Leur salaire servira à améliorer leur position ou leur sera compté au moment de leur libération. Dans ce cas, les frais d'entretien pourront être défalqués de ce salaire.

§ XXVIII. Les prisonniers de guerre ne peuvent pas être astreints à prendre une part quelconque à la poursuite des opérations de guerre.

Art. 26. Les prisonniers de guerre ne peuvent être astreints d'aucune manière à prendre une part quelconque à la poursuite des opérations de la guerre.

§ XXIX. Le gouvernement au pouvoir duquel se trouvent les prisonniers de guerre, prend sur lui leur entretien. Les conditions de l'entretien des prisonniers de guerre sont

Art. 27. Le Gouvernement au pouvoir duquel se trouvent les prisonniers de guerre se charge de leur entretien.

Les conditions de cet entretien

établies par une entente mutuelle entre les parties belligérantes.

§ XXX. Un prisonnier de guerre qui prend la fuite, peut être tué pendant la poursuite, mais une fois repris ou de nouveau fait prisonnier, il n'est passible d'aucune punition pour sa fuite; la surveillance dont il est l'objet peut seulement être renforcée.

§ XXXI. Les prisonniers de guerre ayant commis, durant leur captivité, des délits quelconques, peuvent être déférés aux tribunaux et punis en conséquence.

§ XXXII. Tout complot des prisonniers de guerre en vue d'une fuite générale ou bien contre les autorités établies au lieu de leur internement, *est puni d'après les lois militaires.*

§ XXXIII. Chaque prisonnier de guerre est tenu par l'honneur de déclarer son véritable grade et, dans le cas où il enfreindrait cette règle, il encourrait une restriction de la jouissance des droits accordés aux prisonniers de guerre.

§ XXXIV. L'échange des prisonniers de guerre dépend entièrement des convenances des parties belligérantes et toutes les conditions de cet échange sont fixées par une entente mutuelle

§ XXXV. Les prisonniers de guerre peuvent être mis en liberté sur parole, si les lois de leur pays les y autorisent et, en pareil cas, ils sont obligés, sous la garantie de leur honneur personnel, de remplir scrupuleusement, tant vis-à-vis de leur propre gouvernement que vis-à-vis de celui qui les a faits prisonniers, les engagements qu'ils auraient contractés.

peuvent être établies par une entente mutuelle entre les parties belligérantes.

A défaut de cette entente, et comme principe général, les prisonniers de guerre seront traités pour la nourriture et l'habillement sur le même pied que les troupes du Gouvernement qui les aura capturés.

Art. 28. Les prisonniers de guerre sont soumis aux lois et règlements en vigueur dans l'armée au pouvoir de laquelle ils se trouvent.

Contre un prisonnier de guerre en fuite il est permis, après sommation, de faire usage des armes. Repris, il est passible de peines disciplinaires ou soumis à une surveillance plus sévère.

Si, après avoir réussi à s'échapper, il est de nouveau fait prisonnier, il n'est passible d'aucune peine pour sa fuite antérieure.

Art. 29. Chaque prisonnier de guerre est tenu de déclarer, s'il est interrogé à ce sujet, ses véritables noms et grade et, dans le cas où il enfreindrait cette règle, il s'exposerait à une restriction des avantages accordés aux prisonniers de guerre de sa catégorie.

Art. 30. L'échange de prisonniers de guerre est réglé par une entente mutuelle entre les parties belligérantes.

Art. 31. Les prisonniers de guerre peuvent être mis en liberté sur parole, si les lois de leur pays les y autorisent, et, en pareil cas, ils sont obligés, sous la garantie de leur honneur personnel, de remplir scrupuleusement, tant vis-à-vis de leur propre Gouvernement que vis-à-vis de celui qui les a faits prisonniers, les engagements qu'ils auraient contractés.

§ XXXVI. Un prisonnier de guerre ne peut pas être contraint à donner sa parole d'honneur, de même que le gouvernement belligérant ne peut pas être forcé de libérer les prisonniers sur parole.

§ XXXVII. Tout prisonnier de guerre, libéré sur parole et de nouveau repris portant les armes contre le gouvernement envers lequel il s'était engagé d'honneur, est privé des droits de prisonnier de guerre et traduit devant les *tribunaux militaires*.

(Voir le § XXIV.)

CHAPITRE VII.

DES NON-COMBATTANTS ET DES BLESSÉS.

§ XXXVIII. Les ecclésiastiques, médecins, pharmaciens et aides-chirurgiens demeurés près des blessés sur le champ de bataille, ainsi que tout le service personnel des hôpitaux militaires et des ambulances de campagne, ne peuvent pas être faits prisonniers de guerre ; ils jouissent du droit de neutralité s'ils ne prennent pas une part active aux opérations de guerre.

§ XXXIX. Les malades et blessés, tombés entre les mains de l'ennemi, sont considérés comme prisonniers de guerre et traités conformément à la convention de Genève et aux articles additionnels suivants.

§ XL. La neutralité des hôpitaux et ambulances cesse si l'ennemi en use pour des buts de guerre; mais

Dans le même cas, leur propre Gouvernement ne doit ni exiger ni accepter d'eux aucun service contraire à la parole donnée.

Art. 32. Un prisonnier de guerre ne peut pas être contraint d'accepter sa liberté sur parole ; de même le gouvernement ennemi n'est pas obligé d'accéder à la demande du prisonnier réclamant sa mise en liberté sur parole.

Art. 33. Tout prisonnier de guerre, libéré sur parole et repris portant les armes contre le gouvernement envers lequel il s'était engagé d'honneur, peut être privé des droits de prisonnier de guerre et traduit devant les tribunaux.

Art. 34. Peuvent également être faits prisonniers les individus qui, se trouvant auprès des armées, n'en font pas directement partie, tels que : les correspondants, les reporters de journaux, les vivandiers, les fournisseurs, etc. Toutefois, ils doivent être munis d'une autorisation émanant du pouvoir compétent et d'un certificat d'identité.

DES MALADES ET BLESSÉS.

lo fait qu'ils sont protégés par un piquet ou des sentinelles no les prive pas de la neutralité; le piquet ou los sentinelles, s'ils sont capturés, sont seuls considérés comme prisonniers do guerre.

§ XLI. Les personnes jouissant du droit de neutralité et mises dans la nécessité *de recourir aux armes pour leur défense personnelle*, no perdent pas, par ce fait, leur droit à la neutralité.

§ XLII. Les parties belligérantes sont tenues do prêter leur assistance aux personnes neutralisées tombées en leur pouvoir, afin de leur obtenir la jouissance de l'entretien qui leur est assigné par leur gouvernement et, en cas do nécessité, do leur délivrer des secours comme avance sur cet entretien.

§ XLIII. Les blessés appartenant à l'armée ennemie, et qui, après guérison, sont trouvés incapables de prendre une part active à la guerre, peuvent être renvoyés dans leur pays. Les blessés qui ne sont pas dans ces conditions peuvent être retenus comme prisonniers de guerre.

§ XLIV. Les non-combattants, jouissant du droit de neutralité, doivent porter un signe distinctif délivré par leur gouvernement et, en outre, un certificat d'identité.

Art. 35. Les obligations des belligérants concernant le service des malades et des blessés sont régies par la convention do Genève du 22 août 1864, sauf les modifications dont celle-ci pourra être l'objet.

SECTION II.

Des droits des parties belligérantes par rapport aux personnes privées.

CHAPITRE PREMIER.

DU POUVOIR MILITAIRE A L'ÉGARD DES PERSONNES PRIVÉES.

§ XLV. La population d'une localité qui n'est pas encore occupée par l'ennemi et qui prend les armes pour la défense de la patrie, doit être envisagée comme partie belligérante, et si elle est faite prisonnière elle doit être considérée comme prisonnière de guerre.

DU POUVOIR MILITAIRE A L'ÉGARD DES PERSONNES PRIVÉES.

(Voir l'article 10.)

§ XLVI. Les individus faisant partie de la population d'un pays dans lequel le pouvoir de l'ennemi est déjà établi et qui se soulèvent contre lui les armes à la main, peuvent être déférés à la justice et ne sont pas considérés comme prisonniers de guerre.

§ XLVII. Les individus qui, tantôt prennent part de leur propre chef aux opérations de guerre, tantôt retournent à leurs occupations pacifiques, ne satisfaisant pas en général aux conditions des §§ 9 et 10, ne jouissent pas des droits des parties belligérantes et sont passibles, en cas de capture, de la justice militaire.

§ XLVIII. Tant que la province, occupée par l'ennemi, ne lui est pas annexée en vertu d'un traité de paix, la population de cette province ne peut être forcée ni à prendre part aux opérations militaires contre son gouvernement légal, ni à des actes de nature à contribuer à la poursuite de buts de guerre au détriment de la patrie.

Art. 36. La population d'un territoire occupé ne peut être forcée de prendre part aux opérations militaires contre son propre pays.

§ XLIX. La population des localités occupées ne peut être contrainte au serment de sujétion perpétuelle à la puissance ennemie.

§ L. Les convictions religieuses, l'honneur, la vie et la propriété de la population pacifique doivent être respectés par l'armée ennemie.

Art. 37. La population d'un territoire occupé ne peut être contrainte de prêter serment à la puissance ennemie.

Art. 38. L'honneur et les droits de la famille, la vie et la propriété des individus, ainsi que leurs convictions religieuses et l'exercice de leur culte doivent être respectés.

La propriété privée ne peut pas être confisquée.

§ LI. Les troupes doivent respecter la propriété privée dans le pays occupé et ne point la détruire sans nécessité urgente.

Art. 39. Le pillage est formellement interdit.

CHAPITRE II.

DES RÉQUISITIONS ET CONTRIBUTIONS.

DES CONTRIBUTIONS ET DES RÉQUISITIONS.

§ LII. L'ennemi peut exiger de la population locale tous les impôts, services et redevances, en nature et en argent, auxquels ont droit les armées du gouvernement légal.

Art. 40. La propriété privée devant être respectée, l'ennemi ne demandera aux communes ou aux habitants que des prestations et des services en rapport avec les néces-

§ LIII. L'armée d'occupation peut exiger de la population locale tous les objets d'approvisionnement, d'habillement, de chaussures et autres, nécessaires à son entretien. En pareil cas, le belligérant est tenu, autant que possible, ou d'indemniser les personnes qui lui cèdent leur propriété ou de leur délivrer les quittances d'usage.

§ LIV. L'ennemi peut prélever sur la population du pays qu'il occupe *des contributions pécuniaires* ou bien dans le cas de *nécessité absolue* et *inévitable*, ou bien à titre d'*amende*, mais dans l'un comme dans l'autre cas, pas autrement qu'en vertu d'une décision du commandant en chef et en évitant, en outre, de ruiner la population.

Les sommes d'argent prélevées sur la population, dans le premier cas, peuvent être sujettes à restitution.

sités de guerre généralement reconnues, en proportion avec les ressources du pays et qui n'impliquent pas pour les populations l'obligation de prendre part aux opérations de guerre contre leur patrie.

Art. 41. L'ennemi prélevant des contributions soit comme équivalent pour des impôts (v. art. 5) ou pour des prestations qui devraient être faites en nature, soit à titre d'amende, n'y procédera, autant que possible, que d'après les règles de la répartition et de l'assiette des impôts en vigueur dans le territoire occupé.

Les autorités civiles du Gouvernement légal y prêteront leur assistance si elles sont restées en fonctions.

Les contributions ne pourront être imposées que sur l'ordre et sous la responsabilité du général en chef ou de l'autorité civile supérieure établie par l'ennemi dans le territoire occupé.

Pour toute contribution, un reçu sera donné au contribuable.

Art. 42. Des réquisitions ne seront faites qu'avec l'autorisation du commandant dans la localité occupée.

Pour toute réquisition, il sera accordé une indemnité ou délivré un reçu.

SECTION III.

Des relations entre les belligérants.

CHAPITRE PREMIER.

DES MODES DE COMMUNICATIONS ET DES PARLEMENTAIRES.

§ LV. Toute communication entre les territoires occupés par les parties belligérantes cesse et ne peut être permise que par l'autorité militaire, dans la mesure de ce qu'elle jugera indispensable.

§ LVI. Les agents diplomatiques

DES PARLEMENTAIRES.

et consulaires des puissances neutres ont le droit d'exiger des parties belligérantes l'autorisation de quitter sans empêchement le théâtre des opérations de guerre; mais en cas de nécessité militaire absolue, la satisfaction de semblables réclamations peut être ajournée à un moment plus opportun.

§ LVII. Les individus autorisés par l'un des belligérants à entrer en pourparlers avec l'autre et se présentant avec le drapeau blanc, accompagnés d'une trompette (clairon ou tambour), seront reconnus comme parlementaires et auront droit à l'inviolabilité de leur personne.

§ LVIII. Le chef de l'armée auquel un parlementaire est expédié, n'est pas obligé de le recevoir en toutes circonstances et dans toutes conditions. Il lui est loisible également de prendre toutes les mesures nécessaires pour empêcher le parlementaire de profiter de son séjour dans le rayon des positions de l'ennemi au préjudice de ce dernier.

§ LIX. Si le parlementaire, se présentant chez l'ennemi pendant un combat, est blessé ou tué, ce fait ne sera pas considéré comme une violation du droit.

§ LX. Le parlementaire perd ses droits d'inviolabilité s'il est prouvé, d'une manière positive et irrécusable, qu'il a profité de sa position privilégiée pour recueillir des renseignements ou provoquer une trahison.

CHAPITRE II.

DES CAPITULATIONS.

§ LXI. Les conditions des capi-

Art. 43. Est considéré comme parlementaire, l'individu autorisé par l'un des belligérants à entrer en pourparlers avec l'autre et se présentant avec le drapeau blanc, accompagné d'un trompette (clairon ou tambour) ou aussi d'un porte-drapeau. Il aura droit à l'inviolabilité ainsi que le trompette (clairon ou tambour) et le porte-drapeau qui l'accompagnent.

Art. 44. Le chef auquel un parlementaire est expedié n'est pas obligé de le recevoir en toutes circonstances et dans toutes conditions.

Il lui est loisible de prendre toutes les mesures nécessaires pour empêcher le parlementaire de profiter de son séjour dans le rayon des positions de l'ennemi au préjudice de ce dernier, et si le parlementaire s'est rendu coupable de cet abus de confiance, il a le droit de le retenir temporairement.

Il peut également déclarer d'avance qu'il ne recevra pas de parlementaires pendant un temps déterminé. Les parlementaires qui viendraient à se présenter après une pareille notification, du côté de la partie qui l'aurait reçue, perdraient le droit à l'inviolabilité.

Art. 45. Le parlementaire perd ses droits d'inviolabilité, s'il est prouvé d'une manière positive et irrécusable qu'il a profité de sa position privilégiée pour provoquer ou commettre un acte de trahison.

DES CAPITULATIONS.

Art. 46. Les conditions des capitulations dépendent d'une entente entre les parties contractantes. Une fois fixées par une convention, elles doivent être scrupuleusement observées par les deux parties.

tulations sont débattues entre les parties contractantes.

Elles ne doivent pas être contraires à l'honneur militaire.

Une fois fixées par une convention, elles doivent être scrupuleusement observées par les deux parties.

CHAPITRE III.

DE L'ARMISTICE.

§ LXII. L'armistice suspend les opérations de guerre pour un laps de temps fixé par un accord mutuel des parties belligérantes. Si le terme n'est pas déterminé, les parties belligérantes peuvent reprendre en tout temps les opérations, pourvu, toutefois, que l'ennemi soit averti en temps opportun, conformément aux conditions de l'armistice.

§ LXIII. A la conclusion de l'armistice, il sera précisé exactement ce que chacune des parties pourra faire et ce dont elle devra s'abstenir.

§ LXIV. L'armistice peut être général ou local. Le premier suspend partout les opérations de guerre des Etats belligérants; le second seulement entre certaines fractions des armées belligérantes et dans les limites d'une localité déterminée.

§ LXV. L'armistice entre en vigueur à dater du moment de sa conclusion. Les hostilités sont suspendues immédiatement après sa notification aux autorités compétentes.

§ LXVI. Il dépend des parties contractantes de fixer les conditions dans lesquelles les rapports seront admis entre les populations des provinces occupées. Si la convention ne contient point de clauses à ce sujet, l'état de guerre est considéré comme maintenu.

§ LXVII. La violation des clauses de l'armistice, par l'une des parties, dégage l'autre de l'obligation de les exécuter, et les opérations de guerre peuvent être immédiatement reprises.

§ LXVIII. La violation des clauses de l'armistice par des particuliers, sur leur initiative personnelle,

DE L'ARMISTICE.

Art. 47. L'armistice suspend les opérations de guerre par un accord mutuel des parties belligérantes. Si la durée n'en est pas déterminée, les parties belligérantes peuvent reprendre en tout temps les opérations, pourvu, toutefois, que l'ennemi soit averti en temps convenu, conformément aux conditions de l'armistice.

Art. 48. L'armistice peut être général ou local. Le premier suspend partout les opérations de guerre des Etats belligérants; le second seulement entre certaines fractions des armées belligérantes et dans un rayon déterminé.

Art. 49. L'armistice doit être officiellement et sans retard notifié aux autorités compétentes et aux troupes. Les hostilités sont suspendues immédiatement après la notification.

Art. 50. Il dépend des parties contractantes de fixer dans les clauses de l'armistice les rapports qui pourront avoir lieu entre les populations.

Art. 51. La violation de l'armistice, par l'une des parties, donne à l'autre le droit de le dénoncer.

Art. 52. La violation des clauses de l'armistice par des particuliers, agissant de leur propre initiative, donne droit seulement à réclamer des autorités compétentes la punition des coupables ou une indemnité pour les pertes éprouvées.

donne droit seulement à réclamer la punition des coupables et, s'il y a lieu, une indemnité pour les pertes éprouvées.

DES BELLIGÉRANTS INTERNÉS ET DES BLESSÉS SOIGNÉS CHEZ LES NEUTRES.

Art. 53. L'Etat neutre qui reçoit sur son territoire des troupes appartenant aux armées belligérantes, les internera autant que possible loin du théâtre de la guerre.

Il pourra les garder dans des camps et même les enfermer dans des forteresses ou dans des lieux appropriés à cet effet.

Il décidera si les officiers peuvent être laissés libres en prenant l'engagement sur parole de ne pas quitter le territoire neutre sans autorisation.

Art. 54. A défaut de convention spéciale, l'Etat neutre fournira aux internés les vivres, les habillements et les secours commandés par l'humanité.

Bonification sera faite à la paix des frais occasionnés par l'internement.

Art. 55. L'Etat neutre pourra autoriser le passage par son territoire des blessés ou malades appartenant aux armées belligérantes, sous la réserve que les trains qui les amèneront ne transporteront ni personnel ni matériel de guerre.

En pareil cas, l'Etat neutre est tenu de prendre les mesures de sûreté et de contrôle nécessaires à cet effet.

Art. 56. La convention de Genève s'applique aux malades et blessés internés sur territoire neutre.

SECTION IV.

Des représailles.

§ LXIX. Les représailles ne sont admises que dans les cas extrêmes en observant, autant que possible, les lois de l'humanité quand il sera irrécusablement prouvé que les lois

2

et coutumes de la guerre ont été violées par l'ennemi et qu'il a recours à des moyens réprouvés par le droit des gens.

§ LXX. Le choix des moyens et l'étendue des représailles doivent être en rapport avec le degré d'infraction de droit commise par l'ennemi. Des représailles démesurément sévères sont contraires aux règles du droit des gens.

§ LXXI. Les représailles ne seront admises qu'avec l'autorisation du commandant en chef, qui aura également à fixer le degré de leur rigueur et leur durée.

ACTES DE LA CONFÉRENCE DE BRUXELLES.

— 1874. —

PROTOCOLES DES SÉANCES PLÉNIÈRES DE LA CONFÉRENCE DE BRUXELLES.

Protocole N°. I.

(SÉANCE DU 27 JUILLET 1874.)

Présents:

Pour l'ALLEMAGNE . . . .
- Le général-major de Voigts-Rhetz.
- Le général-major baron de Leonrod.
- Le major baron de Welck.
- Le conseiller d'Etat baron de Soden.
- Le conseiller intime Dr Bluntschli.

Pour l'AUTRICHE-HONGRIE. .
- Son Excellence le comte Chotek.
- Le général-major baron de Schoenfeld.

Pour la BELGIQUE . . . . .
- Le baron Lambermont.
- M. Charles Faider.
- Le colonel Mockel.

Pour le DANEMARK . . . . .
- Le directeur Vedel.
- Le colonel Brun.

Pour l'ESPAGNE . . . . . .
- Son Excellence le duc de Tetuan.
- Le maréchal-de-camp Servert y Fumagally.
- Le contre-amiral de la Pezuela.

Pour la FRANCE . . . . . .
- Son Excellence le baron Baude.
- Le général de brigade Arnaudeau.

Pour la GRANDE-BRETAGNE . Le major-général sir Alfred Horsford.

Pour la GRÈCE . . . . Le lieutenant-colonel Manos.

Pour l'ITALIE	Son Excellence le baron Blanc.
	Le lieutenant-colonel comte Lanza.
Pour les PAYS-BAS.	Son Excellence M. de Lansberge.
	Le général-major van der Schrieck.
Pour la RUSSIE	Son Excellence le baron A. Jomini.
	Le général-major de Leer.
Pour la SUÈDE et la NORVÉGE .	Le lieutenant-colonel Staaff.
Pour la SUISSE	Le colonel fédéral Hammer.

M. le baron Jomini donne lecture des instructions qu'il a reçues de son Gouvernement et qui précisent le but et la portée du *Projet de convention* sur lequel la Conférence est appelée à se prononcer.

Voici le texte de ces instructions:

„Saint-Pétersbourg, le 9 juillet 1874.

„Le but que S. M. l'Empereur s'est proposé en provoquant la réunion „de Bruxelles, est avant tout un but d'humanité.

„Sur ce terrain il faut se garder de l'utopie.

„Il est à espérer que les progrès des lumières et des mœurs rendront „les guerres de plus en plus rares. Toutefois, dans l'état actuel des „choses, la guerre demeure un mal, sinon nécessaire, du moins parfois „impossible à éviter.

„Certes, aucun Gouvernement ne saurait aujourd'hui l'entreprendre à „la légère. Mais plus les causes qui détermineront les guerres futures „seront graves, plus la composition des armées modernes y donnera un „caractère national, plus aussi on doit prévoir qu'elles seront sérieuses.

„La liberté d'action des Gouvernements au point de vue militaire, et le „droit des Etats de pourvoir à leur propre défense, ne sauraient donc „être soumis à des restrictions fictives, que d'ailleurs la pression des faits „rendrait stériles. Il nous semble qu'aucune illusion ne saurait prévaloir „dans la pratique contre cette inflexible nécessité.

„Toutefois, la guerre ne peut pas être l'état normal des peuples. Elle „n'est qu'une pénible exception. La règle, ce sont les rapports pacifiques „qui adoucissent les mœurs en liant les intérêts des nations. Le devoir „des Gouvernements est donc, tout en se tenant prêts à la guerre, de tra-„vailler de tous leurs efforts à maintenir la paix tant qu'elle existe, à la „rétablir si elle a été troublée. A ce point de vue, le seul but légitime de „toute guerre doit être d'arriver le plus promptement possible à une paix „rendue plus solide et plus durable. Ce but ne saurait être atteint que

„ si la guerre est conduite à la fois énergiquement et régulièrement, d'après
„ les lois et coutumes que le temps et l'usage ont consacrées parmi les
„ peuples civilisés; si elle est mise à l'abri des calamités inutiles et des
„ cruautés gratuites qui, en enflammant les passions, amènent les représailles
„ et laissent subsister des ressentiments qui rendent plus difficile le retour
„ à des relations pacifiques.

„ Ce n'est donc pas seulement les sentiments d'humanité, c'est l'intérêt
„ général bien entendu qui doit porter les Gouvernements à ne point perdre
„ de vue la paix durant la guerre, de même qu'ils se tiennent préparés
„ à la guerre durant la paix.

„ Concilier les exigences de deux états de choses qui semblent la né-
„ gation absolue l'un et l'autre, n'est pas une tâche facile. Mais parce qu'elle
„ est ardue, ce n'est pas un motif pour ne point l'aborder dans un esprit
„ de bon vouloir sérieux et pratique basé sur les sentiments d'humanité,
„ les devoirs de la civilisation et la solidarité des intérêts généraux.

„ Or, une des principales difficultés de cette tâche réside dans l'incer-
„ titude qui subsiste jusqu'à présent quant aux lois de la guerre. Le droit
„ des gens ne contient à cet égard que des principes généraux, toujours
„ assez vagues, souvent ignorés, qui laissent place aux divergences d'inter-
„ prétation et aux entrainements.

„ S'il était possible de préciser dans une mesure pratique, par un accord
„ général, ce que, d'un côté, les nécessités de la guerre comportent, et
„ ce que, de l'autre côté, les intérêts solidaires de l'humanité excluent
„ dans l'état présent de la civilisation et des rapports internationaux, les
„ Gouvernements et les armées sachant exactement ce que l'état de guerre
„ autorise et ce qu'il interdit, les peuples pouvant en mesurer d'avance
„ les conséquences et en prévoir les effets, il est incontestable qu'un pas
„ important aurait été fait pour rendre la guerre régulière et diminuer les
„ calamités dont l'incertitude et l'ignorance qui règnent encore à cet égard
„ sont trop souvent la cause.

„ S. M. l'Empereur a pensé que ces questions, si intéressantes pour le
„ bien-être général, étaient de nature à fixer l'attention des cabinets, et
„ qu'eux seuls pouvaient les résoudre. — C'est pourquoi S. M. I. s'est
„ décidée à les déférer à leur examen en conférence.

„ Le projet que nous leur proposons n'a pour objet que d'offrir aux
„ délibérations une base pratique, un point de départ nettement défini.
„ C'est un questionnaire indiquant les points qui, à notre avis, pourraient
„ être examinés et le sens dans lequel, pour notre part, nous serions dis-
„ posés à les résoudre.

„ Quant à l'issue finale, elle dépend de la discussion et de l'accord qui
„ viendrait à s'établir; car la pensée de l'Empereur est, avant tout, une
„ pensée d'entente générale.

„ Votre premier soin devra être de l'exposer avec la plus grande clarté
„ possible afin d'écarter tout malentendu, en vous maintenant strictement

„dans les limites do notre projet. Pour tout co qui sortirait do ce cadre
„précis, vous solliciterez les ordres do S. M.

„Sur co terrain, vous vous efforcerez d'arriver à un accord, à un con-
„cert des volontés sans lequel aucun résultat utilo no saurait etro obtenu.

„Cet accord nous semble possible si les délibérations sont conduites
„dans le même esprit qui a présidé à l'initiativo priso par S. M.

„Pour votre part, vous vous maintiendrez invariablement dans la voie
„d'une discussion calmo, sérieuso et pratique, en écartant avec soin tout
„ce qui pourrait éloigner l'entente qui est l'objet essentiel de nos vœux.

„L'espoir do diminuer, no fût-co que dans uno mesure restreinte, la
„responsabilité que la guerre fait peser sur les gouvernements, et les
„calamités qu'elle impose aux peuples, constitue uno tâcho digno des
„Souverains et des Gouvernements qui ont répondu avec tant d'empres-
„sement à l'appel de l'Empereur.

„En les conviant à y travailler en commun, S. M. I. est assurée du
„concours de leur bon vouloir et des efforts do leurs Délégués."

Sur la proposition de M. de Lansberge, les Délégués conviennent de
garder un silence absolu sur tout co qui se passera dans l'assemblée.

M. le baron Jomini propose do ne consigner dans les protocoles que les
points sur lesquels la Conférence sera d'accord et de ne pas acter les
divergences.

Cette motion est admise, avec la réserve que si un Délégué désire qu'il
soit pris noto d'un point spécial, il sera tenu compte do son désir.

La Conférence décide, en outre, sur la proposition do M. le général
Horsford, que les signatures de M. le Président et de M. le Secrétaire feront
foi de l'exactitude des protocoles.

Protocole N°. II.

(SÉANCE PLÉNIÈRE DU 29 JUILLET 1874.)

M. le Président donne lecture de la correspondance adressée à la Conférence, parmi laquelle se trouve une requête du Comité belge de la Société
internationale de secours pour les prisonniers de guerre. M. le baron
Lambermont recommande cette communication à l'attention spéciale de la
Conférence.

L'Assemblée décide, sur la proposition de M. le baron Jomini, qu'elle
n'admettra aux délibérations que les Délégués officiels des Gouvernements
qui ont reçu une invitation du Gouvernement impérial de Russie et qui
l'ont acceptée, mais non point des délégués de sociétés privées ou des particuliers ni à titre de membres, ni à titre d'experts.

M. le baron Jomini, en invitant la Conférence à fixer l'ordre de ses travaux, expose que l'idée du *Projet de Convention* a été suggérée par ce qui s'est passé aux Etats Unis lors de la guerre de la sécession. Le règlement du président Lincoln pour adoucir les souffrances de la guerre est présent à tous les souvenirs. Les luttes internationales ont une incontestable analogie avec la guerre civile qui déchirait l'Union américaine. Il y a, en effet, une solidarité étroite entre tous les intérêts internationaux. La guerre interrompt les relations économiques, fait craindre des guerres nouvelles, nécessite l'entretien d'armées coûteuses. Il est donc hautement désirable de pouvoir en régler la marche et l'étendue. Cela importe autant aux particuliers qu'aux Gouvernements, aux militaires qu'aux peuples. Il faut que ces idées pénètrent insensiblement à tous les degrés de la hiérarchie militaire et même dans les masses. Il règne en effet des idées très contradictoires sur la guerre. Les uns voudraient la rendre plus terrible pour qu'elle soit plus rare, d'autres voudraient en faire un tournoi entre les armées régulières, avec les peuples pour simples spectateurs. Il est nécessaire qu'on sache à quoi s'en tenir. Il faut avant tout se placer sur un terrain pratique et admettre que puisqu'on ne peut pas supprimer les guerres, il est opportun de les régulariser autant que possible. Il est moins difficile de faire son devoir que de le bien connaître. Il s'agit donc de dire à chacun quel est son devoir. Le Projet n'a pas d'autre but. C'est un questionnaire auquel la Conférence est invitée à répondre, en se plaçant sur le terrain de l'intérêt de tous. Des sociétés particulières s'étant occupées de cette question, il a paru au Gouvernement impérial qu'il valait mieux qu'elle fût résolue par les Gouvernements eux-mêmes parce qu'elle touche à leurs droits et à leurs intérêts. On a reproché au Projet russe de paralyser les droits de la défense. Le reproche n'est pas fondé. Ce serait un démenti aux plus glorieux souvenirs de la Russie. Mais la guerre a changé de nature. C'était autrefois une sorte de drame où la force et le courage personnels jouaient un grand rôle; aujourd'hui l'individualité a été remplacée par une machine formidable que le génie et la science mettent en mouvement. Il faut donc régler, si l'on peut ainsi parler, les inspirations du patriotisme. Autrement, en opposant des entraînements déréglés à des armées puissamment organisées, on risquerait de compromettre la défense nationale et de la rendre plus funeste au pays lui-même qu'à l'agresseur. Les grandes explosions de patriotisme qui ont eu lieu au commencement de ce siècle dans plusieurs pays ne pourraient plus se reproduire anjourd'hui, du moins dans la même forme. Il est facile, au contraire, de régulariser les corps francs de façon à les faire concourir à la défense du pays dans la plus large mesure. Au résumé, le Projet a écarté un grand nombre de questions accessoires ou sur lesquelles un accord n'aurait vraisemblablement pas pu s'établir, notamment les questions maritimes. La Conférence fera bien d'imiter cette réserve et de s'en tenir au programme actuel, en évitant d'admettre des questions nouvelles.

M. le baron Jomini demande ensuite si, pour faciliter la marche des travaux, la Conférence juge utile de nommer une ou plusieurs commissions.

Une discussion s'engage à ce sujet.

M. le comte Chotek propose de nommer une Commission de dix à douze membres qui serait chargée d'examiner spécialement les questions techniques, militaires et humanitaires. Il est entendu que cette proposition ne tend à exclure *à priori* aucune clause du *Projet de Convention;* elle ne préjuge en rien les résolutions ultérieures de la Conférence pour traiter, soit en assemblée plénière, soit dans une seconde Commission, les autres parties du Projet russe dont la première Commission ne se serait pas occupée.

M. le général de Voigts-Rhetz accepte en principe la nomination d'une Commission; mais il faut préciser quelle sera la nature de ses travaux. Une Commission militaire pourrait remplir en partie le but que l'on se propose d'atteindre; mais elle négligerait forcément certaines parties du Projet qui ne seraient pas de son domaine. M. le Délégué d'Allemagne croit, en conséquence, qu'il serait préférable de nommer une Commission composée d'un Délégué de tous les Etats représentés à la Conférence. Cette Commission ferait un choix dans les matières et soumettrait au *plenum* les points qui lui paraîtraient de nature à être discutés immédiatement. La discussion aurait lieu, soit en séance plénière, soit dans une seconde Commission. Chaque Délégué serait en relation avec ses collègues, lesquels, du reste, pourraient assister aux délibérations sans y prendre part.

M. le comte Chotek est d'accord avec M. le général de Voigts-Rhetz sur le caractère général que doit avoir la Commission. Elle ne peut impliquer aucune idée d'exclusion.

M. le baron Lambermont est également d'avis que l'institution d'une Commission est dans le vœu de tout le monde. Cette Commission travaillera d'autant plus vite que son mandat sera mieux précisé. Elle pourra commencer par faire une revue du Projet; elle sera ainsi amenée à choisir les propositions qui lui paraîtront pouvoir rallier le sentiment général. Rien ne sera préjugé quant aux autres. Pour compléter ce programme, M. le Délégué de Belgique annonce qu'il sera chargé de soumettre à la Commission quelques articles concernant les prisonniers et les blessés transportés en temps de guerre chez les neutres. Enfin, il pourra y avoir utilité, dit-il, à puiser certaines clauses, soit dans des projets non officiels, soit dans les ouvrages des jurisconsultes.

M. le baron Blanc est d'avis que, pour obtenir des résultats positifs et utiles, la Conférence doit donner pour mandat à la Commission de rechercher, par un examen sommaire et préalable, quelles sont les questions susceptibles dès à présent d'une entente générale en vue d'un but pratique. Ces questions, une fois soumises par la Commission à une discussion préparatoire, pourraient devenir l'objet de délibérations proprement dites au sein de la Conférence plénière, et un résultat, partiel sans doute, mais effectif, serait ainsi acquis dans tous les cas. Les autres questions qui, également soumises par la Commission à un examen préliminaire, seraient d'une nature telle, que les Délégués ne seraient pas préparés pour les discuter ou autorisés à les résoudre, pourraient être déférées à la Conférence plénière pour faire l'objet d'investigations et d'échanges de vues afin d'en faciliter la solution future, laquelle dépendrait de négociations ultérieures des Gouvernements. En faisant opérer par la Commission cette sorte de classement et de préparation préliminaire des points à discuter, la Conférence se trouverait bientôt en mesure, dans ses séances plénières, d'obtenir réellement les résultats actuellement possibles, et d'élaborer les éléments des solutions qui resteraient réservées. C'est dans ce sens ·e M. le Délégué d'Italie entend le mandat du commissaire à désigner pour les discussions préparatoires.

M. le baron Jomini dit qu'il paraît évident que le vœu de MM. les Délégués est de nommer une Commission; seulement, il importe de préciser comment elle sera composée. M. le premier Délégué de Russie propose de nommer un Délégué par Etat et de donner la préférence aux militaires.

M. Faider demande si, dans l'état actuel de la discussion, il est question d'une seconde Commission. Il est d'avis que l'unité de vues doit présider aux travaux; ce serait manquer au principe de l'unité que de partager les travaux par catégories. Il faut réserver pour un examen ultérieur la nomination d'une seconde Commission.

M. le général de Voigts-Rhetz précise sa pensée. La seconde Commission aurait à examiner les questions qui n'auraient pas été discutées par la première. Elle aboutirait plus vite que l'Assemblée plénière. D'ailleurs, M. le premier Délégué d'Allemagne ne demande, pour le moment, que l'adoption du principe.

M. le général de Leer exprime l'opinion que le *plenum* doit décider quelles seront les questions à débattre par la commission. Il importe de ne pas perdre de vue que toutes les questions du projet sont intimement liées entre elles.

M. le général de Voigts-Rhetz demande que la commission ait le droit de discuter non d'après l'ordre des numéros, mais en prenant pour point de départ les matières sur lesquelles il paraîtra le plus facile de se mettre d'accord.

M. le baron Baude pense qu'il serait préférable de nommer immédiatement deux Commissions, l'une militaire et l'autre diplomatique.

M. de Lansberge estime que l'on gagnera du temps s'il n'y a qu'une Commission de nommée. Le projet forme un ensemble qu'il serait fâcheux de disjoindre. Le but de la Commission doit être de rechercher tous les articles sur lesquels l'entente peut s'établir et de soumettre son travail à l'Assemblée plénière.

M. Faider appuie cette motion. Il insiste pour qu'une seule Commission soit nommée ou tout au moins pour que le principe d'une seconde Commission ne soit pas admis dès à présent. La première Commission sera composée d'éléments mixtes, à la fois militaires et diplomatiques. Il y aura unité de vues et diversité de spécialités. D'ailleurs, l'objet même des délibérations est mixte. La Commission sera donc conforme à l'esprit du Projet. Nommée pour faciliter les discussions, elle aura le même caractère que la Conférence dont elle est l'émanation et l'organe et qui ratifiera sans nul doute ce qu'elle aura élaboré.

M. le colonel fédéral Hammer est autorisé à adhérer à une Commission générale ou à des Commissions spéciales. D'après la marche des débats, il se convainc qu'une seule Commission générale est possible. Cette Commission devra soumettre tout le Projet russe à un examen dont elle rendra compte, quand il sera terminé, à l'Assemblée plénière. La proposition de M. le Délégué de Suisse ne diffère donc que dans les termes de celle de M. le Délégué d'Autriche-Hongrie. Le triage des matières que M. le comte Chotek réservait pour le *plenum*, M. le colonel Hammer le revendique pour la Commission. Il formule les instructions de son Gouvernement dans la motion suivante:

„La discussion préalable du Projet russe ou d'autres propositions y relatives qui pourraient se présenter, est déférée à une Commission générale dans le sein de laquelle doit se trouver un Délégué de chaque Etat représenté à la Conférence."

M. le baron Jomini résume la discussion. Il constate que tout le monde est d'accord pour nommer une Commission. Si cette Commission trouve qu'il y a des matières à réserver pour une seconde Commission, elle en référera à l'Assemblée, qui décidera.

Sur la proposition de M. le président, la Conférence adopte la résolution suivante:

„L'Assemblée défère la délibération préalable du Projet russe ou d'autres „Projets à une Commission dans le sein de laquelle devra se trouver un „Délégué de chaque Etat représenté à la Conférence."

Il est entendu, en même temps, que les Délégués qui ne font point partie de la Commission pourront assister à ses travaux.

M. le baron Baude pense que s'il ne doit y avoir qu'une seule Commission il serait peut-être préférable que la Conférence se constituât en comité, se réservant de se déclarer en séance plénière pour prendre des décisions définitives.

M. le baron Lambermont fait observer qu'il serait bien difficile de diviser le Projet en matières purement militaires et en matières exclusivement politiques ou diplomatiques.

M. le colonel fédéral Hammer croit qu'il est possible de tenir compte de l'observation de M. le baron Baude si l'on admet qu'un collègue militaire peut remplacer un collègue diplomate et réciproquement.

M. le colonel Staaff dit qu'il sera difficile de définir exactement quelles sont les matières diplomatiques et les matières militaires. Il préférerait qu'on ne fit pas une distinction de ce genre.

M. Bluntschli fait observer qu'il ne faut pas tenir compte seulement du point de vue diplomatique ou militaire, mais aussi du point de vue juridique, qui a son importance. Il faut que ces trois éléments puissent participer, le cas échéant, aux délibérations. On pourra substituer, au gré des Etats, un jurisconsulte à un diplomate ou à un militaire et réciproquement.

Cette proposition est adoptée.

Sont désignés pour faire partie de la Commission:

MM. le général-major de Voigts-Rhetz, général-major baron de Schoenfeld, le baron Lambermont, le colonel Brun, le maréchal de camp Servert, le général de brigade Arnaudeau, le major-général sir Alfred Horsford, le lieutenant-colonel Manos, le lieutenant-colonel comte Lanza, de Lansberge, le général-major de Leer, le lieutenant-colonel Staaff et le colonel fédéral Hammer.

M. le baron Jomini présidera les travaux de la Commission.

PROTOCOLES

Protocole N°. I.

(SÉANCE DU 30 JUILLET 1874.)

M. de Lansberge, d'ordre de son Gouvernement, donne lecture de la déclaration suivante:

„Le Gouvernement des Pays-Bas sera heureux de contribuer à la réali„sation de la pensée généreuse de diminuer, autant que possible, les „calamités de la guerre par l'adoption de mesures inspirées par un senti„ment d'humanité.

„Il adhérera donc volontiers à toute clause ayant ce caractère et ce „but. Si, dans le Projet soumis à la Conférence, plusieurs stipulations lui „paraissent excéder les limites dans lesquelles il doit désirer se renfermer, „d'autres, par contre, n'y sont pas mentionnées, qui peuvent avoir une „grande importance pour les nations qui ne participent pas à la guerre.

„L'adhésion du Gouvernement des Pays-Bas serait, par conséquent, égale„ment acquise à l'établissement de certaines règles qui auraient pour but „de déterminer, par rapport à ces nations, les conséquences de la guerre.

M. le baron Lambermont prononce le discours suivant:

„Le Gouvernement belge a été des premiers à rendre hommage à la pensée qui a déterminé l'Empereur de Russie à rechercher de nouveaux moyens d'adoucir les maux de la guerre. Il y a mis d'autant plus d'empressement que S. M. I., en proposant de réunir la Conférence dans la capitale de la Belgique, avait motivé ce choix d'une manière dont le pays et sa dynastie ne pouvaient qu'être touchés.

„C'est donc dans des dispositions sympathiques et avec le sincère désir d'arriver à une entente, que le Cabinet de Bruxelles a entrepris l'examen du projet de Convention qui lui a été communiqué récemment.

„Cette étude l'a conduit à mettre les stipulations proposées en rapport avec la situation spéciale de la Belgique.

„La Belgique est neutre, obligatoirement et à perpétuité. Si son territoire venait à être attaqué, elle aurait, sans nul doute, le droit et le devoir de le défendre, et, selon les circonstances, elle pourrait être amenée à suivre, au delà de ses frontières, l'agresseur repoussé; mais il n'en est pas moins évident que la seule guerre en vue de laquelle elle ait à se préparer est une guerre défensive.

„Les guerres défensives se font de diverses manières, sous l'influence de considérations locales, stratégiques ou politiques. La base de la défense est tantôt à la frontière, tantôt au centre, tantôt à l'extrémité du pays. En ce qui concerne la Belgique, cette distinction peut avoir la portée la plus sérieuse, et ce n'est pas devant une Commission presque exclusivement militaire que je puis avoir besoin d'insister sur ce point.

„La Belgique a des limites restreintes. Qu'un grand Etat soit attaqué, la guerre n'entame d'ordinaire qu'une partie de son territoire. Si la population de la partie envahie ne peut concourir à la défense du pays, le gros de la nation reste debout et peut prolonger la lutte. Un petit Etat, au contraire, est exposé à être occupé aussitôt qu'envahi.

„La Belgique enfin, pour des raisons qu'il n'y a pas lieu de discuter ici, est, jusqu'à présent, un pays de conscription. Dans les Etats chez lesquels le service est obligatoire et général, toute la population mâle est, en quelque sorte, enrôlée d'avance et placée dans les conditions requises par le Projet pour avoir droit aux privilèges des belligérants. L'armée n'a, en Belgique, qu'un chiffre déterminé et cette circonstance implique forcément, en cas de guerre, la nécessité et la résolution de compléter la défense militaire proprement dite par un appel à toutes les forces vives de la nation.

„Messieurs, je vous parle sans crainte d'offenser personne. L'indépendance de la Belgique n'est ni attaquée, ni menacée. Si le cas venait à se présenter, la Belgique se défendrait jusqu'à la dernière extrémité. Je le dis simplement, loyalement, fermement.

„En conséquence, je ne pourrai voter aucune clause qui affaiblirait la défense nationale ou qui délierait les citoyens de leurs devoirs envers la patrie.

„Je serai heureux, au contraire, de m'associer à toute résolution n'ayant pas cette portée au point de vue spécial de la Belgique.

„J'ajoute bien volontiers que pour ce qui concerne les dispositions du Projet qui ne réuniraient pas dès maintenant l'assentiment unanime des Délégués, je serai prêt à signer un protocole constatant la résolution des Gouvernements de continuer les études et de chercher à arriver à une entente ultérieure."

M. le baron Jomini prend acte de la déclaration des Délégués des Pays-Bas et de Belgique et propose de commencer les délibérations par l'examen du chapitre III de la section 1re : *Des moyens de nuire à l'ennemi*, etc.

Cette proposition rencontre l'assentiment général.

Au § 11, M. le colonel fédéral Hammer propose de remplacer les mots: „...de se nuire réciproquement" par ceux-ci: „...de se combattre" ou „...à employer dans les hostilités."

M. le colonel comte Lanza se réserve de proposer pour ce paragraphe des modifications qu'il croit opportunes et qu'il précisera dans la seconde lecture, lorsque les instructions de son Gouvernement seront arrivées.

Après une courte discussion, le paragraphe est adopté sans modification.

M. le général de Voigts-Rhetz propose de simplifier la rédaction du § 12, litt. *A*, l'expression „propagation" pouvant donner lieu à des malentendus.

M. le général Arnaudeau appuie cette proposition.

La clause est adoptée dans les termes suivants :

„L'emploi du poison ou d'armes empoisonnées."

L'interdiction formulée au même paragraphe, litt. *B*, est admise sans modification.

Sur la motion de MM. les généraux de Voigts-Rhetz et Arnaudeau, le litt. *C* subit un léger changement. On dira: „le meurtre d'un ennemi qui, „ayant mis bas les armes, ou n'ayant plus les moyens de se défendre, „s'est rendu à merci. En général, les parties belligérantes n'ont pas le „droit de déclarer qu'elles ne feront pas de quartier."

Le reste de la clause est supprimé.

L'Assemblée se réserve de discuter, au chapitre concernant spécialement les représailles, tout ce qui est dit ici sur cette matière.

Elle examinera également plus tard ce qui est relatif à la Convention de Génève.

Le litt. *D* est supprimé, le litt. *E* adopté sans changement, et la rédaction du litt. *F* remplacée par celle-ci : „l'emploi des projectiles prohibés „par la déclaration de Saint-Pétersbourg de 1868."

Au § 13, M. le colonel Hammer propose, au lieu de : „aux moyens *permis* „appartiennent," de dire: „sont considérés comme moyens *licites*."

M. le colonel comte Lanza croit que la Conférence reconnaîtra qu'il convient de se borner à énoncer les moyens principaux regardés comme *illicites* et que l'énumération des moyens *permis* n'est pas possible.

On convient de restreindre cette énumération autant que faire se peut.

Le litt. *A* est adopté.

M. de Lansberge éprouve quelque scrupule à accepter le litt. *B* dans sa teneur actuelle. Il préférerait remplacer la forme affirmative par la forme négative et rattacher la clause, ainsi modifiée, au paragraphe précédent relatif aux moyens de guerre *interdits*.

Une discussion s'engage à ce sujet.

M. le baron Jomini propose la rédaction transactionnelle suivante: „Les „mesures pouvant affaiblir l'ennemi, sauf la saisie ou la destruction de tout „ce qui n'est pas indispensable à la conduite de la guerre ou de tout ce „qui n'est pas de nature à entraver le succès des opérations."

MM. le baron Lambermont, le colonel comte Lanza et de Lansberge font, au nom de leurs Gouvernements respectifs, des réserves sur la rédaction de cet article.

Le litt. *C* est supprimé.

En ce qui concerne le litt. *D*, M. le colonel fédéral Hammer propose de le scinder. On maintiendrait simplement les mots: „les ruses de guerre," et l'on ajouterait au § 12 un litt. *G* portant: „l'emploi du pavillon parle- „mentaire, du pavillon national, des insignes militaires et de l'uniforme „de l'ennemi, dans le but de le tromper."

Cet amendement est adopté.

La Commission admet également le litt. *E* en retranchant le mot: „pos- „sibles" et en ajoutant *in fine*: „sauf les dispositions du § 48."

M. le baron Jomini prévient l'assemblée que rien ne s'oppose à ce qu'une seconde lecture des clauses examinées aujourd'hui ait lieu dans une pro- chaine séance.

Protocole N°. II.

(SÉANCE DU 31 JUILLET 1874.)

M. le baron Jomini donne lecture d'un extrait des instructions de M. le Délégué de la Grande-Bretagne. Cet extrait porte ce qui suit:

„...Vous vous abstiendrez de prendre part à aucune discussion sur aucun „point qui pourrait être mis en avant et qui vous paraîtrait s'étendre à „des principes généraux du droit international non encore universellement „reconnus et acceptés.

„Sous ces réserves, le Gouvernement de S. M. n'hésite pas à vous „autoriser à assister, d'après votre propre jugement, aux délibérations de „la Conférence en vue de tout but d'une utilité pratique pour alléger les „rigueurs de la guerre..."

M. le baron Jomini constate que tout le monde est d'accord à cet égard, la Conférence n'ayant d'autre but que de consacrer des règles universellement admises.

Il donne lecture de la déclaration suivante:

„M. le Délégué de S. M. le Roi des Belges a fait hier à la Conférence „une déclaration tendant à réserver éventuellement les décisions de son „Gouvernement au sujet de toute clause du Projet soumis à vos délibéra„tions qui aurait pour but de limiter dans une mesure quelconque les „droits de la défense nationale en cas de guerre.

„La Conférence a pris acte de cette déclaration.

„Mon collègue militaire et moi, nous croyons, à notre tour, devoir „déclarer, encore une fois, que le projet déféré par notre Gouvernement „à votre examen n'a nullement en vue de restreindre en quoi que ce „soit le droit et le devoir imprescriptibles qu'a tout Etat attaqué de se „défendre. Les traditions de la Russie protestent contre une pareille „pensée.

„L'idée de notre Projet a été: qu'en présence de la puissante organi„sation des armées modernes, l'absence de toute règle, tout en rendant „la défense moins efficace, aurait pour effet de multiplier les chances „d'actes stériles de cruauté et de violence aussi préjudiciables aux inté„rêts du pays qu'à ceux de l'humanité.

„Nous nous trouvons donc entièrement d'accord avec M. le Délégué „belge quant au principe. Nous réservons à la Conférence d'en faire l'ap„plication."

M. le général de Voigts-Rhetz, visant le litt. B du § 13, croit devoir expliquer que si l'on en a supprimé les mots: „...de ce qui peut le ren„forcer", c'est qu'on a eu en vue les cas non urgents; que, par exemple, on ne veut pas donner le droit d'employer l'incendie, sauf le cas d'absolue nécessité.

M. le général de Schoenfeld fait remarquer que le code militaire autrichien renferme une disposition conçue dans ce sens.

M. le baron Jomini, afin de préciser la marche de la discussion, donne successivement lecture du *Projet de Convention* primitif, du projet amendé dans la séance d'hier et d'un projet transactionnel dont la rédaction lui paraît de nature à rencontrer le sentiment unanime de l'Assemblée.

M. le général de Voigts-Rhetz propose de faire imprimer ce dernier projet.

Cette motion est adoptée. (*Voir* Annexe no. I.)

M. le colonel fédéral Hammer demande quelques explicatons sur l'expression: *moyens nécessaires*, employée au § 13 du projet transactionnel.

M. le baron Lambermont fait observer qu'on pourrait donner satisfaction à M. le délégué de Suisse en mettant au protocole une explication qui servirait à l'interprétation de cette clause.

M. le colonel Staaff est chargé par son Gouvernement de poser la question de savoir s'il ne serait pas opportun de comprendre les balles de plomp mou parmi les projectiles occasionnant des maux inutiles.

M. le général de Voigts-Rhetz fait observer que la question a été soulevée en Allemagne, mais que les expériences qui ont pu être faites à ce sujet sont insuffisantes. Il émet l'avis que des études ultérieures sont nécessaires pour que l'on puisse se prononcer en connaissance de cause.

La Commission adhère à l'opinion de M. le Délégué d'Allemagne.

Elle passe à l'examen du chapitre IV.

Au § 14, M. le général de Voigts-Rhetz propose de supprimer le mot: *entièrement*, de même que ceux-ci ... „par des troupes ennemies et dont „les habitants ne résistent pas les armes à la main ... "

M. le colonel fédéral Hammer, d'ordre de son Gouvernement, demande qu'on remplace les mots: „les forteresses ou villes fortifiées " par l'expression générique: „les places fortes", et, après le mot: „une ville" qu'on ajoute: „ou un village. "

Après discussion, la Commission adopte la rédaction suivante, sauf à en faire ultérieurement une seconde lecture:

„§ 14. — Les places fortes peuvent seules être assiégées. Des villes, „villages ou agglomérations d'habitions ouverts qui ne sont pas défendus „ne peuvent être ni attaqués ni bombardés. "

M. de Lansberge est chargé par son Gouvernement de demander l'insertion d'une clause conçue comme suit: „Sera considérée comme ville „ouverte la ville non munie d'une enceinte, mais entourée de forts détachés, à condition qu'elle ne contienne pas de troupes et que ses habitants ne concourent pas à la défense des forts. "

M. le général de Voigts-Rhetz fait remarquer que le principe qui protége les villes ouvertes est contenu dans le § 14; que, en ce qui concerne les places ouvertes qui sont dans le rayon des forts, elles doivent être considérées comme places fortes.

Un débat s'engage sur le point de savoir ce qu'il faut entendre par ville ouverte.

M. le baron Jomini propose de dire: „Toute ville ouverte qui se trouve „à proximité d'une forteresse et concourt à sa défense tombe sous l'application de la première partie du § 14. Que, si elle ne concourt pas à „la défense, elle est protégée par le principe de la seconde partie du „même paragraphe. "

M. le colonel Lanza croit que cette rédaction peut être acceptée.

L'Assemblée décide, sur la demande de M. le Délégué des Pays-Bas, que l'explication proposée par M. le Président sera insérée au protocole.

Au § 15, M. le général de Voigts-Rhetz fait observer qu'on doit réserver la *surprise.*

M. le général de Schoenfeld appuie cette observation.

M. le second Délégué d'Autriche-Hongrie propose, en outre, pour plus de clarté et de précision, de réunir les §§ 15 et 16.

Après un court débat, la Commission s'arrête à la rédaction suivante, sauf la seconde lecture, qui est réservée:

„§ 15. — Avant tout bombardement en règle, le commandant de l'armée „assiégeante doit faire tout ce qui dépend de lui pour en avertir les „autorités.

„§ 16. — En pareil cas, toutes les mesures nécessaires doivent être „prises pour épargner, autant qu'il est posible, les églises, les hôpitaux „et les lieux de rassemblement de malades et de blessés et les édifices „consacrés aux arts, aux sciences et à la bienfaisance, à condition qu'ils „ne soient pas employés en même temps à un but militaire.

„Le devoir des habitants est de désigner ces édifices par des signes „visibles spéciaux. "

M. le colonel Lanza voit des inconvénients à ce que ces signes visibles ne soient pas nettement spécifiés.

M. le baron Lambermont communique une pétition adressé au Gouvernement belge par des habitants d'Anvers. Cette pétition constate que, d'après le Projet, des mesures sont prescrites pour épargner les édifices du culte et autres d'une destination scientifique ou charitable; mais elle exprime le regret qu'on autorise „la destruction de propriétés privées" qui abritent une population inoffensive. Elle termine en demandant qu'il soit „admis comme un principe d'humanité qu'on ne puisse bombarder des quartiers de villes même fortifiées."

. M. le baron Lambermont est chargé de recommander cette requête à l'attention de la Conférence et il prie la Commission de vouloir examiner comment il serait possible de donner satisfaction aux pétitionnaires.

M. de Lansberge est chargé d'appuyer toute proposition faite en ce sens.

M. le général de Voigts-Rhetz demande qu'il soit acté au protocole que le bombardement étant un des moyens les plus efficaces pour atteindre le but de la guerre, il est impossible de satisfaire au désir des intéressés.

M. le baron Jomini offre de soumettre à la Commission un projet de rédaction qui donnerait satisfaction aux intéressés dans la mesure du possible.

M. le colonel comte Lanza propose de déclarer que lorsque le défenseur d'une place forte en expulsera les habitants pour économiser ses ressources dans le but de prolonger la défense, mesure qui peut être justifiée par des nécessités militaires, l'assiégeant pourra, sans violer les lois de la guerre, refuser la libre sortie aux habitants, et qu'en ce cas l'assiégé sera tenu de les laisser rentrer dans la place.

M. le colonel fédéral Hammer propose de supprimer le § 17 comme étant virtuellement compris dans le § 51.

L'Assemblée, consultée, décide le maintien de ce paragraphe et l'impression du chapitre IV modifié. (*Voir* Annexe n° II.)

M. le baron Lambermont dit qu'il est chargé par son Gouvernement de soumettre à la Conférence quelques articles concernant les prisonniers et les blessés transportés en temps de guerre chez les neutres. Cette question est aussi intéressante pour les belligérants que pour les neutres eux-mêmes. Les mesures que l'on croirait pouvoir adopter à cette fin pourraient former un chapitre spécial de l'œuvre humanitaire sur laquelle l'Assemblée est appelée à délibérer. Le projet que le Gouvernement belge a fait rédiger contient des prescriptions simples et courtes qui sont la traduction exacte des règles découlant de la neutralité et qui paraissent de nature à ne pas soulever d'objection.

M. le baron Jomini fait remarquer que les ordres de son Gouvernement lui prescrivent ainsi qu'à son collègue de se renfermer strictement dans leurs instructions. Il est, d'ailleurs, persuadé que l'Empereur ne leur refusera pas l'autorisation d'examiner le projet du Gouvernement belge.

D'autres Délégués se prononcent dans le même sens.

Le Projet belge est distribué aux Membres de la Commission. (*Voir* Annexe n° III.)

Protocole N°. III.

(SÉANCE DU 1er AOUT 1874.)

M. le baron Jomini donne lecture d'une note qu'il a rédigée et qui est relative à la pétition des habitants d'Anvers sur laquelle M. le baron Lambermont a attiré hier l'attention de la Conférence. M. le président pense que cette note serait de nature à donner satisfaction aux intéressés sans amoindrir en rien les droits de la guerre.

M. le général de Voigts-Rhetz demande que la note soit imprimée et distribuée aux membres de la Conférence afin que chacun puisse faire les observations qu'il jugerait convenables.

M. le général Arnaudeau croit qu'il serait préférable de différer la réponse parce que la note se réfère à des articles qui n'ont pas encore été votés.

M. le baron Lambermont insiste sur le caractère sérieux des intérêts qu'a en vue la pétition d'Anvers; mais il ne demande pas qu'il y soit répondu dès maintenant. Il suffit que le protocole constate que la requête sera l'objet d'un examen attentif. D'ailleurs, le Gouvernement belge désire pouvoir étudier encore les questions concernant la saisie, la destruction et le bombardement et il réserve son jugement.

M. le général baron de Schoenfeld est d'avis que la Conférence n'a pas qualité pour répondre aux habitants d'Anvers. Elle est réunie pour *délibérer*. Ce sera aux Gouvernements de *décider*.

M. le baron Jomini propose de répondre en ce sens.

M. le général de Voigts-Rhetz fait observer que si la Commission est incompétente, les Délégués réunis en séance plénière pourront avoir qualité pour répondre, s'ils sont autorisés à cette fin par leurs Gouvernements.

La Commission décide que la note rédigée par M. le baron Jomini sera imprimée et distribuée aux Délégués. (*Voir* Annexe n° IV.)

M. le secrétaire donne lecture du protocole n° II (séance du 31 juillet) qui est approuvé.

M. le général de Voigts-Rhetz demande qu'il soit tenu compte d'une observation faite par M. le colonel comte Lanza dans la séance précédente et relative à l'investissement. M. le premier Délégué d'Allemagne désirerait l'insertion d'une clause portant que: aussitôt que l'investissement sera accompli, l'assiégeant ne sera pas tenu de consentir à la sortie des habitants de la place bloquée. Il peut arriver, en effet, que le commandant de la place assiégée, soit pour ménager ses ressources, soit pour gêner les mouvements de l'assiégeant, renvoie des habitants inoffensifs, femmes, enfants, vieillards, infirmes. La position de ces malheureux sera cruelle, si l'assiégeant refuse de les recevoir, et il devra refuser nécessairement, s'il ne veut pas favoriser la tactique de son adversaire. L'insertion de la clause mentionnée plus haut préviendrait d'aussi regrettables éventualités.

Sur l'observation de M. le général Arnaudeau qu'un tel cas est peu probable, M. le général de Voigts-Rhetz retire sa proposition; mais il désire qu'elle soit mentionnée au protocole.

M. le colonel comte Lanza exprime le même désir.

M. le colonel fédéral Hammer croit devoir revenir sur le § 15, tel qu'il a été remanié hier. Il était autorisé par son Gouvernement à accepter la rédaction du Projet russe; mais les modifications qu'on a introduites à cet article en changent le caractère. La tâche de la Conférence est non de chercher les meilleurs moyens pour faire la guerre, mais bien d'en mitiger les rigueurs dans la limite du possible.

Après un échange d'observations entre MM. le général de Voigts-Rhetz, le colonel Brun et le colonel Staaff, la Commission s'arrête provisoirement à la rédaction suivante :

§ 15. — Mais si une ville ou place de guerre, village ou agglomération „d'habitations est défendue, avant d'entreprendre le bombardement, et sauf „le cas d'attaque de vive force, le commandant de l'armée assaillante doit „faire tout ce qui dépend de lui pour en avertir les autorités. "

La Commission aborde l'examen du chapitre V (*Des espions*).

M. de Lansberge fait connaître que tous les articles de ce chapitre font partie des clauses sur lesquelles les instructions de son Gouvernement lui imposent de faire des réserves.

Au § 18, M. le général Arnaudeau demande la suppression des mots : „... agissant en dehors de ses obligations militaires. "

M. le colonel comte Lanza appuie cette demande.

M. le maréchal de camp Servert propose de faire une distinction entre l'espion qui agit par patriotisme et celui qui n'a d'autre mobile que le lucre.

La Commission est d'avis qu'il serait difficile de trouver une formule pour établir cette distinction, laquelle, du reste, serait inopérante, puisque, aux yeux des lois militaires, l'espion, quel que soit le mobile qui le fait agir, est livré à la justice. Du reste, l'opinion publique prononcera toujours un jugement différent sur l'homme qui se dévoue et sur le misérable qui se vend.

Après discussion, l'article est modifié comme suit en première lecture :

„§ 18. — Ne peut être considéré comme espion que l'individu qui, „agissant clandestinement ou sous de faux prétextes, recueille ou cherche „à recueillir des informations dans les localités occupées par l'ennemi, „avec l'intention de les communiquer à la partie adverse."

Au § 19. M. le général de Voigts-Rhetz propose de définir ce qu'on entend par l'expression *justice*. On emploie plus loin des expressions différentes. On dit, au § 32 : „déférés aux tribunaux;" au § 33 : „est puni „d'après les lois militaires;" au § 37 : „est traduit devant les tribunaux militaires." Il semble à M. le Délégué d'Allemagne qu'on pourrait trouver une expression unique qui ne donnerait prise à aucune équivoque. On pourrait, du reste, rédiger un article spécial en vertu duquel chaque Etat aurait le droit de procéder à l'égard des espions suivant son Code militaire propre.

M. le colonel fédéral Hammer propose de supprimer l'article 19 comme rentrant implicitement dans l'article 18.

M. le général de Voigts-Rhetz croit qu'il est nécessaire de maintenir cet article, parce que les peines comminées contre l'espion peuvent varier de pays à pays. Il faut nécessairement exprimer l'idée que l'espion sera puni d'après le Code pénal du pays dont l'armée l'aura saisi.

M. le général Arnaudeau émet l'espoir qu'il sera possible un jour, sans changer les modes de répression en usage, dans les différents pays, d'en établir le parallélisme et d'adopter ensuite une pénalité commune pour les contraventions, délits ou crimes contre les devoirs de la guerre, pénalité que chaque nation s'engagerait à introduire dans son Code.

M. de Lansberge demande également la suppression de l'article 19. Il motive sa demande sur la considération qu'il est impossible à un Etat d'accorder à l'ennemi une juridiction quelconque sur ses sujets.

M. le baron Lambermont est du même avis.

M. le colonel comte Lanza partage aussi cette opinion.

M. le général de Voigts-Rhetz fait observer que si l'on supprime ce paragraphe, on met de fait l'espion hors la loi. La clause est destinée à lui donner le droit d'être jugé et de se défendre. S'il n'y a pas de règle à cet égard, il sera fusillé ou pendu sans jugement. Loin donc de constituer une aggravation, c'est un adoucissement que de dire qu'il doit être jugé.

M. le général Horsford propose de dire que l'espion ne pourra être puni sans jugement préalable.

M. le général de Voigts-Rhetz dit qu'il n'est pas certain que tous les codes exigent le jugement. Il suffit donc de dire que l'espion sera traité d'après les lois du pays dont l'armée l'a saisi.

M. le baron Jomini demande à faire une observation de principe relativement aux réserves faites, au cours du débat, par MM. le baron Lambermont et de Lansberge au sujet de la juridiction éventuelle accordée à un Etat étranger sur les sujets d'un autre. Ce que fait la Conférence, c'est un travail préparatoire, qui ne deviendra définitif que lorsqu'il sera accepté par les Gouvernements et sanctionné par leurs assemblées législatives. D'ailleurs, en acceptant les stipulations proposées, un Etat n'engage que lui-même, c'est-à-dire qu'il s'engage à observer ces principes dans toute guerre qu'il aurait à faire contre des Etats qui les auraient également acceptés et les pratiqueraient.

M. le baron Lambermont estime qu'il n'est pas indifférent de se présenter devant les Chambres avec tel ou tel traité. Il est délicat de dire qu'on livrera à la justice étrangère un citoyen de son pays.

Il semble à M. le baron Jomini que cette difficulté n'en est pas une. Il s'agit simplement de dire que lorsqu'on prend un espion on le livre à la justice. Il y a parité pour tous les Etats. D'ailleurs l'article proposé est une garantie d'humanité. L'espion saisi sera jugé. Si l'on se taisait, il risquerait d'être fusillé sur place, dans l'ardeur de la lutte, sans que sa culpabilité fût constatée.

Le paragraphe est adopté, en première lecture, dans les termes suivants:

„§ 19. — L'espion, pris sur le fait, est traité d'après les lois en vigueur „dans l'armée qui l'a saisi."

Le § 20 est supprimé sans débat, de l'avis unanime de la Commission.

M. le général baron de Schoenfeld propose de généraliser la portée du § 21 en l'étendant à l'espion non militaire.

M. le général de Voigts-Rhetz accepte la clause en tant qu'elle ne concerne que des personnes appartenant d'une manière ou d'une autre à une armée; mais il la repousse si elle doit s'étendre à des individus n'ayant pas ce caractère. Ces derniers ne peuvent jamais être considérés comme belligérants. M. le Délégué d'Allemagne regrette à ce propos qu'on n'ait pas commencé l'examen du Projet par le chapitre relatif aux belligérants. C'est un point sur lequel on serait fixé maintenant.

M. le colonel fédéral Hammer et M. le colonel comte Lanza croient qu'il n'y aurait pas d'inconvénient pratique à ne pas distinguer entre les espions militaires et ceux qui n'appartiennent pas à une armée.

M. le colonel Staaff croit qu'il est nécessaire ici de distinguer entre l'homme qui agit par patriotisme et l'individu qui fait de l'espionnage un métier.

M. le baron Jomini pense que la distinction est à faire entre celui qui est pris sur le fait et celui qui est saisi postérieurement, par exemple à la fin de la guerre.

M. le général de Leer propose de supprimer les mots: „retourne à son corps d'armée."

M. le baron Lambermont demande si le § 21 s'applique au cas suivant: Un habitant d'une localité non encore occupée par l'ennemi s'en va dans la zone des opérations recueillir des renseignements qu'il transmet à son Gouvernement où à l'armée nationale. Sa mission remplie, il rentre chez lui. Plus tard, il tombe avec sa localité au pouvoir de l'ennemi? Celui-ci peut-il le punir?

M. le baron Jomini répond négativement.

M. le général de Leer est d'avis qu'on ne pourra pas le condamner, puisqu'on suppose qu'il n'appartient pas au territoire occupé.

M. le baron Lambermont prend acte des paroles de M. le second Délégué de Russie. Il constate qu'à défaut d'une interprétation formelle dans ce sens, la question resterait tout au moins ouverte.

M. le baron Jomini dit que le § 21 punit l'espion, mais quand il est *pris sur le fait.*

Le § 21 est remanié comme suit:

„§ 21. — Si l'espion qui, après avoir rempli sa mission, rejoint l'armée „à laquelle il appartient, est capturé plus tard par l'ennemi, il est traité „comme prisonnier de guerre et n'encourt aucune responsabilité pour „ses actes antérieurs."

Le § 22 est admis en première lecture, avec une légère modification. Il porte:

„§ 22. — Les militaires qui ont pénétré dans les limites de la sphère „d'opérations de l'armée ennemie, dans le but de recueillir des informa-„tions, ne sont pas considérés comme espions, s'il a été possible de „reconnaître leur qualité de militaires. De même ne doivent pas être con-„sidérés comme espions, s'ils sont capturés par l'ennemi: les militaires „et les non-militaires effectuant ouvertement la transmission de dépêches „d'une partie de l'armée à l'autre ou en destination de l'armée ennemie."

„*Observation.* — A cette catégorie appartiennent aussi les individus „capturés dans les ballons, et envoyés pour transmettre des dépêches, et, „en général pour entretenir les communications entre les diverses parties „d'une armée."

M. le général de Voigts-Rhetz propose la suppression de l'*observation* qui suit le § 22, puisque tout ce qui s'y trouve est déjà exprimé ailleurs.

La Commission pense qu'il est préférable que la clause soit maintenue.

Pour les §§ 18—22, *voir* Annexe n° V.

M. le général de Voigts-Rhetz demande qu'il soit acté au protocole que les individus montés en ballon pourront être sommés de descendre; que, s'ils s'y refusent, on pourra tirer sur eux et que lorsqu'ils seront cap-turés, ils seront prisonniers de guerre et ne pourront en aucun cas être traités comme espions.

M. le général de Leer propose d'ajouter au Projet deux clauses concer-nant les *guides* qui rendent des services à l'ennemi.

La Commission fait observer que c'est là une proposition nouvelle pour laquelle les Délégués doivent demander des instructions à leurs Gouver-nements. Elle décide que les deux clauses seront imprimées et distribuées aux Délégués. (*Voir* Annexe n° VI.)

Protocole N°. IV.

(SÉANCE DU 3 AOUT 1874.)

M. le baron Jomini informe la Commission de la nomination de S. E. M. d'Antas, ministre de Portugal à Bruxelles, et de M. le général de divi-sion Palmeirim, membre de la Chambre des Pairs, comme Délégués du Gouvernement portugais à la Conférence.

La Commission prend acte de cette communication.

Elle décide de discuter dans une prochaine séance les clauses concernant les *guides* que M. le général de Leer a soumises à l'assemblée dans la séance du 1er août.

M. le maréchal de camp Servert demande à pouvoir faire une déclaration de principe. Empêché d'assister à la première réunion de la Commission, M. le Délégué d'Espagne ignorait les réserves faites par les mandataires de certaines Puissances. Il tient à déclarer à son tour que le Gouvernement qu'il représente a des raisons spéciales pour ne renoncer à aucun de ses moyens de défense. L'Espagne ne saurait adhérer à aucune clause susceptible d'amoindrir sa force de résistance dans le cas d'une guerre étrangère; mais, ce principe posé, elle est prête à donner son concours à toute mesure qui soit de nature à alléger les maux de la guerre et elle souhaite ardemment voir réaliser un progrès aussi élevé.

M. le baron Jomini donne acte à M. le maréchal de camp Servert de sa déclaration et fait observer en même temps que le but de la Conférence n'est nullement d'affaiblir les moyens de guerre ou les éléments de la défense nationale, mais seulement, étant donnée la guerre, d'en adoucir les rigueurs dans la mesure du possible.

M. le colonel fédéral Hammer demande à faire une observation sur la rédaction du § 17 du chapitre IV de la section I, conçu comme suit: „Une „ville prise d'assaut ne doit pas être livrée au pillage des troupes vic- „torieuses." Il est entendu, d'après M. le Délégué suisse, que l'expression *ville* doit être interprétée ici dans le sens des paragraphes précédents où il est question de „villes, villages ou agglomérations d'habitations."

M. le baron Jomini répond que cette interprétation n'est pas douteuse et prie M. le Délégué de Suisse de vouloir bien reproduire son observation lors de la lecture générale.

M. le baron Lambermont fait observer que, d'après le protocole de la dernière séance, la Commission a paru croire qu'elle aurait à répondre aux habitants d'Anvers. Dans la pensée de M. le Délégué de Belgique, la Conférence a seulement à statuer sur le fond de la pétition. Plus tard, quand les résolutions arrêtées seront du domaine de la publicité, c'est au Gouvernement belge que reviendra le soin de répondre à la requête.

M. de Lansberge fait connaître que son Gouvernement l'a chargé de soumettre à la Commission une addition au Projet belge concernant les prisonniers et blessés transportés en temps de guerre chez les neutres. Cet article supplémentaire est conçu dans les termes suivants:

„L'Etat neutre n'est tenu à aucune obligation vis-à-vis des belligérants „par rapport aux prisonniers de guerre échappés de captivité."

L'Assemblée discutera ultérieurement cette proposition, lorsqu'elle traitera des *neutres*.

M. le Délégué des Pays-Bas fait remarquer que les clauses de la section III, n'ayant pas un caractère exclusivement humanitaire, sont comprises dans les réserves générales qu'il a déjà formulées.

M. le baron Jomini répond que ces réserves sont dans la nature des choses; que le travail actuel est préparatoire et qu'il ne sera définitif que lorsqu'il aura été approuvé par tous les Gouvernements.

La Commission aborde l'examen du chapitre Ier de la section III.

Après un échange d'observations entre plusieurs Délégués sur les §§ 55 et 56, M. le général de Leer propose de réserver ces articles pour un examen ultérieur et de procéder immédiatement à la discussion des paragraphes suivants. L'intitulé du chapitre serait: *Des parlementaires.*

M. le général Arnaudeau propose de discuter d'abord le chapitre relatif aux *belligérants.* L'expression *belligérants* revient fréquemment dans le Projet et l'on ne s'est pas encore mis d'accord sur le sens qu'il faut lui attribuer.

M. le baron Jomini croit que le sens de l'expression peut rester réservé, mais que le mot lui-même peut être employé sans inconvénient jusqu'à ce qu'il soit définitivement expliqué.

Après un court débat, le § 57 est modifié comme suit:

„§ 57. — Est considéré comme parlementaire l'individu autorisé par „l'un des belligérants à entrer en pourparlers avec l'autre et se présentant „avec le drapeau blanc, accompagné d'un trompette (clairon ou tambour) „ou aussi d'un porte-drapeau. Il aura le droit à l'inviolabilité ainsi que le „trompette (clairon ou tambour) et le porte-drapeau qui l'accompagnent."

Au § 58, M. le général de Schoenfeld propose la suppression des mots: „de l'armée", parce que ce n'est pas nécessairement le chef de l'armée qui peut ou doit envoyer le parlementaire.

Il est tenu compte de cette observation.

M. le général de Voigts-Rhetz fait observer que le Projet n'exprime pas que l'adversaire a le droit de déclarer qu'il ne recevra pas de parlementaires. Il peut arriver que les nécessités de la défense exigent de prendre cette résolution. Dans ce cas, celui qui a fait l'avertissement peut tirer sur le parlementaire qui se présenterait.

M. le colonel Staaff demande comment se fera l'avertissement, puisque le parlementaire est le seul intermédiaire entre les armées ennemies.

Sur la proposition de M. le baron Jomini, la rédaction de l'article 58 est amendée de la manière suivante:

„§ 58. — Le chef auquel un parlementaire est expédié n'est pas obligé „de le recevoir en toutes circonstances et dans toutes conditions.

„Il lui est loisible de prendre toutes les mesures nécessaires pour em-„pêcher le parlementaire de profiter de son séjour dans le rayon des positions „de l'ennemi au préjudice de ce dernier, et, si le parlementaire s'est rendu

„coupable de cet abus de confiance, il a le droit de le retenir temporairement.

„Il peut également déclarer d'avance qu'il ne recevra pas de parlemen-
„taires pour un temps déterminé."

M. le colonel fédéral Hammer demande si celui qui n'a pas fait la notification peut également refuser de recevoir le parlementaire.

L'Assemblée émet l'avis que l'adversaire qui n'a pas fait l'avertissement
est tenu de recevoir le parlementaire.

M. le colonel Staaff dit que c'est une chose grave que de ne pas recevoir un parlementaire. Le parlementaire est la suprême ressource des
armées aux abois et des populations en détresse. M. le Délégué de Suède
et Norvége se rallie à la rédaction proposée; mais il estime que le temps
pendant lequel l'ennemi pourrait user de cette faculté devrait être limité.

M. le général de Voigts-Rhetz dit qu'il ne connait pas personnellement
des cas de ce genre, mais qu'il a été décidé par les plus grands capitaines
qu'ils n'accepteraient pas de parlementaires dans des circonstances critiques,
notamment pendant la retraite de l'armée.

M. le général de Schoenfeld appuie la proposition de M. le général de
Voigts-Rhetz, parce que l'ennemi peut avoir intérêt à envoyer plusieurs
parlementaires pour gagner du temps, ce qui est très important.

M. le baron Jomini propose et la Commission adopte provisoirement la
clause supplémentaire suivante:

„Les parlementaires qui viendraient à se présenter, après une pareille
„notification, du côté de la partie qui l'aurait reçue, perdraient le droit à
„l'inviolabilité."

M. le colonel fédéral Hammer croit devoir déclarer que, cette clause
étant nouvelle, il ne peut l'accepter que sous réserves en attendant qu'il
ait reçu des instructions.

M. le général Arnaudeau se rallie à l'observation faite par M. le colonel
Staaff qu'il faut déterminer le temps pendant lequel on ne recevra pas de
parlementaires.

M. le général de Voigts-Rhetz dit que la notification sera faite par le
dernier parlementaire. Au surplus, M. le Délégué d'Allemagne ne voit pas
d'inconvénient à ce que le temps soit limité.

M. le baron Jomini propose, au § 59, d'ajouter, après les mots „blessé
„ou tué" — „sans préméditation."

M. le général Arnaudeau propose de dire: „par accident."

L'article est remanié en ce sens:

„§ 59. — Si le parlementaire, se présentant chez l'ennemi pendant un
„combat, est blessé ou tué par accident, ce fait ne sera pas considéré
„comme une violation du droit."

Au § 60, M. le baron Jomini propose la suppression des mots: „pour „recueillir des renseignements" comme rentrant dans le § 18 du chapitre V de la section I.

La Commission se rallie à cet amendement.

Elle passe à l'examen du chapitre II de la section III relatif aux capitulations.

M. le général Arnaudeau fait savoir qu'il est chargé par son Gouvernement de demander au § 61 l'insertion d'une clause portant que les capitulations ne pourront jamais renfermer des conditions contraires à l'honneur ou au devoir militaire.

M. le général de Voigts-Rhetz dit que tout le monde est d'accord sur ce point: mais qu'il est difficile de trouver une rédaction pour formuler ce principe, parce que ce qui est considéré comme déshonorant par une armée ne l'est point par une autre. Ainsi, que dire d'une capitulation en vertu de laquelle les officiers peuvent conserver leur épée, tandis que les armes sont enlevées aux soldats? Est-ce une condition déshonorante? C'est une question d'appréciation.

M. le baron Jomini trouve également que les mots „contraires à l'hon„neur" sont très vagues et qu'ils auraient besoin d'être précisés.

M. le général de Voigts-Rhetz fait remarquer que le § 28 rencontre la dfficulté prévue par M. le général Arnaudeau. On peut y renvoyer.

M. le baron Jomini demande la suppression de la seconde partie du § 61: „une fois fixées par une convention, elles doivent être scrupuleusement „observées par les deux parties." Ce serait faire injure aux parties contractantes que de supposer qu'elles n'ont pas l'intention de tenir leur engagement.

M. le général de Voigts-Rhetz croit que le maintien de cette phrase est nécessaire. Celui qui s'écarte déloyalement de la convention qu'il a signée ne doit plus être considéré comme belligérant.

M. le colonel Manos propose d'exprimer cette idée sous forme de vœu.

M. le baron Jomini propose la rédaction suivante:

„§ 61. — Les conditions des capitulations dépendent d'une entente entre „les parties contractantes. Elles ne doivent pas être contraires à l'honneur „militaire. Une fois fixées par une convention, elles doivent être scrupu„leusement observées par les deux parties."

M. le général Arnaudeau se rallie à cette rédaction.

M. le colonel comte Lanza demande s'il n'y a pas intérêt à déterminer qui a qualité pour faire les capitulations.

M. le général de Voigts-Rhetz dit que cela est difficile à préciser, parce que tout dépend des circonstances.

M. le général de Leer dit que cette question se rattache à celle de la ratification des capitulations, qui est très grave. La capitulation de Baylen en est un exemple.

M. le général de Voigts-Rhetz cite, dans le même ordre d'idées, la capitulation de Klosterseven.

M. le colonel fédéral Hammer demande si l'on ne pourrait circonscrire les conditions de la capitulation aux personnes qui sont en cause et aux lieux occupés au moment où l'arrangement intervient.

M. le baron Jomini répond que cela mènerait trop loin et la Commission aborde l'examen du chapitre III traitant de l'armistice.

M. le général Arnaudeau demande, au § 62, l'explication des mots: „ si le terme n'est pas déterminé."

M. le général de Voigts-Rhetz croit qu'il serait préférable de dire: „ si la durée n'est pas déterminée."

Le paragraphe est amendé comme suit:

„ § 62. L'armistice suspend les opérations de guerre par un accord mutuel „ des parties belligérantes. Si la durée n'en est pas déterminée, les parties „ belligérantes peuvent reprendre en tout temps les opérations, pourvu, „ toutefois, que l'ennemi soit averti en temps convenu, conformément aux „ conditions de l'armistice."

M. le colonel fédéral Hammer est chargé de demander la suppression du § 63 comme rentrant implicitement dans le § 62.

La Commission fait droit à cette demande.

Au § 64, M. le général de Schoenfeld propose de distinguer entre l'armistice et la suspension d'armes.

M. le général de Voigts-Rhetz dit que quand il y a suspension, on est d'accord sur un but spécial, par exemple, pour enterrer les morts. Chacun garde ses positions; il n'y a pas d'hostilités; on ne peut pas tirer sur l'adversaire.

M. le général de Schoenfeld fait remarquer que, quand il y a armistice, il y a entre les deux armées ennemies une zone neutre, ce qui n'existe pas dans la suspension d'armes.

M. le général Horsford demande que la distinction proposée ne soit pas faite parce qu'en anglais il n'y a pas d'expression spéciale pour désigner la suspension d'armes. On dit: un armistice d'autant d'heures ou de jours.

Le § 64, modifié, est de la teneur suivante:

„ L'armistice peut être général ou local. Le premier suspend partout les „ opérations de guerre des États belligérants et dans un rayon déterminé."

Au § 65, M. le général de Leer dit qu'il faut pouvoir constater que la notification a eu lieu.

Le paragraphe est, en conséquence, amendé comme suit:

„§ 65. — L'armistice doit être officiellement et sans retard notifié aux „autorités compétentes et aux troupes. Les hostilités sont suspendues im-„mediatement après la notification."

M. le général de Voigts-Rhetz pense qu'il serait utile de dire, au § 66, qu'une zone neutre doit exister entre les belligérants.

M. le général de Leer pense que c'est là un de ces points qui se règlent par la convention même d'armistice.

M. le colonel fédéral Hammer propose, au nom de son Gouvernement, d'insérer, après le mot: „fixer," ceux-ci: „dans les conventions d'armistice."

Après un court débat, le paragraphe est modifié ainsi:

„§ 66. — Il dépend des parties contractantes de fixer dans les clauses „de l'armistice les rapports qui pourront avoir lieu entre les populations."

M. le général de Voigts-Rhetz dit qu'il est nécessaire de constater, au § 67, qu'un avertissement doit précéder la reprise des hostilités. On doit dire que l'adversaire ayant manqué aux conditions de l'armistice, le combat recommencera dans deux ou trois heures.

M. le général Horsford propose d'ajouter: „si la violation n'est pas jus-„tifiée." Il faut laisser à l'adversaire le temps de s'expliquer.

M. le baron Jomini dit que l'essentiel est que l'ennemi ne soit pas attaqué inopinément.

M. le colonel fédéral Hammer propose de dire: „la violation... donne „à la partie adverse le droit de le dénoncer."

Cet amendement est adopté.

„§ 67. — La violation de l'armistice, par l'une des parties, donne à „l'autre le droit de le dénoncer."

Le § 68 est admis, en première lecture, sans modification.

Pour les §§ 55-58 modifiés, *voir* Annexe n° VII.

Protocole N° V.

(SÉANCE DU 5 AOUT 1874)

M. le Président exprime l'avis que la clause présentée dans la dernière séance par M. le Délégué des Pays-Bas pourrait être discutée en même temps que les articles relatifs aux blessés et aux prisonniers chez les neutres et soumis à la Conférence par M. le Délégué de Belgique.

M. le colonel fédéral Hammer, se référant au § 64 portant „ . . . le pre-
„ mier suspend partout les opérations de guerre des Etats belligérants,"
demande que le mot *Etats* soit supprimé, parce qu'il restreint la portée
de l'article; l'expression *belligérants* est suffisante.

M. le baron Jomini prie M. le Délégué de Suisse de vouloir bien reproduire son observation lorsqu'on fera la seconde lecture des articles modifiés.

M. le baron Lambermont rappelle que, dans la seconde séance plénière,
il a signalé à l'attention de la Conférence un Projet de règlement concernant les secours à donner aux prisonniers en temps de guerre. Ce Projet
émane d'un Comité belge qui, dans la dernière guerre, a rendu aux prisonniers des deux parties belligérantes des services qui ont été justement
appréciés à Berlin et à Paris. M. le Délégué belge croit que, dans des
limites à déterminer, l'action de la charité privée pourrait être utilement
réglée. Il demande, en conséquence, que la Commission veuille bien s'occuper du Projet dont il s'agit.

M. le baron Jomini dit que la Commission aura à décider quant et à
quel endroit du Projet elle désire discuter les clauses proposées par M. le
baron Lambermont. M. le Délégué de Russie aura lui-même à présenter
une série d'articles au nom du Comité russe de la Croix rouge.

M. le général de Voigts-Rhetz est d'avis que la Commission ne peut
discuter que les projets qui lui sont soumis par des Délégués; mais rien
n'empêche que les Délégués présentent en leur propre nom les projets
des Comités ou des Sociétés privées. De cette manière il n'y aura pas
d'irrégularité.

M. le baron Jomini se rallie à cette manière de voir. Il présentera en
son nom le mémoire du Comité russe qui lui a été envoyé officiellement
de Saint-Pétersbourg.

M. le baron Lambermont dit qu'il en fera autant pour les clauses proposées par la Société de secours pour les prisonniers et dont il modifiera
la rédaction.

M. le général de Voigts-Rhetz croit que l'on peut aborder cette matière
à la fin du chapitre relatif aux prisonniers.

M. le baron Jomini fait savoir à la Commission qu'il fera la lecture des
nouvelles propositions soumises à la Conférence quand elle aura terminé
l'examen du chapitre des *Prisonniers de guerre* et qu'elle pourra immédiatement en entamer la discussion.

La Commission juge utile de différer l'étude des §§ 23 et 24 du chapitre VI et elle aborde la discussion du § 25.

M. le baron Lambermont fait observer que cet article et les articles suivants ont été remaniés à Bruxelles et il demande que lecture soit donnée
de la rédaction belge.

M. le baron Jomini accepte cette rédaction.

M. le général de Voigts-Rhetz fait remarquer que le Projet russe et le Projet belge sont d'accord pour demander que le prisonnier ne subisse aucune violence. M. le Délégué d'Allemagne trouve que cette formule est trop vague. Il faut prévoir le cas de mutinerie, ou l'opposition formelle du prisonnier de guerre aux ordres qui lui sont donnés. S'il refuse, par exemple, de marcher, il faudra bien lui faire violence ou tout au moins le forcer à obéir. Chaque code militaire contient des instructions à cet égard. Le code prussien dit que les délits des prisonniers seront réglés par la loi du pays qui les a capturés. Il est des circonstances ou il est impossible de recourir aux tribunaux, par exemple, pendant une bataille. — Il faut donc trouver une formule pour combler cette lacune.

M. le colonel Staaff demande si le cas prévu par M. le Délégué d'Allemagne ne rentre pas dans le § 32.

M. le général de Voigts-Rhetz dit qu'il s'y rattache sans doute indirectement; mais il a l'intention de proposer la suppression de cet article et deux qui le précèdent pour y substituer un article nouveau.

M. le général de Leer exprime l'avis que, même lorsque le prisonnier commet un délit, on ne peut pas lui faire violence.

M. le général de Voigts-Rhetz partage cet avis; mais que faire si, pendant une bataille, les prisonniers ne veulent pas se rendre au dépôt qui leur est assigné? Il faut les y forcer. Prévenir l'insubordination est un devoir pour tout officier. Il faut que le prisonnier marche, obéisse et accepte la supériorité de celui qui l'a capturé.

M. le maréchal de camp Servert demande l'insertion d'un article conçu comme suit:

„Les troupes escortant un convoi de prisonniers de guerre ne pourront „pas exécuter ces derniers, même au cas où elles seraient attaquées dans „leur marche par des forces ennemies et où le but de celles-ci serait de „délivrer lesdits prisonniers.

„Mais si les prisonniers prenaient part au combat dans n'importe quel „sens, ils perdraient par ce fait leur caractère de prisonniers de guerre."

La Commission fait observer que les clauses proposées par M. le Délégué d'Espagne visent des cas spéciaux qui rentrent dans les principes généraux dont traite le chapitre VI; mais le protocole constatera que la proposition a été faite.

M. le colonel comte Lanza a un doute sur le sens du mot *désarmés*. Il arrive que par un sentiment d'estime et d'égard pour un ennemi vaincu on lui rende son épée; l'expression *désarmés* ne doit pas signifier qu'on ne pourra plus le faire.

M. le général Arnaudeau répond que tel n'est pas le sens que l'on a ici en vue. Même lorsqu'on a rendu son épée à l'officier vaincu, il est *désarmés* parce qu'il ne peut plus se servir de son arme.

M. le baron Lambermont ajoute que le mot *désarmés*, introduit dans le Projet belge, a un sens générique. Le prisonnier est un ennemi qui ne se défend plus. Le cas particulier cité par M. le colonel comte Lanza ne détruit pas le caractère général de la clause.

M. de Lansberge demande l'insertion d'une disposition garantissant aux prisonniers la propriété de l'argent et des autres valeurs qu'ils ont sur eux.

M. le baron Jomini propose de dire que leur propriété personelle est inviolable.

MM. les généraux de Schoenfeld et de Voigts-Rhetz disent que les armes doivent être nominativement exceptées.

M. le général de Leer croit que ce sont là des mesures d'ordre intérieur.

M. le général de Voigts-Rhetz répond que le cas doit être prévu. Si le prisonnier est porteur d'une forte somme d'argent, elle peut être provisoirement séquestrée, parce que l'argent favorise les évasions. On donnera au prisonnier un reçu et on lui remboursera la somme plus tard.

La Commission tient compte de cette restriction et le § 25 est remanié ainsi :

„§ 25. — Les prisonniers de guerre ne sont pas des criminels, mais „des ennemis légaux et désarmés. Ils sont au pouvoir du Gouvernement „ennemi, mais non des individus ou des corps qui les ont capturés. Ils „doivent être traités avec humanité et, sauf le cas d'insubordination, ne „peuvent être l'objet d'aucune violence. Tout ce qui leur appartient per-„sonnellement, les armes exceptées, reste leur propriété."

M. le colonel comte Lanza croit que l'on ne peut pas établir à priori la manière dont les prisonniers seront gardés. Il croit qu'il serait préférable de remplacer les mots: „sont assujettis..." du § 26 par ceux-ci: „...peuvent être assujettis."

M. le maréchal de camp Servert désire que l'on dise, au lieu de : „localité quelconque" — „une localité hygiénique."

M. le général de Leer fait observer qu'il est déjà dit, au paragraphe précédent, que les prisonniers doivent être traités avec humanité.

M. le général Arnaudeau et M. le colonel Lanza demandent la suppression du mot *reclusion* comme impliquant une peine infamante.

M. le baron Lambermont constate que cette phrase ne se trouve pas dans la rédaction belge. Les prisonniers, en effet, ne pourraient subir la reclusion qu'en vertu d'une condamnation prononcée, aux termes de l'article 32, pour un crime commis depuis leur captivité.

M. le général de Voigts-Rhetz demande que l'idée soit maintenue à défaut du mot. Il y a des cas où, soit les nécessités de la guerre, soit l'ordre public exigent que les prisonniers soient mis en sûreté.

M. le général Arnaudeau propose de dire qu'ils seront enfermés.

M. le général de Voigts-Rhetz accepte cette rédaction et l'article, remanié, porte ce qui suit:

„§ 26. — Les prisonniers de guerre peuvent être assujettis à l'interne-„ment dans une ville, forteresse, camp ou localité quelconque, avec „obligation de ne pas s'en éloigner au delà de certaines limites détermi-„nées; mais ils ne peuvent être enfermés que par mesure de sûreté indis-„pensable."

M. le maréchal de camp Servert demande la suppression de la dernière partie du § 27, parce que le vainqueur doit avoir la faculté de faire travailler les prisonniers à des fortifications situées à une certaine distance.

M. le baron Jomini répond que cela est évident; mais que le paragraphe a précisément pour but d'exiger que les travaux ne soient pas en rapport direct avec les opérations de la guerre.

M. le général de Voigts-Rhetz exprime l'opinion que, le service obligatoire existant presque partout, il faut avoir égard à cette circonstance et supprimer les distinctions sociales qu'autorise le § 27. L'homme de la plus haute naissance et le paysan le plus infime, le savant et l'artisan, le riche et le pauvre sont égaux dans le service militaire; ils doivent l'être également s'ils deviennent prisonniers; ils doivent travailler sur le même pied. Il suffira donc de dire: „pour le grade militaire."

M. le colonel comte Lanza n'admet pas qu'on assimile entièrement aux militaires prisonniers de guerre les reporters, les fournisseurs, etc., dont on s'assure par mesure de précaution.

M. le général de Leer répond que ce sont des cas spéciaux, et que la règle doit viser les cas ordinaires qui concernent les soldats.

M. le général de Voigts-Rhetz dit que si les personnages civils qui ont personnellement une position élevée dans la hiérarchie administrative sont faits prisonniers, ils seront traités d'après le grade qu'ils ont dans l'armée; s'ils sont simples soldats, ils travailleront comme de simples soldats; s'ils sont officiers, ils seront traités en officiers.

M. le général de Schoenfeld propose d'employer simplement le mot *grade*. Si le prisonnier est militaire, il sera traité d'après son grade dans l'armée; s'il appartient à l'ordre civil, il sera traité d'après son grade dans la hiérarchie civile.

M. le baron Jomini propose de dire: „d'après le grade ou la position „qu'ils occupent dans l'armée."

M. le colonel fédéral Hammer fait observer qu'il peut arriver que des fonctionnaires, non militaires, soient faits prisonniers, tels que préfets, maires, etc., et il propose de supprimer les mots: „pour le grade."

4

M. le colonel Staaff pense qu'on pourrait dire: „humiliant pour leur „grade, ou s'ils ne sont assimilés à aucun grade militaire, pour la posi„tion sociale qu'ils occupent dans leur pays."

M. le colonel Manos appuie la rédaction de M. le Délégué d'Allemagne.

M. le général de Voigts-Rhetz propose d'ajouter après le mot: „opéra„tions", ceux-ci: „sur le théâtre de la guerre."

M. le baron Jomini donne lecture de la rédaction suivante que la Commission admet en première lecture: _

„§ 27. — Les prisonniers de guerre peuvent être employés à certains „travaux publics qui n'aient pas un rapport direct avec les opérations sur „le théâtre de la guerre et qui ne soient pas exténuants ou humiliants „pour leur grade militaire, s'ils appartiennent à l'armée, ou pour leur „position officielle, s'ils n'en font point partie. Ils pourront également, - „en se conformant aux dispositions réglementaires à fixer par l'autorité „militaire, prendre part aux travaux de l'industrie privée. Leur salaire „servira à améliorer leur position ou leur sera compté au moment de leur „libération."

Quant au salaire dont parle le projet belge, M. le général de Voigts-Rhetz est d'avis que si l'Etat auquel les prisonniers appartiennent doit ultérieurement payer leur entretien, il est juste qu'il le déduise de l'argent qu'ils ont gagné. C'est une marque de bienveillance qu'on leur donne que de leur permettre d'amasser un petit pécule au lieu de les employer aux travaux publics. Si l'Etat doit payer les frais de la guerre, il est légitime que ce soit déduction faite de ce que les prisonniers ont coûté.

M. le colonel fédéral Hammer craint que cette mesure ne complique la comptabilité et ne soit préjudiciable à la bonne conduite des prisonniers. Si ceux-ci savent que l'Etat profitera de leur argent, ils ne travailleront pas. Ce serait une prime à la paresse.

M. le général Arnaudeau demande comment on pourra contrôler si les particuliers payent le salaire promis.

M. le général de Voigts-Rhetz répond que le particulier dira combien il paye au prisonnier. On donnera à ce dernier ce qu'il faut pour vivre; le reste sera réservé; le décompte se fera à la fin de la guerre.

M. le baron Lambermont rappelle que l'article belge porte expressément que le prisonnier ne pourra travailler pour l'industrie privée qu'en vertu de dispositions à prendre par l'autorité militaire. Il y aura donc entente entre l'autorité militaire et le particulier. Il suffirait dès lors d'ajouter au paragraphe: „Déduction faite des frais d'entretien."

M. le colonel fédéral Hammer propose à la Commission de revoir le paragraphe dans une prochaine séance. Après délibération, elle arrête la rédaction de la dernière partie dans les termes suivants:

„Dans ce cas, les frais d'entretien pourront être défalqués de ce salaire."

Le § 28 est légèrement remanié, sur la proposition de M. le général de Schoenfeld.

Il porte: „ Les prisonniers de guerre ne peuvent être astreints d'aucune „ manière à prendre une part quelconque à la poursuite des opérations de „ la guerre."

Au § 29, M. le général de Voigts-Rhetz fait remarquer qu'il est difficile de dire, dès le début de la guerre, comment on traitera les prisonniers. La seconde partie du paragraphe devrait donc être modifiée. Dans aucun cas, les prisonniers ne doivent être mieux traités que les soldats de l'armée qui les a capturés.

M. le général Arnaudeau et M. le colonel comte Lanza disent que le prisonnier ne doit pas être non plus mieux traité que le soldat qui fait la guerre.

Après discussion, le paragraphe est rédigé comme suit:

„§ 29. Le Gouvernement au pouvoir duquel se trouvent les prisonniers „de guerre se charge de leur entretien. Les conditions de l'entretien des „prisonniers de guerre peuvent être établies par une entente mutuelle entre „les parties belligérantes. A défaut de cette entente, et comme principe „général, les prisonniers de guerre seront traités pour leur nourriture et „leur habillement sur le même pied que les troupes du Gouvernement qui „les aura capturés."

M. le général de Voigts-Rhetz propose à la Commission de supprimer les §§ 30, 31 et 32 et les remplacer par un paragraphe unique dont la rédaction serait analogue à celle qu'on a déjà antérieurement adoptée pour d'autres articles. Il est nécessaire de punir le prisonnier qui quitte la localité qui lui a été assignée, de même qu'on punit le soldat qui quitte son logement pour aller s'amuser ou pour tout autre motif.

M. le colonel Staaff dit qu'il retrouve dans le § 30 la même pensée humanitaire que celle qui caractérise le § 21, c'est-à-dire que du côté des autorités on désire écarter un certain ressentiment, tandis qu'on donne au prisonnier qui a été repris le bénéfice des circonstances atténuantes de sa position. Afin de ne pas aggraver outre mesure le sort du prisonnier, M. le Délégué de Suède-Norvége demande que l'on dise tout au plus: „mais, s'il est repris, il ne pourra encourir que des peines disciplinaires."

Il faut, selon M. de Lansberge, distinguer deux cas: celui où le prisonnier a promis de ne pas s'évader, et celui où il est conduit en troupe et trouve l'occasion de s'échapper.

M. le général Arnaudeau demande également que l'évadé ne soit puni que disciplinairement.

M. le géneral de Voigts-Rhetz se rallie à cet amendement.

M. le colonel fédéral Hammer propose, au nom de son Gouvernement, d'ajouter *in fine:* „ sauf à être enfermé, ou à être soumis à une surveil-„ lance plus rigide."

M. le Délégué de Suisse demande quelques explications sur la portée du § 32.

M. le baron Jomini répond que ce paragraphe tombera si la proposition de M. le général de Voigts-Rhetz est adoptée et il donne lecture du projet d'article suivant:

„ Les prisonniers de guerre sónt assujettis, selon leur rang militaire, aux „ lois du code militaire ou aux règlements disciplinaires du Gouvernement „ au pouvoir duquel ils se trouvent.

„ Un prisonnier de guerre qui prend la fuite ne peut être tué que pen-„ dant la poursuite, et s'il est repris, il n'est passible que de peines dis-„ ciplinaires.

„ Tout complot des prisonniers de guerre en vue d'une fuite générale „ est puni selon les règlements militaires. Toute rébellion contre les auto-„ rités établies au lieu de leur internement est punie d'après les lois mili-„ taires."

PROTOCOLES

DES SÉANCES PLÉNIÈRES.

Protocole N° III.

(SÉANCE DU 5 AOUT 1874.)

M. le Président présente à l'Assemblée S. E. M. d'Antas, chargé de représenter le Gouvernement portugais, comme premier Délégué, à la Conférence de Bruxelles.

Il communique ses pleins pouvoirs et ceux de M. le général de Leer.

Il annonce qu'il a convoqué MM. les Délégués pour leur faire une communication urgente que, pour plus de clarté, il a rédigée et qui est destinée à figurer *in extenso* au protocole.

M. le baron Jomini s'exprime en ces termes:

„ J'ai à vous entretenir, Messieurs, de plusieurs incidents qui concernent „ la composition de la Conférence et qu'elle seule est appelée à résoudre: „ 1° Lorsqu'elle a été convoquée, il y en avait eu une autre proposée à

„Paris par la Société pour l'amélioration du sort des prisonniers de guerre.
„Cette Société y a renoncé de très bonne grâce aussitôt qu'elle a eu con-
„naissance de la proposition faite aux Cabinets par le Gouvernement russe.
„Toutefois il est résulté de là quelques malentendus.

„D'une part, la Société s'attendait à être représentée dans la Conférence,
„d'autant plus que le Projet de règlement que nous vous avons soumis
„s'était inspiré en grande partie, pour ce qui concerne les prisonniers de
„guerre, du projet élaboré par la Société et que les deux projets ainsi
„fondus semblaient pouvoir utilement servir de base aux délibérations.

„Le Président de la Société, M. le comte d'Houdetot, s'étant rendu à
„Stuttgard auprès de M. le prince Gortchachow, tout en témoignant à S. A.
„les sentiments de la Société envers S. M. l'Empereur son Auguste Sou-
„verain, et l'empressement avec lequel elle s'effaçait devant cette haute
„initiative, exprima ce désir de la Société.

„M. le prince Gortchacow répondit que, pour sa part, il ne verrait aucun
„inconvénient et trouverait même un avantage à ce que M. le comte
„d'Houdetot fût consulté à titre d'expert par la Conférence dans les questions
„spéciales où son expérience pouvait fournir des lumières aux délibérations.

„S. A. en écrivit à M. de Westmann, gérant en son absence le Minis-
„tère impérial des Affaires étrangères, qui, considérant que la Conférence
„avait désormais seule autorité pour en décider, me donna comme instruc-
„tions, par ordre de S. M. l'Empereur, de lui soumettre la question.

„C'est ce dont je me suis acquitté dans notre seconde réunion en vous
„faisant part des différentes demandes analogues de plusieurs Sociétés privées.

„Vous avez décidé, Messieurs, qu'il n'y avait pas lieu d'admettre dans
„notre sein, soit à titre de membres, soit à titre d'experts, des représen-
„tants de ces associations.

„Je viens donc vous demander si vous persistez dans cette décision,
„en particulier pour ce qui concerne M. le Président de la Société pour
„l'amélioration du sort des prisonniers de guerre, malgré les titres spé-
„ciaux qu'il semblerait avoir à être entendu dans la Conférence sur des
„questions à l'égard desquelles il est assurément très compétent et si, en
„pareil cas, vous m'autorisez à lui faire part de cette décision.

„IIo En outre, lorsque M. le comte d'Houdetot proposa la réunion de
„la Conférence à Paris, il avait envoyé une invitation entre autres à divers
„Etats de l'Amérique du Sud qui l'avaient acceptée avec empressement.
„Lors de son entrevue avec le prince Gortchacow, il lui fit part de cette
„circonstance.

„S. A. lui dit que, pour ce qui la concernait, elle ne verrait pas d'in-
„convénient à la participation de ces Etats à l'œuvre d'humanité entreprise
„par nous sur des bases élargies; mais que, la Conférence étant constituée,
„il ne dépendait plus du Gouvernement russe d'augmenter le nombre des
„Etats primitivement convoqués. Cela ne pouvait résulter que d'un accord
„entre les Gouvernements dont les représentants forment la Conférence et

„auxquels toute nouvelle demande d'admission aurait à être présentée.

„En conséquence, comme plusieurs représentants des Etats de l'Amérique „du Sud se trouvent à Paris, munis de pleins pouvoirs sur l'invitation de „M. le comte d'Houdetot et paraissent s'attendre à être conviés à prendre „part à vos délibérations, je dois vous prier de décider s'il entre dans vos „intentions de les admettre à siéger dans la Conférence.

„III° Enfin, j'ai reçu par voie officielle une communication adressée par „le Président du Comité international de Genève pour les secours aux „blessés, à MM. les Présidents et les Membres des Comités centraux.

„Elle est motivée par la réunion de la Conférence de Bruxelles et for-„mule les trois demandes suivantes :

„1° Que la Conférence s'abstienne de remettre en discussion les ques-„tions résolues par la Convention de Genève.

„2° Que si des modifications devaient y être apportées, on y procédât „sous forme de dispositions additionnelles et non par un remaniement du „texte primitif.

„3° Que la Conférence tienne compte des articles additionnels de 1868, „acceptés en principe, mais non encore ratifiés par les Gouvernements.

„Vous trouverez sans doute qu'il serait prématuré de vous prononcer „à ce sujet, puisque la Commission chargée par vous d'examiner l'ensemble „du Projet qui vous a été déféré n'a pas encore touché à ces questions.

„Mais, d'un autre côté, la Commission n'a pas le droit de les résoudre „sans votre autorisation et il serait regrettable qu'elle dût les aborder „sans prendre en considération les demandes de la Société de Genève qui „pourraient, si plus tard elles étaient agréées par vous, modifier tout son „travail. Je vous propose, en conséquence, d'autoriser votre commission „à faire entrer la communication du Comité international de Genève dans „l'examen général du chapitre concernant les prisonniers de guerre et les „blessés et à vous présenter ses conclusions.

„MM. les membres de la commission étant toujours à même de s'en-„tendre, en dehors des séances, avec leurs collègues de la Conférence, „celle-ci garderait ainsi la direction des débats en vue de la décision finale."

Après avoir dûment délibéré sur la communication de M. le baron Jo-mini, MM. les Délégués ont arrêté :

„1° Quant à M. le comte d'Houdetot, que les questions posées par le „Projet du Cabinet de Saint-Pétersbourg, ayant été exclusivement déférées „à l'examen des représentants des Puissances, vu le caractère essentiellement „gouvernemental des résolutions qu'elles étaient de nature à provoquer, „il n'y avait pas lieu d'y appeler des délégués d'Associations privées; que „si l'on adoptait cette mesure à l'égard d'une de ces Sociétés, il n'y aurait „pas de raisons pour la rejeter à l'égard des autres et qu'en pareil cas „les délibérations prendraient un caractère qu'elles ne devaient avoir ni „dans la pensée du Gouvernement impérial de Russie lorsqu'il a proposé „cette réunion, ni dans celle des Cabinets lorsqu'ils l'ont acceptée; qu'en

„outre, en ce qui concerne particulièrement la Société pour l'amélioration
„du sort des prisonniers de guerre, son Projet, dont la Conférence apprécie
„le mérite, ayant été publié et se trouvant reproduit en substance dans le
„Projet du Gouvernement russe, MM. les Délégués se croient suffisamment
„éclairés sur cette question spéciale pour pouvoir en délibérer en pleine
„connaissance de cause.

   „2o Quant à l'invitation adressée à plusieurs Etats de l'Amérique du Sud
„pour la Conférence projetée à Paris, et à l'extension de cette invitation
„à la réunion de Bruxelles, — que la tâche de la Conférence n'étant point
„de faire un travail definitif, mais seulement d'étudier la matière au point
„de vue des principes qui pourraient servir de base à une entente générale,
„elle juge plus pratique et plus conforme à la pensée qui a présidé à sa
„convocation, de restreindre pour le moment la délibération entre les
„représentants des Gouvernements du Continent européen. Et cela d'autant
„plus que le Gouvernement des Etats-Unis de l'Amérique du Nord, qui
„aurait été le plus naturellement appelé a y participer, vu qu'il a, le premier,
„donné l'exemple d'une réglémentation des droits et coutumes de la guerre,
„n'a pas jugé lui-même devoir envoyer un représentant à la Conférence
„de Bruxelles.

   „MM. les Délégués sont donc d'avis qu'il n'y aurait pas d'utilité pratique,
„au point de vue de la marche et de l'issue de ses délibérations, à aug-
„menter le nombre des membres qui y siégent actuellement.

   „La Conférence ne doute pas d'ailleurs que, si ces travaux aboutissent
„au résultat désiré, tous les Gouvernements civilisés ne soient invités à
„s'associer à l'œuvre d'humanité dont S. M. l'Empereur de Russie a pris
„l'initiative et dont elle travaille en ce moment à poser les premières bases.

   „M. le President est autorisé à faire parvenir un extrait du présent
„protocole à la connaissance des intéressés.

   „3o Quant à la communication du Comité international de la Société de
„Genève, que la Commission est autorisée à l'examiner en discutant les
„chapitres VI et VII de la section I du Projet, et à présenter ses con-
„clusions."

   M. le général de Voigts-Rhetz exprime le désir que la proposition du
Comité de Genève soit introduite par un des Délégués de Russie.

   M. le baron Jomini prend sur lui de soumettre cette proposition à la
Conférence.

   M. le colonel Staaff désirerait brièvement exprimer son avis sur les
résolutions que vient de prendre la Conférence. Il abandonne entièrement
à l'appréciation des diplomates le deuxième point qui échappe à sa compétence; quant au troisième, il espère trouver, pendant les délibérations
de la Commission, l'occasion d'y revenir. Ce n'est donc que sur le premier
point qu'il croit devoir actuellement attirer l'attention de MM. les Délégués. Ce serait à la fois une chose juste et une chose utile que d'admettre

M. le comte d'Houdetot à la Conférence. Son mérite personnel et la situation exceptionnelle où il se trouve justifieraient amplement cette mesure qui ne devrait être étendue à aucune autre personne. Les préparatifs en vue de la Conférence de Paris étaient, en effet, si avancés, que plusieurs Gouvernements avaient déjà désigné les représentants qui devaient y prendre part. M. le Délégué de Suède et Norvége laisse à la Conférence le soin de décider jusqu'à quel point cette circonstance doit plaider en faveur de l'admission de M. le comte d'Houdetot.

M. le baron Jomini répond que le Gouvernement impérial de Russie aurait désiré plus que tout autre que M. le comte d'Houdetot pût être admis; mais c'était à la Conférence qu'il appartenait de se prononcer et elle vient de le faire négativement.

M. le colonel fédéral Hammer dit que son Gouvernement lui a donné pour instructions de faire en sorte que la Convention du 20 août 1864 demeure intacte et continue à être envisagée comme un acte international indépendant.

M. le général de Voigts-Rhetz se réserve de faire certaines déclarations lorsqu'on abordera le chapitre VII, soit dans la Commission, soit dans l'Assemblée plénière.

M. le baron Jomini fait connaître qu'il répondra à M. le comte d'Houdetot et aux envoyés de l'Amérique du Sud dans le sens des résolutions prises par l'Assemblée.

La Conférence donne plein pouvoir à cet égard à M. le président.

M. le baron Jomini croit utile de faire connaître à l'Assemblée plénière la marche des travaux de la Commission. La Commission s'est occupée d'abord des points qui offraient le moins de difficultés; mais il faudra bien finir par aborder un terrain où l'on se trouvera placé entre les nécessités de la guerre et les aspirations de l'opinion publique. On se montrera aussi conciliant que possible; mais, pour les passer sous silence, on n'empêchera pas les rigueurs de la guerre d'exister. On ne gagnera rien à rester dans le vague.

L'incertitude sur les droits et les devoirs respectifs compliquera les calamités de la guerre d'inévitables entrainements. M. le premier Délégué de Russie annonce que, en vue de rendre l'adoption du chapitre Ier plus facile, M. le général de Leer et lui l'ont remanié et il émet l'espoir que cette nouvelle rédaction ne soulèvera pas les mêmes scrupules que la première.

La Conférence décide que ce nouveau Projet sera imprimé et distribué aux Délégués (voir Annexe n°. VIII) et s'ajourne jusqu'à convocation ultérieure.

PROTOCOLES

DES SÉANCES DE LA COMMISSION.

Protocole N°. VI.

(SÉANCE DU 6 AOUT 1874.)

La Commission reprend l'examen de l'article dont M. le Président a donné lecture dans la séance d'hier et qui est destiné à remplacer les §§ 30, 31 et 32.

M. le colonel fédéral Hammer propose de modifier le second alinéa de l'article dans ces termes: „Contre un prisonnier de guerre en fuite, il „est permis, après sommation, de faire usage des armes. Repris, il n'est „passible que de peines disciplinaires."

M. le maréchal de camp Severt demande comment se fera la sommation.

M. le baron Jomini pense que cela dépendra des circonstances. On pourra, dans tous les cas, crier au fugitif qu'il ait à revenir sur ses pas s'il ne veut risquer d'être tué.

M. le colonel comte Lanza est d'avis que lorsqu'un complot a été découvert, en vue d'une fuite générale, une surveillance plus sévère doit suffire comme punition. C'est à celui qui a fait des prisonniers de guerre d'empêcher qu'ils ne s'évadent. Punir préventivement un simple complot, quand il n'y a pas commencement d'exécution, mutinerie ou révolte, c'est punir une intention non réalisée; il doit suffire de prendre des mesures de sûreté.

M. le général Arnaudeau pense qu'il convient de ne pas supprimer les peines disciplinaires.

M. le colonel Staaff fait observer que, dans l'impossibilité où l'on semble être de conserver la teneur du Projet russe qui affranchit de toute pénalité le prisonnier évadé, la stipulation qui punit ce dernier disciplinairement lui sert presque de garantie contre l'application de peines plus sévères.

M. de Lansberge estime que le premier alinéa du nouvel article suffit à toutes les éventualités; il propose de rayer le troisième.

M. le baron Jomini croit, au contraire, qu'il faut un principe spécial pour atteindre la rébellion, qui doit être punie plus sévèrement que la fuite.

M. le général de Voigts-Rhetz rappelle que la Conférence a été unanime à admettre que le prisonnier qui fuit est coupable comme le soldat qui quitte son logement. Il doit donc être puni: on lui appliquera les peines disciplinaires. Mais puisque le premier alinéa de l'article assujettit les prison-

niers de guerre, selon leur rang militaire, „aux lois du Code militaire ou
„aux règlements disciplinaires du Gouvernement au pouvoir duquel ils se
„trouvent," il ne faut pas établir une exception au troisième alinéa, puisque, si le prisonnier s'échappe, même plus d'une fois, il ne peut pas être
puni de mort. Le complot et la rébellion sont des cas implicitement prévus
par le premier alinéa, cas différant d'après les Codes militaires qui distinguent entre complot, rébellion et émeute. On ne perd rien à supprimer le
dernier alinéa et à maintenir les deux premiers qui formeront l'article 30.

M. le général Arnaudeau pense que le complot n'est punissable qu'à
l'instant où il reçoit un commencement d'exécution. Alors, il constitue la
rébellion.

M. le général de Schoenfeld dit que ces prescriptions existent en Autriche.
Elles sont lues à tous les prisonniers de guerre.

M. le général de Voigts-Rhetz fait observer que le § 26 prévoit que les
prisonniers peuvent être enfermés par mesure de sûreté indispensable. On
appliquera cette clause lorsqu'on aura à craindre une fuite isolée ou générale. Une disposition nouvelle serait superflue.

La Commission, adhérant à l'opinion de M. le Délégué d'Allemagne,
supprime le dernier alinéa du nouvel article 30.

M. le colonel fédéral Hammer est d'avis qu'une surveillance plus rigide
empêcherait les cas de récidive.

M. le général de Voigts-Rhetz estime qu'enfermer les prisonniers est une
mesure plus efficace que la surveillance la plus sérieuse.

M. le général Horsford pense également que l'insertion d'une clause de
ce genre serait utile.

En conséquence, le second alinéa du nouvel article 30 est modifié
comme suit:

„Contre un prisonnier de guerre en fuite il est permis, après sommation,
„de faire usage des armes. Repris, il est passible de peines disciplinaires
„ou soumis à une surveillance plus sévère."

M. le colonel Brun demande ce que l'on fera à l'égard des soldats qui,
ayant réussi à s'échapper une première fois, seraient faits prisonniers de
nouveau plus tard.

M. le général de Voigts-Rhetz dit que la réponse se trouve dans les
mots du deuxième alinéa: *Repris*, il est passible, etc..."

M. le baron Lambermont fait remarquer qu'il ne s'agit pas d'un prisonnier saisi dans la poursuite, mais d'un prisonnier qui, après avoir repris
sa place dans les rangs, tombe de nouveau au pouvoir de l'ennemi.

M. le colonel Manos objecte que si le prisonnier, repris après la fuite,
est soumis à une surveillance plus sévère, on le traite avec plus de
rigueur que l'espion, lequel, s'il n'est pas pris sur le fait, ne peut pas
être puni à raison de faits antérieurs.

M. le général de Voigts-Rhetz ne partage pas cette opinion. Le militaire prisonnier qui fuit conserve, malgré tout, la qualité de belligérant. L'espion militaire perd, au contraire, cette qualité pendant le temps de l'espionnage. Il ne la recouvre que lorsqu'il rentre à l'armée à laquelle il appartient.

M. le colonel Manos réserve son jugement, à cause de la situation spéciale de son pays.

M. le baron Jomini propose la rédaction suivante: „Si plus tard il est „de nouveau fait prisonnier, il n'est passible d'aucune peine pour sa fuite „antérieure."

La Commission admet cette rédaction.

M. le colonel fédéral Hammer désirerait voir modifier les termes du premier alinéa de l'article 30. Il propose de dire: „les lois et les règle„ments de l'Etat qui les capture."

M. le colonel comte Lanza et M. le baron Lambermont appuient cette motion.

M. le général de Voigts-Rhetz objecte que les personnages civils et les militaires qui commettent les mêmes infractions doivent être traités d'après les mêmes lois et non d'après des lois dont telle serait plus dure pour les militaires et telle autre plus douce pour les civils.

M. de Lansberge pense que ces distinctions doivent être abandonnées aux Gouvernements.

M. le baron Lambermont est d'avis que les Codes militaires renvoient à la juridiction compétente selon les cas.

M. le colonel fédéral Hammer propose une rédaction nouvelle. On dirait: „Les prisonniers de guerre sont soumis aux lois et règlements en „vigueur dans l'armée de l'Etat au pouvoir duquel ils se trouvent."

M. de Lansberge estime que l'expression „lois et règlements" est trop générale. Il vaudrait mieux dire: „aux lois pénales et aux règlements „disciplinaires" et remplacer le mot „l'armée" par l'Etat. „Aucun Etat ne peut prendre l'engagement d'appliquer sur son territoire une juridiction spéciale. M. le Délégué des Pays-Bas fait, par conséquent, des réserves sur cette rédaction, qui est adoptée en première lecture par la Commission.

Les §§ 31 et 32 restent supprimés.

Au § 33 M. le général Arnaudeau propose d'ajouter: „... s'il est interrogé à ce sujet."

M. le général de Voigts-Rhetz adhère à cette observation, tout en faisant remarquer que les prisonniers sont interrogés d'après la liste matriculaire.

M. le colonel fédéral Hammer propose, au nom de son Gouvernement, de dire: „...tenu de déclarer son véritable grade et son véritable nom."

M. le général Arnaudeau croit qu'il serait utile de dire, à la fin du paragraphe: „...aux prisonniers de guerre *de sa catégorie*." M. le Délégué de France ajoute qu'on pourrait, sans inconvénient, supprimer les mots : *par l'honneur*, à cause des divergences qu'ils soulèvent chez les auteurs. D'après les uns, il n'y a que les officiers qu'il faille engager sur l'honneur; d'après d'autres, il faut placer les soldats sur la même ligne que les officiers.

M. le général de Voigts-Rhetz se rallie à l'amendement de M. le général Arnaudeau.

Le paragraphe, modifié en ce sens, porte ce qui suit :

„§ 33. — Chaque prisonnier de guerre est tenu de déclarer, s'il est „interrogé à ce sujet, ses véritables nom et grade et, dans le cas où il „enfreindrait cette règle, il encourrait une restriction de la jouissance des „avantages de position faits aux prisonniers de guerre de sa catégorie."

Le § 34 est, après une courte délibération, modifié dans les termes suivants : „L'échange des prisonniers de guerre est réglé par une entente „mutuelle entre les parties belligérantes."

Au § 35, M. le général de Voigts-Rhetz propose d'ajouter : „Leur propre „Gouvernement est également tenu de ne demander ni d'accepter les ser„vices de prisonniers de guerre mis en liberté sur parole ou évadés en „manquant à leur parole."

M. le colonel comte Lanza croit que ce serait ici le cas de déterminer qui l'on peut mettre en liberté sur parole, vu que les législations militaires des différents pays ne sont pas uniformes à cet égard.

M. le baron Jomini dit que la phrase : „si les lois de leur pays les y autorisent" répond à cette question.

M. le Président propose de dire, pour tenir compte de l'observation de M. le Délégué d'Allemagne : „En pareil cas, leur propre Gouvernement „est tenu de n'exiger ni d'accepter d'eux aucun service contraire à la „parole donnée."

La première partie du paragraphe n'est pas modifiée. Elle porte :

„§ 35. — Les prisonniers de guerre peuvent être mis en liberté sur „parole si les lois de leur pays les y autorisent et, en pareil cas, ils sont „obligés, sous la garantie de leur honneur personnel, de remplir scrupu„leusement, tant vis-à-vis de leur propre Gouvernement que vis-à-vis de „celui qui les a faits prisonniers, les engagements qu'ils auraient con„tractés. Dans le même cas, leur propre Gouvernement est tenu de n'exiger „ni de n'accepter d'eux aucun service contraire à la parole donnée."

L'article 12 du Projet belge sur les *prisonniers de guerre*, correspondant au § 36 du Projet russe est adopté sans discussion.

Il est de la teneur suivante : „Un prisonnier de guerre ne peut pas être „contraint d'accepter sa liberté sur parole, de même que le Gouvernement „ennemi n'est pas obligé d'accéder à la demande du prisonnier réclamant „sa mise en liberté sur parole."

M. le général de Voigts-Rhetz demande la suppression du § 37 comme rentrant dans le paragraphe précédent.

M. le général Arnaudeau juge qu'il serait utile de maintenir ce paragraphe, parce qu'il se peut que le Gouvernement ignore que tel officier manque à sa parole.

M. le colonel Staaff dit qu'après l'engagement que l'on suppose imposé aux Gouvernements par la nouvelle rédaction du § 35 de ne pas reprendre à leur service les évadés, le § 37 n'aurait strictement de raison d'être que pour les individus ayant repris les armes à l'insu de leur Gouvernement.

Le paragraphe est maintenu avec une légère modification, demandée par M. le colonel comte Lanza :

„§ 37. — Tout prisonnier de guerre, libéré sur parole et de nouveau „repris portant les armes contre le Gouvernement envers lequel il s'était „engagé d'honneur, peut être privé des droits de prisonniers de guerre et „traduit devant les tribunaux."

Pour les §§ 23-37 modifiés, *voir* Annexe n° IX.

M. le Président consulte la Commission pour savoir à quelle matière elle désire consacrer sa prochaine séance.

L'Assemblée se prononce pour le chapitre VII : *Des non-combattants et des blessés.*

M. le général de Voigts-Rhetz ne peut accepter cette discussion qu'avec des réserves formelles. Il aimerait mieux la voir ajourner, et commencer immédiatement l'examen du chapitre des *Belligérants*. Il y a, en effet, dit-il, une grande connexité entre le chapitre VII et la Convention de Genève. Cette convention étant reconnue par des Gouvernements qui ne sont pas représentés dans cette Assemblée, il pourrait surgir, au cours des délibérations, des difficultés qui retarderaient la marche de l'œuvre actuelle et qui pourraient être même de nature à compromettre la Convention de Genève. Il semblerait donc utile à M. le Délégué d'Allemagne que le chapitre VII fût réservé pour une discussion à part ou renvoyé à un autre moment et que l'assemblée s'occupât d'une autre matière.

M. le général de Leer fait observer qu'il est entendu que la Convention de Genève doit rester intacte.

M. le baron Jomini cite une lettre de M. Moynier, Président du Comité international de Genève, qui demande que si des modifications sont faites aux articles de la Convention, elles se produisent sous forme d'articles additionnels.

M. le général de Leer dit que l'on peut être certain que le chapitre VII sera traité conformément aux dispositions de la Convention de Genève.

M. le général de Voigts-Rhetz se range à l'avis de ses collègues; toutefois, il ne peut commencer la discussion du chapitre VII qu'à la condition formelle qu'il soit constaté, à l'unanimité des Délégués formant la Commission, que l'existence de la convention de Genève n'est nullement compromise et que, si l'on y veut introduire des modifications ou améliorations, il faudra le consentement unanime de toutes les parties qui ont signé ladite Convention.

Les déclarations de M. le Délégué d'Allemagne seront actées au protocole.

M. le colonel fédéral Hammer dit que le Projet russe contient des clauses très acceptables, très utiles et qu'on peut les ajouter à la Convention de Genève comme articles additionnels. M. le Délégué de Suisse accepte, en conséquence, la discussion du chapitre VII dans les mêmes termes que M. le général de Voigts-Rhetz et sous réserve de ses instructions.

M. le général baron de Schoenfeld croit qu'il serait désirable d'étendre le bénéfice de l'inviolabilité du § 38 aux membres des Sociétés pour le secours volontaire aux blessés. Il se réserve de revenir sur ce point.

Sur la proposition de M. le baron Lambermont, la Commission décide qu'après la discussion du chapitre VII, elle s'occupera des dispositions relatives aux Sociétés de secours et ensuite des communications que M. le Président se propose de faire au nom du Comité de Genève.

Protocole N° VII.

(SÉANCE DU 7 AOUT 1874.)

M. le baron Lambermont dit qu'il a conservé un doute au sujet de la juridiction sur les prisonniers attribuée à l'Etat au pouvoir duquel ils se trouvent. M. le Délégué de Belgique se réserve de revenir sur cette question, s'il y a lieu, lorsqu'on fera une seconde lecture des articles admis dans la séance d'hier.

M. le baron Jomini donne lecture de la circulaire qui a été adressée, sous la date du 20 juin 1874, par M. G. Moynier, Président du Comité international de Genève, à MM. les Présidents et Membres des Comités centraux de secours aux militaires blessés et qui est relative à la Conférence de Bruxelles.

En terminant cette lecture, M. le Président exprime l'avis que si les articles du Projet russe sont admis, on pourra les soumettre aux Gouvernements comme articles additionnels à la Convention de Genève, à laquelle il ne s'agit en aucune façon de toucher.

M. le colonel Staaff applaudit aux paroles de M. le Président. On ne peut porter atteinte à la Convention de Genève, qui est un acte officiel et inviolable; mais il semble à M. le Délégué de Suède et de Norvège qu'on peut la développer par des propositions complémentaires qu'il est permis d'étendre aux actes additionnels signés dans la même ville en 1868, et qui ne constituent que des explications et des améliorations de ladite convention. M. le colonel Staaff pense que l'on pourra d'autant plus utilement se livrer à ces études que les questions maritimes sont exclues des débats actuels. Les premiers articles additionnels sont une extension des stipulations de la Convention de Genève et il ne saurait être inutile de s'en inspirer puisqu'ils sont prêts à être ratifiés par la plupart des Gouvernements qui ont signé la Convention même.

M. le baron Jomini pense, au contraire, qu'il sera préférable de ne pas s'occuper des articles additionnels, précisément parce que tous les gouvernements n'y ont pas encore adhéré.

M. le baron Lambermont informe la Commission que le Gouvernement belge a eu connaissance de la communication dont M. le Président a donné lecture. Le Cabinet de Bruxelles l'a envisagée au même point de vue. Dans son opinion, il ne s'agit pour la Conférence ni de toucher à la Convention de Genève de 1864, que tout le monde entend respecter, ni de ratifier les articles additionnels de 1868, puisqu'ils renferment des clauses maritimes. Quant au chapitre VII du Projet russe, il contient des stipulations qu'on pourrait utilement emprunter et qui, remaniées et mises en rapport avec les autres Projets, formeraient, si l'on voulait, un troisième chapitre de l'œuvre de Genève.

M. le général de Voigts-Rhetz déclare tout d'abord qu'il n'avait pas connaissance de la circulaire dont M. le Président a donné lecture. Il tient à exprimer son sentiment sur les articles additionnels de la Convention de Genève dont on vient d'entretenir la Conférence. Les articles additionnels n'existent pas, en réalité, pour l'Allemagne, qui n'y a pas adhéré; M. le général de Voigts-Rhetz ne pourrait point, par conséquent, discuter les déductions qu'on en voudrait tirer.

Il lui paraîtrait plus convenable d'envisager le chapitre VII comme indépendant du Projet russe et de le présenter aux Gouvernements comme une œuvre particulière se raccordant à la Convention. Les Gouvernements pourront dès lors ou le fondre dans la Convention ou le maintenir à part.

Lorsqu'on examine le Projet russe, il semblerait que le matériel des ambulances et des hôpitaux militaires dût être neutralisé et que ce matériel n'appartiendrait, en aucun cas, comme prise à l'ennemi. M. le Délégué d'Allemagne ne peut pas accepter cette interprétation. La Convention de Genève a fait dans son article 1er une distinction très claire entre le *personnel* et le *matériel*. Elle dit que le matériel n'est considéré comme neutre que pendant le temps où il s'y trouvent des malades ou des blessés, ce qui est tout différent.

L'article 4 de la Convention et l'article 3 additionnel disent que le matériel est neutre; mais d'après l'organisation actuelle des hôpitaux, cela n'est pas absolument exact. Comme les articles additionnels n'ont pas été ratifiés par l'Allemagne, M. le général de Voigts-Rhetz ne peut pas se ranger à cet avis. Il se trouve donc amené à dire : La Convention doit être maintenue quant aux principes, mais modifiée quant aux termes. Il faut distinguer nettement entre le *personnel* et le *matériel*, et puis entre le matériel *occupé* et celui *qui ne l'est pas*. La Convention contient le mot de *neutralité*, qui n'est pas exact dans le sens qu'on doit lui donner ici; il serait plus juste d'employer l'expression *inviolabilité*. Personne ne peut être contraire à l'idée de placer des blessés dans un hôpital quelconque en campagne; or, cela serait impossible si les hôpitaux étaient reconnus neutres et qu'ils ne voulussent pas les recevoir.

Il peut arriver qu'une armée victorieuse établisse toutes ses ambulances sur le premier champ de bataille; on suppose ces ambulances remplies de blessés et de malades. Lorsque la seconde bataille est gagnée, les premières ambulances étant occupées, où mettra-t-on les nouveaux blessés si les hôpitaux capturés de l'ennemi ne veulent pas s'établir sur le second champ de bataille, mais prétendent suivre leur propre armée? Il faudra les retenir et on le fera dans un but d'humanité. Sera-ce une violation de la neutralité? Assurément non. Il est donc inexact de dire qu'ils sont *reconnus neutres*. M. le Délégué d'Allemagne conclut en disant que, d'après ce qui précède, le mot *inviolabilité* est préférable pour établir le sens véritable de la Convention de Genève. Il ajoute que, dans le but de rendre sa pensée plus claire, il a préparé un Projet d'articles destinés à remplacer ceux du Projet russe et il propose de les faire imprimer et de les distribuer aux Délégués qui jugeront s'ils sont acceptables.

M. le Président donne lecture des articles rédigés par M. le général de Voigts-Rhetz.

La Commission décide qu'ils seront imprimés. (*Voir* Annexe n° X.)

M. le général Arnaudeau croit qu'il serait utile de fusionner les Projets qui sont en présence.

M. le colonel Staaff dit que, à son avis, les articles du Projet russe ne renferment rien qui soit contraire à la Convention de Genève. M. le Délégué de Suède et Norvége croit qu'il est à même de se prononcer à cet égard, puisqu'il a pris part aux travaux qui ont précédé la signature de cet acte international. Il juge utile de relever certains points qui lui semblent répondre aux vœux exprimés aux Conférences de Paris, en 1867, et de Berlin, en 1869.

Le mot *inviolabilité* rend sans doute mieux l'idée qu'on a voulu exprimer que le mot *neutralité* qui ne peut être pris ici que dans un sens relatif, conditionnel et temporaire, mais qui a fini néanmoins par prévaloir au sein de la Conférence. M. le Délégué de Suède et Norvége croit qu'il serait avantageux de mentionner d'une manière spéciale les Sociétés de secours qui sont nées de la Convention de Genève. Cela répond à un vœu souvent exprimé et très juste. Quels que soient les abus qui puissent être commis à l'abri de la Croix rouge, le but de l'œuvre est excellent et des services remarquables plaident en faveur de ces nombreuses Sociétés établies et fonctionnant de la manière la plus honorable dans presque tous les pays, se trouvant placées sous les auspices d'augustes personnages et se faisant connaître par des comptes rendus annuels.

Cette satisfaction est due à ces Sociétés d'autant plus qu'elles ont eu l'honneur d'une mention dans les actes additionnels qui sont relatifs aux questions maritimes, alors qu'elles n'ont encore rendu aucun service sur mer, tandis que là où elles ont fait depuis longtemps leurs preuves, on a presque évité de les nommer. M. le colonel Staaff exprime, en conséquence, le désir que l'on comprenne les délégués de ces Sociétés au nombre des *neutralisés*, pourvu qu'ils remplissent les conditions requises, au § 44 du Projet russe, d'après les exigences militaires.

M. le colonel fédéral Hammer croit que le Projet de M. le Délégué d'Allemagne contient des idées très acceptables; seulement, c'est un remaniement complet du Projet russe. M. le Délégué de Suisse présentera lui-même un Projet d'articles qu'il soumettra à la Commission.

M. le colonel Staaff estime que, pour gagner du temps, il faudrait examiner simultanément les Projets spéciaux russe, allemand et belge, ainsi que celui que promet d'élaborer M. le Délégué de Suisse.

M. le général de Voigts-Rhetz propose de nommer une sous-commission qui serait chargée d'examiner les quatre Projets en présence et d'en faire un texte unique. Ce chapitre formerait un acte séparé qui serait considéré comme additionnel à la Convention de Genève.

La proposition de nommer une sous-commission rencontrant l'accueil unanime de tous les Délégués, MM. le baron de Soden, le baron Lambermont, le général de Leer, le colonel Staaff et le colonel fédéral Hammer sont désignés pour en faire partie.

M. le baron Lambermont appelle l'attention de la Commission sur le Projet que la Société belge de secours pour les prisonniers a fait parvenir à la Conférence. La Commission ayant décidé en principe qu'elle ne s'occuperait de propositions émanant de l'initiative non officielle que si l'un des Délégués les faisait siennes, M. le Délégué de Belgique présente, au nom de son Gouvernement, un Projet modifié de manière à faire droit aux objections que celui du Comité de Bruxelles paraissait devoir soulever.

M. le Président donne lecture du texte qui lui est remis par M. le baron Lambermont. Il pense que ce Projet doit former un chapitre spécial. (*Voir* Annexe n° XI).

M. de Lansberge croit qu'on pourrait le discuter à la suite du chapitre VII et il ajoute qu'il a l'ordre de son Gouvernement d'appuyer la proposition de M. le Délégué de Belgique.

M. le baron Lambermont, rappelant que M. le Président a bien voulu soumettre à la Conférence une rédaction nouvelle du chapitre Ier de la section I, demande s'il entre dans les vues de M. le baron Jomini de faire un travail semblable pour d'autres chapitres.

M. le Président répond affirmativement et remet, pour être imprimée et distribuée aux délégués, une nouvelle rédaction du chapitre Ier de la section II. (*Voir* Annexe n° XII.)

M. le colonel Brun fait la proposition suivante:

„Après un combat, les belligérants sont tenus de communiquer à la „partie adverse la liste des morts et des blessés qui sont tombés en leur „pouvoir. Pour rendre cette mesure plus facile, il serait désirable que „chaque soldat fût muni d'une marque indiquant son numéro (son nom?) „et le nom du régiment ainsi que le numéro de sa compagnie."

M. le général de Voigts-Rhetz croit que l'on pourrait répondre à l'idée de M. le Délégué de Danemark en munissant les hommes de signes ou marques portant le numéro du soldat, de sa compagnie et de son régiment.

Protocole N° VIII.

(SÉANCE DU 10 AOUT 1874.)

M. le maréchal de camp Servert fait remarquer que le protocole n° VI mentionne une observation qu'il n'avait faite que d'une manière incidente relativement à la sommation et sans penser qu'elle dût être relatée; mais du moment qu'elle figure au protocole, elle acquiert une certaine importance et M. le Délégué d'Espagne se réserve d'y revenir à la seconde lecture.

M. le Président fait connaître à l'Assemblée que le Gouvernement impérial de Russie a désigné M. Martens, professeur de droit international à l'Université de Saint-Petersbourg, pour prendre part aux délibérations de la Conférence. M. Martens est admis en cette qualité.

M. le baron Lambermont rend compte du travail de la sous-commission instituée dans la séance de vendredi dernier pour unifier les quatre Projets relatifs au service des blessés. Les Délégués qui se sont réunis n'ont pas cru qu'il leur appartînt de statuer sur la destination de leur œuvre, de décider si le projet nouveau devait former un chapitre de l'arrangement général, un acte séparé ou un chapitre additionnel à la Convention de Genève. Cette question a été réservée. Quant au fond, on est parti de l'idée générale que la Convention de Genève ne devait pas être restreinte. On a donc écarté du nouveau Projet ce qui semblait porter atteinte à la Convention, mais on y a admis ce que l'on considérait comme des développements utiles. Quant à la rédaction, on n'a pas eu le temps d'y mettre la dernière main; c'est assez dire qu'elle pourra être améliorée. (*Voir* Annexe n° XIII.)

M. le général de Voigts-Rhetz pense qu'il y a eu malentendu. Il avait cru comprendre, dans la séance de vendredi, que, de l'avis unanime, le chapitre VII devait être rangé à part, séparé du Projet russe et former un tout distinct. Dans cette hypothèse, les Délégués auraient eu à envoyer à leurs Gouvernements deux Projets, le Projet russe discuté et remanié dans son ensemble et le chapitre VII reproduit sous une autre forme; mais il restait entendu que la Convention de Genève ne pouvait y être comprise d'aucune manière. Or, qu'est-il arrivé? C'est que le Projet soumis à la Commission modifie la Convention de Genève. Si la Conférence accepte ce Projet, elle doit dénoncer la Convention. Si, au contraire, elle élabore un Projet qui fait abstraction de l'acte de 1864, ce Projet pourra être discuté plus tard dans une Conférence. Il est resté, dans le Projet, des clauses gênantes pour les militaires et l'on y met des choses qui ne se trouvent pas dans la Convention.

M. le Délégué d'Allemagne explique son opinion par des exemples; il insiste sur la nécessité de remplacer le mot *neutralité* par celui d'*inviolabilité* et il se résume en disant que les articles rédigés dans la sous-commission doivent être séparés du *Projet de Convention* et le chapitre VII supprimé. A son avis, la Conférence peut sans aucun doute formuler un certain nombre de clauses qui pourraient remplacer la Convention de Genève, si tous les Gouvernements les acceptaient. M. le général de Voigts-Rhetz propose que l'entente de la Conférence soit nettement déclarée à cet égard.

M. le général de Leer est d'avis que la sous-commission n'a fait que se conformer à son mandat.

M. le baron Jomini admet la suppression du chapitre VII et la rédaction éventuelle d'un chapitre spécial, dont les clauses pourront être soumises au Comité international de Genève comme articles additionnels.

M. le colonel comte Lanza croit qu'il est indispensable de bien définir ce que l'on veut faire. Veut-on refaire la Convention de Genève? qu'on le fasse. Sinon, il faut limiter le chapitre VII à quelques dispositions non comprises dans la Convention ni dans les articles additionnels de 1868 et laisser le reste intact.

M. le baron Jomini fait la remarque qu'il serait pénible de passer sous silence les blessés dans un Projet qui a pour but d'adoucir les souffrances de la guerre.

M. le colonel Staaff désire répondre quelques mots aux observations présentées par M. le Délégué d'Allemagne, dont il a regretté l'absence dans
la sous-commission. Quant à la destination du Projet élaboré dans la séance
de samedi, la sous-commission n'avait pas à s'en préoccuper. Mais M. le
Délégué de Suède et Norvége pense que si ce Projet était rédigé sous la
forme d'articles additionnels, il serait un contingent précieux pour les
délibérations futures sur les anciens actes additionnels de 1868. En ce qui
concerne la nouvelle proposition de substituer le mot *inviolabilité* à celui de
neutralité, M. le colonel Staaff pense que, bien que la première expression
puisse répondre plus exactement à l'idée voulue que la seconde, il serait
peut-être sage d'éviter un changement à cet égard, vu l'immense popularité
dont jouit cette idée que la Convention de Genève *neutralise les blessés*.

La circonstance que tous les Gouvernements, sauf un, sont prêts à ratifier les actes additionnels de 1868, a engagé la sous-commission à les prendre en considération; toutefois pleine satisfaction a été donnée à M. le Délégué
d'Allemagne en ce que la sous-commission a proclamé franchement que les
blessés valides sont *prisonniers de guerre*, aux termes de la Convention
qui déclare qu'ils *pourront* être renvoyés dans leurs foyers, tandis que le
§ 5 des articles additionnels porte qu'ils *devront* l'être, en les exemptant
ainsi de la condition de prisonniers de guerre. Voilà, quant au *personnel*.
Quant au *matériel*, les exemples cités par M. le Délégué d'Allemagne
reposent incontestablement sur des observations militaires pratiques d'une
haute valeur; mais M. le Délégué de Suède et Norvége, en donnant lecture
de la partie du Projet de la sous-commission qui traite de ce sujet, estime
que cette rédaction ne s'écarte point de l'esprit de la Convention, que
d'un commun accord on a voulu respecter.

M. le baron Jomini fait observer qu'il est impossible de s'occuper du
Projet de Convention sans s'occuper des blessés. D'un autre côté, la Société
de Genève objecte, non sans raison, qu'il y aurait désormais trois juridictions à consulter: la Convention de Genève, les articles additionnels et la
future Convention de Bruxelles. Mais du moment que l'on admet que le
chapitre qui les concernera sera séparé du reste du Projet, il ne peut y
avoir aucune difficulté.

M. le colonel fédéral Hammer demande, d'après les instructions de son
Gouvernement, que le chapitre VII soit éliminé du Projet et, subsidiairement, si des dispositions nouvelles analogues sont acceptées, qu'elles
soient désignées comme articles supplémentaires de la Convention de
Genève. M. le Délégué de Suisse proposerait donc éventuellement de dire,
à la fin du chapitre VII: „Ces articles, en tant qu'ils ne font point partie
„de la Convention de Genève, seront considérés comme articles additionnels."

M. le baron Jomini dit que c'est précisément à cela que l'on tend. La
Conférence ne fera pas d'articles additionnels; elle se bornera à les signaler
à la Conférence de Genève pour que celle-ci les fasse tels.

M. le général de Voigts-Rhetz fait remarquer que si la sous-commission a évité d'employer le mot *neutralité*, elle s'est servie de celui de *neutralisée*. Pour concilier toutes choses, M. le Délégué d'Allemagne propose de dire, au chapitre VII, que la Convention de Genève est maintenue. Que si l'on passe aux articles additionnels, il faut en élaguer ce qui est inadmissible au point de vue militaire. Ce serait un travail facile et pas long. Si cette proposition était agréée, on discuterait le Projet russe ou un autre.

M. de Lansberge constate qu'on est d'accord pour ne pas toucher à la Convention de Genève. Il faudrait donc éliminer le chapitre VII; mais, afin d'obvier à l'objection que le Projet russe, qui a une tendance humanitaire, ne peut point passer sous silence les malades et les blessés, on pourrait conserver le chapitre VII en n'y insérant qu'une clause de la teneur suivante: „Les malades et les blessés seront traités conformément aux sti-„pulations de la Convention de Genève et aux modifications qui y seront „apportées dans la suite." M. le Délégué des Pays-Bas ajoute qu'il serait utile de profiter de la présence de tant de spécialités militaires pour signaler aux Gouvernements les lacunes ou les défectuosités existant dans la Convention de 1864, au moyen d'un acte additionnel qui ne serait considéré que comme une recommandation, laquelle pourrait servir dans le cas d'une révision éventuelle de la Convention de Genève.

M. le Colonel fédéral Hammer appuie la proposition de M. de Lansberge et formule la proposition suivante:

„Les obligations des belligérants concernant le service des malades et „des blessés sont régies par la Convention de Genève, sauf les modifications „dont cette dernière pourra être l'objet."

M. le baron Jomini invite MM. les militaires à vouloir bien se mettre d'accord sur les clauses de la Convention de Genève qui devraient être modifiées.

M. le colonel Staaff appuie la proposition de M. le Président. Il pense qu'il sera bon de dire, au chapitre VII, que la Convention de Genève forme la base de cette question. On y ajoutera le travail de la sous-commission après qu'il aura été dûment revu par la Commission. Ces propositions nouvelles pourront être examinées plus tard par les Gouvernements lorsque la nécessité de reviser les articles additionnels ne pourra plus être ajournée.

M. le baron Lambermont, avant que la discussion se ferme sur ce point, croit devoir constater que les considérations développées par M. le Délégué d'Allemagne n'ont pas été présentées à la sous-commission; du point de vue où il a été fait, le travail de celle-ci serait facile à défendre; mais M. le Délégué belge regarde ce soin comme inutile en présence de la direction nouvelle donnée à la délibération.

M. le général de Voigts-Rhetz se rallie à la rédaction proposée par MM. de Lansberge et Hammer. Quant au fond, on fera bien d'exposer, au point de vue militaire, les objections soulevées par la Convention de Genève. Cela sera d'un poids sérieux. Lorsque treize ou quatorze Etats diront que tel ou tel point est inacceptable, on ne pourra pas ne pas tenir compte de cette opinion dans la Conférence future. On signalera les lacunes et les défectuosités.

M. le colonel fédéral Hammer demande qu'il soit tenu compte au protocole de cet échange d'observations.

M. le colonel comte Lanza dit qu'il n'a pas d'instructions l'autorisant à entrer en discussion sur l'opportunité de modifier la Convention de Genève.

M. le baron Jomini répond que ce n'est pas un obstacle, puisque tout est soumis à la ratification des Gouvernements.

M. le Président demande ensuite en quel sens la Commission croit pouvoir répondre à la Société belge pour les secours aux prisonniers de guerre. Il propose la rédaction suivante :

„La Commission, après avoir entendu la lecture des propositions faites „par le Comité belge de la Société internationale de secours pour les „prisonniers de guerre et présentées par M. le Délégué belge dans une „forme modifiée, et après en avoir délibéré, constate, d'un commun accord, „que le but éminemment charitable de cette Société en général, et la „haute honorabilité des membres qui composent le Comité belge en par- „ticulier, sont de nature à assurer à ces propositions un accueil bienveillant „et une sérieuse considération.

„Toutefois, comme ces questions touchent à des matières extrêmement „délicates, à l'égard desquelles l'appréciation des Gouvernements doit néces- „sairement dépendre du degré de confiance qu'inspireraient les personnes „chargées de cette mission de charité auprès des prisonniers de guerre, „ainsi que des circonstances particulières en présence desquelles elles „auraient à la remplir, MM. les Délégués ne se croient pas appelés à „délibérer sur des règles générales qui auraient pour effet de restreindre „d'avance cette liberté d'appréciation de leurs Gouvernements."

„Ils croient donc devoir se borner à signaler les propositions présentées „par M. le Délégué belge à la sérieuse attention de leurs Gouvernements."

M. le général de Voigts-Rhetz fait ressortir à ce propos les très sérieux inconvénients qui, au point de vue militaire, pourraient résulter de la présence, dans les territoires des belligérants, de délégués chargés de porter des secours aux prisonniers. Ils remarqueront que dans tel endroit ou telle province on fait une remonte de cavalerie, que dans une autre il y a des concentrations d'artillerie; ailleurs, il y aura une place bien ou mal approvisionnée, etc.... Ces renseignements, à leur retour, ils les propageraient et pourraient nuire ainsi au succès de combinaisons militaires importantes.

M. le baron Lambermont ne veut pas prendre la défense des abus; mais il peut, dit-il, se présenter dans les guerres, et surtout dans les grandes guerres, des circonstances telles que le bon vouloir des Gouvernements ne soit pas en mesure de pourvoir à tout. Parfois même on trouve en présence de souffrances réelles. C'est dans de tels cas que l'action privée peut intervenir utilement; mais M. le Délégué de Belgique admet que son concours soit réglé avec prudence.

La rédaction proposée par M. le baron Jomini est adoptée.

Protocole N° IX.

(SÉANCE DU 11 AOUT 1874.)

S. E. M. d'Antas désigne son collègue M. le général Palmeirim pour prendre part aux travaux de la Commission.

MM. de Lansberge et le baron Lambermont cèdent leurs siéges, pour la séance de ce jour, à M. le général van der Schrieck et à M. le colonel Mockel.

M. le Président précise en quelques mots la portée de la discussion qui va s'ouvrir dans la séance de ce jour:

„Il a été convenu hier, dit M. le baron Jomini, que le chapitre VII du Projet russe serait réduit à un seul article portant: que les blessés seraient traités conformément à la Convention de Genève et aux modifications ultérieures qu'on jugerait nécessaire d'y apporter. Il a été également convenu que la Commission aborderait l'examen de ces modifications, dont l'expérience acquise dans les dernières guerres a révélé la nécessité au point de vue militaire et que les opinions qui seraient émises à ce sujet seraient consignées au protocole pour être placées sous les yeux des Gouvernements respectifs à titre d'avis qu'il leur appartiendrait de peser et d'apprécier lorsqu'ils jugeraient opportun de reviser, d'un commun accord, la Convention de Genève.

„Ainsi, sans toucher elle-même à cette Convention qui est un acte international, et est encore en ce moment l'objet de négociations avec les Gouvernements pour ses articles additionnels, la Conférence n'aura du moins pas passé sous silence un des points essentiels qui devaient fixer son attention. D'après cela, on lira, si la Commission le veut bien, article par article, la Convention de Genève, et MM. les Délégués militaires sont invités à émettre sur chacun de ces articles leur opinion, qui sera consignée au protocole."

M. le général de Voigts-Rhetz ne voit pas d'inconvénient à discuter les articles additionnels en même temps que la Convention de Genève; mais il désire que le protocole constate que cette discussion n'implique en rien la ratification desdits articles.

Il est donné acte à M. le Délégué d'Allemagne de ses réserves.

M. le général de Voigts-Rhetz renouvelle une déclaration de principe qu'il a déjà eu l'occasion de faire antérieurement au sujet do l'utilité qu'il y aurait à remplacer, dans l'article 1er de la Convention de Genève, le mot *neutralité* par celui d'*inviolabilité*. M. le Délégué d'Allemagne n'insiste pas sur ce point: il suffit que le protocole exprime sa manière de voir. Mais il a à faire une observation plus générale. La Convention de Genève a été faite en 1864. Depuis lors, la plupart des armées ont introduit des changements dans leur service de santé et dans l'organisation des hôpitaux militaires. La Convention ne répond donc plus complètement aux besoins actuels. Le mot *ambulance* désigne, à l'article 1er, les petites ambulances qui suivaient les armées en première ligne. Les hôpitaux désignés en allemand par les mots *Hauptfeldlazarethe* sont ou étaient les grandes ambulances qui étaient en même temps mobilisées et qui, d'après l'article IV de la Convention de Genève, restent soumises aux lois de la guerre, tandis que les petites, en cas de capture, devaient rester à leur armée parce qu'elles y effectuaient le premier service sur le champ de bataille.

Aujourd'hui, la plupart des armées n'ont qu'une seule espèce d'hôpitaux également mobilisés qui, naturellement, doivent subir le même traitement. On en emploie une partie dans une première affaire et l'on tient les autres en réserve, pour être employées dans une seconde bataille; l'évacuation des malades et des blessés effectuée, ils suivent l'armée. En 1864, on partait de l'idée que les *grandes ambulances* mobilisées, comme partie essentielle des hôpitaux, devenaient butin quand elles tombaient au pouvoir de l'ennemi, tandis que les petites étaient neutralisées pour laisser quelque ressource au premier moment sur les champs de bataille. Il y avait donc une raison pour qu'on les fît partir immédiatement sur demande. Ce qu'on a fait alors ne serait plus acceptable dans l'organisation actuelle.

Il faut par conséquent faire une autre distinction; les hôpitaux mobilisés se confondent maintenant avec les ambulances telles qu'elles sont organisées et employées. La Convention de Genève neutralise ces dernières, bien que la différence d'organisation ait cessé. C'est là une chose absolument inacceptable. Celui qui a le devoir de soigner les blessés doit avoir le droit de disposer du matériel capturé. Donc tout le matériel qui entre en guerre doit être soumis aux lois de la guerre; le personnel reste neutre.

M. le colonel Staaff estime que les articles additionnels constituent, pour ainsi dire, la quintessence et la somme d'expérience et d'études acquises après l'adoption de la Convention de Genève; et comme ces articles sont sur le point d'être ratifiés, il paraît à M. le Délégué de Suède que ce serait faire preuve de déférence à l'égard des Gouvernements qui y ont adhéré que de s'écarter le moins possible des améliorations apportées par ces articles à l'œuvre originaire.

Passant à l'examen de l'article 1er de la Convention de Genève, M. le général de Voigts-Rhetz dit que l'article 3 additionnel établit le contraire de la thèse qu'il vient de soutenir. C'est une extension de la Convention. Toute la question est de savoir si l'hôpital et l'ambulance, étant placés sur la même ligne, peuvent être capturés.

M. le colonel Staaff dit que cette question a été prévue dans l'article 3 additionnel, qui étend l'idée de l'ambulance jusqu'à y comprendre les hôpitaux volants, lesquels, ajoutés aux installations pour le service des blessés, jouissent de la neutralité quant à leur matériel.

M. le Délégué de Suède et Norvége propose donc de renvoyer simplement à l'article 3 additionnel. Il pense qu'il est bon et nécessaire de ne jamais perdre de vue le service officiel; mais il ne faut pas oublier non plus la grande cause pour laquelle la Convention de Genève a été en quelque sorte proposée, c'est-à-dire celle des Sociétés pour lesquelles toute sécurité cesserait si l'on décidait de leur retirer le bénéfice de la neutralité.

M. le colonel fédéral Hammer est disposé à interpréter la Convention de Genève de la même manière que M. le Délégué de Suède et Norvége. Il convient toujours de considérer pourquoi l'on faisait une différence entre les hôpitaux et les ambulances, même si l'organisation du service de santé dans les armées était changée. Il y a des armées qui ont conservé les anciennes ambulances dans l'acception restreinte du mot. Qu'arriverait-il si la proposition de M. le Délégué d'Allemagne était acceptée? Si les attelages, le matériel et les approvisionnements qui constituent l'ensemble d'une ambulance, etc., forment corps avec les troupes et les doivent suivre pour recueillir les blessés d'une armée ou de l'autre, sont capturés par l'ennemi, celui-ci prive l'armée adverse du moyen de sauver ses soldats blessés et se prive lui-même, en cas de revers, du même bénéfice.

Il serait donc contraire à l'esprit d'humanité de mettre les attelages, etc., en dehors des lois de la guerre. Il y a un intérêt commun pour toutes les armées, c'est que les ambulances et les hôpitaux mobiles soient conservés comme neutres. C'est le seul moyen d'assurer aux blessés les premiers secours disponibles. M. le Délégué de Suisse ne saurait donc donner une adhésion sans réserve aux vues de M. le Délégué d'Allemagne.

M. le général de Voigts-Rhetz fait observer que la difficulté, au point de vue militaire, n'est pas grande. On peut organiser des ambulances et des hôpitaux quand on n'a pas pris soin en temps de paix de faire une réserve de matériel suffisante. La difficulté réside dans le personnel: on ne fait pas en peu de temps des médecins et des pharmaciens, etc. On doit donc restituer le personnel à l'ennemi quand il a fini ses fonctions auxiliaires.

Lorsqu'on a le personnel sous la main, on transporte le matériel des hôpitaux de réserve également comme le reste sur le théâtre de la guerre. Les ambulances qui tombent au pouvoir de l'ennemi seront ordinairement indispensables au vainqueur, non-seulement dans le moment même, mais pour longtemps. De nos jours, après chaque bataille, il y a une telle quantité de blessés que tout le service d'une armée ne suffit pas pour desservir ses propres troupes.

Que faire si tous les blessés de l'ennemi se trouvent entre vos mains et que vous renvoyiez le matériel des hôpitaux à l'ennemi? L'armée victorieuse sera privée de ses ambulances pour longtemps. Est-ce de l'humanité que de laisser cette armée sans hôpitaux pendant le reste de la campagne? Quiconque a fait la guerre doit reconnaître que rien n'est plus difficile que de faire suivre les ambulances qui ont été sur un champ de bataille quand l'armée marche en avant. Si le matériel est soumis aux lois de la guerre, on organisera pendant la paix des réserves comme pour les autres services militaires. M. le Délégué d'Allemagne dit qu'il n'a parlé jusqu'à présent que des hôpitaux fonctionnant sur le théâtre de la guerre. Mais la Convention de Genève neutralise même les hôpitaux qui ne sont pas en campagne, ce qui paraît encore moins acceptable, parce que c'est contraire aux règles de la stratégie qui commandent d'interrompre les préparatifs de l'adversaire. Il ne serait donc pas admissible que l'on dût restituer les hôpitaux capturés dans ces circonstances. M. le Délégué d'Allemagne termine en disant que, dans tous les rapports présentés par les chefs des corps d'armée allemands, on constate qu'on tombe dans les plus grandes difficultés quand on renvoie le matériel des hôpitaux.

M. le colonel Staaff prie M. le Président de vouloir bien donner lecture d'un extrait de l'*Etude sur la Convention de Genève*, de M. Moynier. Ce commentaire est de nature à éclaircir la question qui se débat en ce moment, surtout pour ceux des membres de la Commission à qui elle ne serait pas entièrement familière. Il traite de la différence entre les ambulances et les hôpitaux et des motifs qui ont engagé la Conférence de Genève à faire une distinction entre eux au point de la neutralité de leur matériel. M. le Délégué de Suède et Norvége ne disconvient pas d'ailleurs de la nécessité de faire valoir les considérations militaires d'après l'expérience que l'on a acquise dans la dernière guerre, mais il pense que cela se fera par l'initiative des Gouvernements lorsqu'ils jugeront le moment opportun.

M. le général baron de Schoenfeld partage l'avis de M. le colonel Staaff. Dans la guerre, les hôpitaux militaires et ceux des Sociétés de secours sont entremêlés. Si l'on expose ces dernières à perdre leur matériel, elles cesseront de fonctionner et les secours militaires ne suffiront pas. Il importe de faire appel aux Sociétés privées. La Croix rouge les protége. Il faut admettre en principe les rigueurs de la guerre; mais il y a des exceptions humanitaires dont il faut tenir compte.

M. le général de Leer se range à l'avis de M. le colonel Staaff et de M. le général de Schoenfeld. Si l'on acceptait la manière de voir de M. le général de Voigts-Rhetz, le droit à la neutralité ne serait accordé au matériel des hôpitaux et ambulances que dans l'unique cas où ils seraient occupés par des malades et des blessés; ce qui annulerait une des dispositions essentielles de la Convention de Genève.

M. le colonel Manos dit que si de grands pays ont de grandes ressources, les armées des petits pays n'ont que des ressources fort limitées, notamment un petit matériel qu'elles ne peuvent pas être exposées à perdre.

M. le général de Voigts-Rhetz dit que, au point de vue humanitaire, il faut respecter la Convention de Genève; mais que si, lorsqu'on l'a faite, il y avait eu autant de militaires que de médecins, on l'aurait certainement conçue autrement. La révision aura une physionomie différente. Les articles additionnels n'étant pas ratifiés par l'Allemagne, ils ne la lient pas. M. le général de Voigts-Rhetz constate que les hôpitaux des Sociétés privées ne sont pas compris dans la Convention de Genève, tandis qu'il y a des hôpitaux militaires qui ne tombent pas comme prise aux mains de l'ennemi. Pour ne pas rentrer dans le fond de la discussion, il se bornera à déclarer qu'il hésite à admettre que les médecins manqueraient parfois aux lois de l'humanité. Quel est celui d'entre eux qui quitterait les blessés pour s'en retourner avec le matériel? M. le Délégué d'Allemagne proteste contre cette supposition.

M. le colonel Staaff croit que M. le Délégué d'Allemagne ne rend pas pleine justice aux auteurs de la Convention et de ses développements. Il ne leur est jamais venu à l'esprit de supposer qu'un prétexte futile porterait les médecins à abandonner leurs malades et leurs blessés. Telle n'a pas été leur pensée; mais ils ont cru que l'inviolabilité assuré aux blessés et aux malades ainsi que la neutralité du matériel engageraient les médecins à ne pas regarder presque comme un devoir de *se sauver dans l'intérêt de leurs armées*.

M. le baron Jomini demande si personne n'a plus d'observations générales a présenter.

M. le général Arnaudeau hésite à se prononcer entre les lois de la guerre et les devoirs de l'humanité. Il demande à s'éclairer davantage avant d'émettre son jugement.

M. le colonel Staaff est d'avis que s'il y a un mobile qui doit guider la Conférence, c'est l'espoir que les Gouvernements adhéreront à ses propositions. Dans la question qui préoccupe la Commission, il faut se rappeler que les auteurs des articles additionnels ont tenu à s'appuyer sur les vœux exprimés d'abord dans la Conférence de Paris et ensuite dans celle de Berlin, en étendant aux hôpitaux volants les avantages dont jouissent les ambulances. M. le Délégué d'Allemagne semble vouloir aller jusqu'à priver le matériel des ambulances du bénéfice de la neutralité, comme ayant pris de plus en plus le caractère d'hôpitaux, ce qui ne semble pas admissible à M. le Délégué de Suède et de Norvége.

M. le baron Jomini constate que la Commission se trouve en présence d'avis très compétents et très opposés. Afin de ne pas prolonger ces débats, M. le président propose de faire mention au protocole des opinions émises. Les protocoles, qui sont placés sous les yeux des Gouvernements, seront d'excellents éléments d'appréciation en vue d'une révision future de la Convention.

Au deuxième alinéa de l'article 1er, M. le colonel fédéral Hammer demande ce qu'il faut entendre par ces mots: „gardés par une force militaire."

MM. Les généraux de Voigts-Rhetz et de Schoenfeld demandent la suppression de cette clause.

M. le colonel Staaff dit que le mot *gardés* doit se prendre ici dans l'acception de *défendus;* mais il peut d'autant moins se rallier à la suppression de cet alinéa que c'est précisément de ce dernier qu'émanent les améliorations des §§ 40 et 41 du Projet russe que la sous-commission a adoptés.

La Commission est d'avis que le deuxième alinéa de l'article 1er serait avantageusement remplacé par ces mots: „Le fait qu'ils sont protégés „par un piquet ou des sentinelles ne les prive pas de cette prérogative. „Le piquet ou les sentinelles, en cas de capture, sont seuls considérés „comme prisonniers de guerre."

M. le général de Voigts-Rhetz approuve cette rédaction; l'ambulance peut être parfaitement défendue contre des pillards isolés.

La Commission émet l'opinion que les §§ 61 et 62 du Projet russe expriment exactement sa manière de voir, dont le protocole tiendra note.

M. le maréchal de camp Servert demande que la nécessité dont il est question au § 61 *soit bien constatée.*

L'article 2 est adopté avec l'addition suivante relative aux Sociétés de secours: „Le personnel susmentionné doit porter un signe distinctif, un „certificat d'identité contenant le signalement et la signature du porteur, „ainsi qu'une autorisation émanant de l'autorité compétente. Les personnes „qui ne remplissent pas ces conditions ne peuvent réclamer les droits de „l'inviolabilité."

M. le général de Voigts-Rhetz présente sur l'article 3 deux observations. La première, c'est qu'il ne faut pas permettre au personnel de se retirer quand bon lui semble, mais il le faut faire rester tant que les malades doivent être soignés ou évacués; la seconde, c'est qu'on ne peut pas demander que l'armée occupante le renvoie directement aux avant-postes. C'est aux chefs de juger si cela peut se faire sans nuire aux opérations. On les mènera par le plus court chemin ou par un détour, suivant les circonstances.

M. le colonel comte Lanza s'associe à ces observations. En outre, on peut se référer au premier article additionnel.

L'article 3 est admis moyennant les améliorations suivantes:

M. le général de Voigts-Rhetz demande qu'il soit dit que les personnes désignées à l'article 2 „devront continuer" au lieu de „pourront continuer."

M. le colonel Möckel croit qu'on devra fixer la route à suivre, au moment même du départ.

M. le colonel Staaff dit que la route doit être aussi courte que possible et qu'on ne pourra pas retenir le personnel indéfiniment.

A l'article 4, M. le général de Voigts-Rhetz se réfère aux observations qu'il a présentées sur l'article 1er.

M. le colonel comte Lanza partage personnellement le sentiment de M. le Délégué d'Allemagne. Il croit que les dispositions de l'article 4 peuvent donner lieu à des inconvénients, telles qu'elles sont exprimées dans la Convention de Genève de 1864 et dans les articles de 1868.

L'article est admis.

L'article 5 soulève plusieurs objections.

M. le colonel Staaff dit qu'il est excessif. On a voulu y remédier par l'article 4 additionnel. Le mot *zèle* contenu dans ce dernier article signifie évidemment: *zèle traduit en acte.* Quant aux mots „demeureront libres," ils n'ont peut être pas de raison d'être.

M. le général de Voigts-Rhetz dit qu'il ne comprend pas ce qu'on entend par zèle charitable. En temps de guerre, on ne discute que les faits. Telle femme très charitable n'a à soigner qu'un blessé; telle autre, qui calcule davantage, en recueille une douzaine pour être exemptée des charges, contributions, etc., imposées par le vainqueur. L'article 5 doit donc être modifié pour qu'on puisse prévenir les abus qu'il semble destiné à consacrer. Suivant M. le Délégué d'Allemagne, plusieurs dispositions de l'article devraient être changées. Si l'on a le droit de se faire protéger par le drapeau blanc à croix rouge, pour un blessé que l'on soigne, il n'y a pas de motif pour qu'on ne mette pas un blessé dans chaque maison d'une place forte, et alors le bombardement devient, le cas échéant, impossible.

L'habitant devrait également être tenu de recevoir les soldats qui ont besoin de repos. Si dans quelque grand établissement il y avait des blessés, on les transporterait dans un autre hôpital et l'on disposerait des appartements devenus libres. Mais l'établissement devra être inviolable tant qu'il y aura des blessés et cela dans la limite de l'espace qu'ils occupent.

M. le général de Leer et M. le colonel comte Lanza se rangent à l'avis de M. le Délégué d'Allemagne.

M. le colonel Manos fait des réserves quant à la position spéciale de son pays, par rapport aux articles de la Convention de Genève et aux articles additionnels.

M. le colonel fédéral Hammer demande que la rédaction de l'article 5 soit remaniée, conformément aux observations qui ont été faites dans le sens de l'article 4 additionnel.

Relativement à l'article 6, M. le général de Voigts-Rhetz fait observer qu'il impose à celui qui a capturé des blessés l'obligation de les renvoyer en tout cas, à condition qu'ils ne reprendront plus les armes pendant la durée de la guerre. Cela est trop vague. De plus, il est dit: *après guérison.* On est donc forcé de renvoyer tous les blessés en état de reprendre les armes. Cela est inadmissible. Le renvoi des blessés doit être facultatif.

M. le maréchal de camp Servert demande qu'au lieu de dire: *seront renvoyés,* on dise: *pourront être renvoyés,* parce que des invalides, — des généraux, par exemple —, peuvent donner des conseils excellents pour la direction d'une armée.

M. le colonel Staaff est de l'avis des militaires d'après lesquels, en vertu de l'expérience acquise postérieurement à la rédaction des articles additionnels, les blessés guéris et valides sont considérés comme prisonniers de guerre. Rien n'autorise ici une exception qui, du reste, ressort pas de la Convention même.

M. le colonel comte Lanza pense que le Projet de la sous-commission relatif aux dispositions qui doivent régler le renvoi des blessés et des malades dans leur pays est parfaitement suffisant. Quant aux mots: „dont la convalescence sera présumée devoir excéder la durée de la guerre," il conviendra d'y substituer une rédaction plus précise.

M. le général de Voigts-Rhetz demande que l'on ajoute: „ceux qui „seront restés estropiés après guérison ou trouvés définitivement inca-„pables seront, s'ils en expriment le désir, renvoyés dans leur pays dès „que leur état le permettra."

Cette proposition est adoptée.

En ce qui concerne l'article 7, la Commission propose certaines modifications.

M. le général de Voigts-Rhetz demande si, aux termes du premier alinéa, toutes les maisons doivent arborer deux drapeaux, le drapeau national et le drapeau blanc à croix rouge. Cela lui paraît impossible et de plus inutile, puisque le drapeau blanc à croix rouge est inviolable. On dirait donc, au lieu de: „devra en toute circonstance," ceci: „le drapeau „blanc à croix rouge est le signe distinctif."

Les avis se partagent. Il y en a pour le maintien de la double exigence; il y a des opinions en faveur de la motion de M. le Délégué d'Allemagne.

La Commission se prononce finalement pour l'*utilité* du double drapeau, mais ne l'impose pas comme une *nécessité.*

MM. les généraux de Voigts-Rhetz et Arnaudeau signalent les abus commis à l'abri de la Croix rouge. Ils citent notamment des individus qui se glissaient dans les rangs des armées pour dépouiller les blessés et les malades.

La Commission flétrit énergiquement ces crimes et, afin d'en prévenir autant que possible le retour, elle émet le vœu que les hospitaliers de la Croix rouge soient munis d'un certificat d'identité de date récente, comprenant le signalement et la signature du porteur et même d'un portrait photographique.

L'article 42 du Projet russe est admis.

M. le baron Jomini résume la discussion et propose à la Commission d'insérer la déclaration suivante au protocole:

„MM. les Délégués de la Commission se bornent à déférer les diverses „opinions émises dans la présente séance à l'examen de leurs Gouverne„ments respectifs en vue des modifications et améliorations qui pourraient „être introduites d'un commun accord dans la Convention de Genève."

La Commission adopte cette formule et M. le Président soumet une nouvelle rédaction du chapitre Ier de la section I (*voir* Annexe no XIV) à MM. les Délégués.

Protocole N°. X.

(SÉANCE DU 12 AOUT 1874.)

M. de Lansberge demande à faire une déclaration de principe au sujet du chapitre Ier, dont la Commission doit s'occuper aujourd'hui. La réserve générale que M. le Délégué des Pays-Bas a faite dans une séance précédente se rapporte au chapitre Ier tout entier. Il croit devoir faire observer que le Projet primitif a été remanié deux fois et que le Gouvernement néerlandais n'a pas été à même d'étudier la rédaction nouvelle et de munir ses représentants à la Conférence d'instructions nouvelles.

L'avis que M. le Délégué des Pays-Bas se permettra d'émettre ne sera que l'écho d'une opinion personnelle: mais il est persuadé que cette opinion sera en concordance parfaite avec le sentiment de son pays et avec les vues de son Gouvernement. Il croit devoir la motiver brièvement. La Néerlande est une nation pacifique dont l'organisation militaire est purement défensive, qui ne désire nullement être mêlée à des combinaisons pouvant la conduire à attaquer un autre Etat ou l'impliquer dans les conflits en vue desquels le Projet paraît être spécialement rédigé. Mais si elle désire vivre à tout jamais en paix avec les autres Etats, la Néerlande est décidée à se défendre à outrance si elle était attaquée et à ne se priver d'aucun moyen de résistance. Chez les Néerlandais, il y a deux qualités innées et répandues dans toutes les classes de la société : ce sont l'amour de l'indépendance et le sentiment du droit. Aucun Gouvernement ne pourrait ni ne voudrait poser un acte qui les méconnût.

Toute clause donc qui délierait en quoi que ce soit les citoyens du devoir sacré de défendre la patrie par tous les moyens qui sont en leur pouvoir ou qui, au lieu de limiter le pouvoir de l'ennemi, érigerait en droit des faits résultant uniquement de l'emploi de la force, faits auxquels on peut se soumettre par nécessité, mais auxquels on ne peut pas consentir d'avance, — toute clause de ce genre serait réprouvée par l'opinion publique. M. le Délégué des Pays-Bas termine en disant que ce sont ces considérations qui le guideront dans l'appréciation des propositions soumises à la Conférence.

M. le baron Lambermont, au moment où s'ouvre un débat qui, de l'aveu commun, a une portée très sérieuse, croit devoir renouveler la réserve, déjà faite et déjà admise, d'après laquelle, en prenant part à la discussion, M. le Délégué de Belgique n'engage ni son Gouvernement ni lui-même sur le fond. Les résolutions du Gouvernement belge désignant les clauses qu'il accepte et celles auxquelles il aura le regret de ne pouvoir se rallier, seront communiquées lors de la seconde lecture ou à tout autre moment opportun.

M. le Président donne acte de ces déclarations à MM. de Lansberge et Lambermont. Les Gouvernements décideront : c'est à eux qu'il appartient de ratifier le travail qui se fait en ce moment.

M. le colonel fédéral Hammer tient à ajouter quelques mots aux déclarations de MM. les Délégués des Pays-Bas et de Belgique. La situation de la Suisse, essentiellement analogue à celle de ces pays, lui fait partager sous bien des rapports les opinions émises par leurs Délégués. Pour ce qui concerne la marche à suivre dans la discussion du chapitre Ier, qui se trouve à l'ordre du jour, M. le colonel fédéral regrette de n'avoir pu demander à cet égard des instructions à son Gouvernement.

Les instructions qu'il a reçues concernant le premier Projet russe ne peuvent s'appliquer qu'en partie à la rédaction donnée en dernier lieu à la matière dont il s'agit dans le Projet communiqué hier à la Conférence. En prenant donc part aux délibérations, M. le Délégué de Suisse ne pense aucunement engager, de quelque manière que ce soit, l'attitude de son Gouvernement, qui, certes, ne voudra se prononcer sur une partie des propositions que l'on va discuter, qu'en parfaite connaissance de cause et après un examen approfondi. M. le colonel fédéral Hammer ajoute que lui-même aura à consulter dans ses votes, non son opinion personnelle, mais bien l'opinion publique qui décidera de l'accueil que le Projet trouvera dans son pays et auprès de son Gouvernement et qui demandera, il en est persuadé, que ces propositions soient plus conformes aux conditions où se trouve la Suisse et à sa manière de voir.

La Suisse a accueilli le Projet russe avec sympathie et dans l'espoir d'une solution pratique et satisfaisante. Accorder franchement le nécessaire aux exigences de la guerre, sauvegarder les principes de droit et les intérêts nationaux, en excluant l'arbitraire, semble, il est vrai, une tache difficile, mais M. le Délégué de Suisse pense qu'il n'est pas impossible de la résoudre, et la Suisse sera heureuse de s'associer aux résultats des travaux de la Conférence.

M. le Président dit que c'est en cela que consiste la difficulté. Si l'on donne à la défense des droits illimités, on donne également des droits illimités à l'attaque. Il regrette les transactions de forme qui laissent le fond indécis; dans ce dernier cas, ce ne sont pas les faibles qui en profitent. Il faut savoir faire franchement des concessions de part et d'autre, sinon, il n'y a pas d'accord possible.

M. le colonel fédéral Hammer dit qu'il n'a en vue que le chapitre à discuter aujourd'hui. Il désire que l'on arrive à satisfaire aux exigences nécessaires des armées et à concilier en même temps les droits de la propriété et de la liberté civile des citoyens.

La Commission aborde l'examen du § 1er.

M. le général de Voigts-Rhetz accepte le premier alinéa, mais il croit devoir proposer la suppression des mots: „et tant qu'elle est en mesure de l'exercer", qui terminent le deuxième alinéa. Il trouve dans la rédaction proposée une trop grande ressemblance avec le blocus, qui n'est effectif que quand il est exercé.

L'occupation ne se manifeste point par des signes visibles. M. le Délégué d'Allemagne considère donc ces mots comme une répétition de ce qui précède et il pense qu'ils pourraient devenir une source de réclamations aussi bien du côté de l'occupé que du côté de l'occupant. Dans son opinion, on peut les retrancher sans nuire au sens de la phrase. Il propose de continuer l'alinéa ainsi: „le pouvoir de l'occupation ne s'étend qu'aux „territoires où cette autorité est établie." Par ce mot „pouvoir" on exprime qu'il s'agit d'autre chose que de la loi reconnue depuis longtemps dans le pays. Cette loi est réellement suspendue de fait; mais il y a une autre autorité temporaire, le pouvoir militaire, établi à la place de l'autorité légale qui existait auparavant.

M. le baron Jomini ne saisit pas bien l'importance de la différence.

M. le général de Voigts-Rhetz dit que le mot „occupation" ne signifie pas en même temps: *pouvoir et autorité*, et qu'il importe d'exprimer cette double idée.

M. le directeur Vedel fait observer que le terme „pouvoir" se trouve au § 46.

M. de Lansberge désirerait voir remplacer, au premier alinéa, le mot „autorité" par le mot „pouvoir."

M. le colonel fédéral Hammer trouve la rédaction russe parfaitement juste. Pour que l'autorité soit effective, il faut qu'elle s'exerce. Les territoires qui parviennent à s'y soustraire cessent d'être occupés.

M. le duc de Tetuan appuie la rédaction russe comme suffisant à toutes les hypothèses.

M. le général de Leer croit que l'on peut considérer l'occupation comme établie lorsqu'une partie de l'armée occupante a assuré ses positions et sa ligne de communication avec les autres corps. Cela fait, elle est en mesure de tenir tête aux entreprises de l'armée de l'occupé et aux émeutes de la population. Si elle n'atteint pas ce double objectif, elle est déchue de son autorité.

M. le général de Voigts-Rhetz n'a pas eu seulement en vue la position de l'occupant; il faut aussi, dit-il, prendre en considération celle de l'occupé. Si l'on dit que l'occupation n'existe que là où le pouvoir militaire est visible, vous provoquez les insurrections, et, si vous admettez pour les habitants le droit de s'insurger, ce sont eux qui en seront les victimes. M. le Délégué d'Allemagne reprend le cas cité par M. le colonel comte Lanza à l'appui de l'observation qu'il a présentée tout à l'heure. Si les mots dont il s'agit sont maintenus, aussitôt que l'autorité de l'occupant ne sera plus visible, on aura des insurrections suivies de répressions cruelles et la guerre deviendra atroce.

M. le colonel fédéral Hammer dit qu'il faut adopter une rédaction claire et facile à comprendre. Sous ce rapport, la rédaction russe satisfait M. le Délégué de Suisse, tandis que le Projet allemand laisse planer un certain vague sur l'idée que l'on veut exprimer. M. le colonel fédéral est d'avis que le principe du blocus doit être appliqué aussi à celui de l'occupation. Si celle-ci n'existe pas de fait, comment lui reconnaîtrait-on des droits? Pour pouvoir la maintenir, d'ailleurs, il n'est pas nécessaire de disposer de grandes troupes; il suffit d'un homme, pourvu qu'il soit respecté, d'un bureau de postes, de télégraphes, d'une commission quelconque établie dans la localité et fonctionnant sans opposition; il faut, en un mot, un fait constatant que le territoire, comme tel, peut être sous la domination militaire de l'ennemi.

M. le colonel fédéral Hammer ne veut pas pour cela provoquer les insurrections; mais ce qu'il veut, c'est de ne pas donner à l'ennemi plus de droits qu'il n'en possède réellement et enlever au pays envahi le droit de la résistance légitime. Voilà les motifs pour lesquels M. le Délégué de Suisse trouve le texte russe suffisant.

M. le colonel Staaff désirait laisser la parole aux hommes les plus compétents sur cette question. Mais la suppression projetée vise une matière
qui a fait l'objet d'instructions données par les Gouvernements à leurs
Délégués; de plus, toute la série d'articles appartenant au chapitre 1er se
base sur la définition du mot „ occupation;" il importe donc de la rendre
aussi claire que possible puisque, par la nature même des choses, elle ne
peut être parfaite.

C'est dans ce but que M. le Délégué de Suède et Norvége désire maintenir l'alinéa qu'on veut faire disparaître et qui définit l'occupation quant à
la durée. Il ajoute qu'on ne peut méconnaître la grande analogie qui existe
entre cette question et celle du blocus: or, le blocus n'existe qu'aussi
longtemps qu'il est effectif.

M. le baron Jomini croit que la discussion porte sur le mot „ territoire." C'est une expression générale qu'il faut interpréter largement. Une
province ne peut pas être occupée sur chaque point: cela est impossible.

M. de Lansberge présente une observation sur la question soulevée par
MM. les Délégués d'Allemagne et de Suisse. Sans doute, il y a un danger
à conseiller aux populations de se soulever, mais on ne peut le leur
défendre.

Le droit de l'insurrection doit rester intact. Si les habitants subissent
les conséquences de la révolte, ils n'auront qu'à se l'imputer à eux-mêmes.
M. le Délégué des Pays-Bas ajoute qu'on ne peut admettre que la présence d'un seul individu, d'un seul maître de poste, par exemple, suffise
pour perpétuer le droit de l'occupation. Ce mode de conservation serait
par trop facile. Il faut que l'occupant soit toujours en mesure de réprimer
l'insurrection, si elle éclate.

M. le général de Leer dit que lorsque le soulèvement aura lieu, ou
l'ennemi se retirera, s'il n'est pas en force, ou il réprimera l'insurrection
et par là même il prouvera le droit de l'occupant.

M. le baron de Jomini ajoute que c'est pour ce motif qu'il faut une formule générale: „ L'occupation dure tant qu'elle s'exerce de fait."

M. le baron Baude insiste sur la nécessité de conserver les mots: „ où
„cette autorité *est établie et en mesure de s'exercer*." Il paraît impossible
à M. le Délégué de France de séparer ces deux conditions.

M. le baron Lambermont dit que M. le Délégué d'Allemagne a touché
le point le plus délicat de la discussion actuelle. Ce point mérite la plus
sérieuse attention. D'une part, on ne doit pas exposer à la légère les populations à des rigueurs souvent très pénibles à supporter, et d'un autre
côté, on ne doit point porter atteinte aux droits ou aux devoirs du patriotisme. Il sera très difficile de trouver une rédaction qui satisfasse à ces
conditions. Quant au pouvoir de l'occupant, il faut que les moyens de l'exercer

soient réels et suffisants, question qui présente aussi de grandes difficultés : la présomption n'est pas admise en pareille matière.

M. le Délégué de Belgique signale un cas qui n'est pas prévu au Projet : Jusqu'à quel point faut-il que la résistance ait cessé, pour que le pouvoir soit considéré comme établi ? L'occupation ne s'établit pas généralement de plain-pied ; il y a des résistances plus ou moins longues et qui ne cessent qu'insensiblement ou partiellement. Enfin M. le baron Lambermont fait remarquer qu'à raison de la rapidité des mouvements dans les conditions nouvelles de la guerre, il peut y avoir des interruptions ou des lacunes dans l'occupation. S'il pose ces questions, c'est en vue de s'éclairer sur le sens et la portée que l'on attache à l'article.

M. le général de Voigts-Rhetz répond qu'en général on pourrait déclarer le pouvoir de l'occupant établi de fait quand la population est désarmée, soit qu'elle ait livré les armes, soit qu'on les lui ait retirées ou encore quand il y a des colonnes qui parcourent le pays et établissent des relations avec les autorités locales.

M. le Délégué d'Allemagne n'a pas dit que le droit d'insurrection doive être aboli, mais il importe d'éclairer les populations sur les conséquences qu'il entraine. Il y a donc une distinction à faire : ou bien la population se révolte pendant l'occupation et, dans ce cas, elle sera soumise aux lois de la guerre, ou bien elle commence l'insurrection lorsque l'ennemi se retire et alors on ne pourra pas l'en punir. Il y a toujours des têtes exaltées qui séduisent les autres ; il ne faut pas favoriser les entreprises de quelques téméraires et exposer les habitants à des rigueurs inutiles ; car, comme ce ne sont plus des belligérants, ils seront traités avec sévérité. C'est donc dans l'intérêt des populations qu'il faut supprimer la dernière partie de l'alinéa.

M. de Lansberge prévoit le cas où une armée victorieuse ayant éprouvé un revers aurait abandonné une ville qui se serait soulevée. Lui serait-il permis de punir l'insurrection, si elle occupait plus tard, pour la seconde fois, ladite ville ?

M. le général de Voigts-Rhetz pense que tout général ou chef d'armée punirait l'insurrection qui éclaterait dans le pays occupé. Il est vrai que c'est une question délicate, sur laquelle il ne peut se prononcer officiellement, mais il exprime son sentiment personnel et il ne croit pas se tromper en disant que c'est celui de tous les militaires.

M. le colonel Manos dit qu'on pourra punir la population si elle n'est pas considérée comme belligérante, mais si l'on admet qu'elle a cette qualité, elle est dans les conditions de la résistance légale. Cette distinction prouve à M. le Délégué de Grèce qu'on aurait dû commencer par le chapitre des *Belligérants*.

M. le duc de Tetuan dit que la suppression proposée par M. le Délégué d'Allemagne modifierait essentiellement l'article puisqu'elle conduirait à dire que l'occupation par l'ennemi d'un territoire où son autorité serait établie s'étendrait plus loin que ne pourrait aller son action; M. le premier Délégué d'Espagne est d'avis que la rédaction du texte russe modifié soit conservée; il désire plus vivement encore la conservation des mots dont M. le Délégué d'Allemagne propose la suppression depuis qu'il a entendu les déclarations survenues pendant la discussion. D'ailleurs, ces termes ne font que constater un principe général qui sera mieux compris quand les articles du chapitre II auront été soumis à la Conférence. M. le duc de Tetuan voit, du reste, dans la suppression de ce membre de phrase, un avantage donné à l'armée d'invasion au préjudice du pays envahi. Si donc elle était admise par la Commission, M. le Délégué d'Espagne se croirait obligé de faire des réserves à ce sujet.

M. le général de Voigts-Rhetz propose de revenir au § 1er lors d'une nouvelle lecture.

M. le colonel Staaff croit qu'on peut difficilement avancer, sans être d'accord sur ce qui sert de base à tous les articles suivants.

M. le baron Baude dit que les mots: „autorité établie et exercée" répondent à deux idées distinctes. Les deux choses ne peuvent pas exister ensemble. L'autorité peut se prétendre établie par le seul fait d'une proclamation et revendiquer des droits antérieurs au moment où elle se sera trouvée en mesure de s'exercer. On pourrait, en écartant la seconde condition, retomber dans le même abus qu'autrefois pour les blocus fictifs. M. le premier Délégué de France propose de maintenir la rédaction du Projet russe.

M. le général de Voigts-Rhetz trouve que cette observation change la question. Si l'on pouvait trouver des termes pour l'exprimer, il accepterait plus aisément une rédaction conçue en ce sens.

M. le général de Leer pense qu'il est impossible de préciser, tant les formes d'occupation varient entre elles.

M. le colonel fédéral Hammer trouve le Projet russe très logique. Il explique la naissance, l'étendue et la durée de l'occupation; ensuite il limite sagement ce fait quant au temps et quant à l'espace. On peut sans doute supprimer cette double restriction, mais il est étrange d'en supprimer une et de laisser subsister l'autre.

M. le baron Jomini dit qu'on ne peut pas toucher à la question de droit, mais seulement à la question de fait. Il croit que le temps et l'espace sont compris dans les mots du Projet.

M. le colonel fédéral Hammer prend acte des explications qui ont été échangées. Elles sont de nature à éclaircir le sens de l'article en question. Il demande que l'avis qu'il a émis soit acté au protocole.

M. le colonel comte Lanza croit que la rédaction est bonne sans être parfaite. Il serait plus précis de dire que l'occupation effective du terri·toire place de fait celui-ci sous l'autorité de l'armée occupante.

M. le baron Lambermont dit qu'on y reviendra forcément quand on s'occupera des droits et des devoirs de la population dans le territoire occupé.

Il est entendu qu'on reprendra ultérieurement la discussion du § 1er.

M. le général de Voigts-Rhetz propose de constater par un vote combien la rédaction de M. le baron Baude rencontrerait de partisans dans la Commission.

M. le colonel fédéral Hammer demande qu'on ajourne la discussion sur cet objet jusqu'à ce qu'on soit arrivé à la fin du chapitre.

La Commission, consultée, se rallie à cet avis.

On passe ensuite au § 2.

M. le général de Voigts-Rhetz dit que lorsqu'une autorité est suspendue et qu'on n'a pas encore decidé qu'elle est passée en d'autres mains, la question est précisément de savoir qui doit prononcer quelle sera cette autorité. Si l'occupation a des conséquences défavorables pour la population, le mal serait aggravé si l'on tardait à instituer un pouvoir de fait. M. le Délégué d'Allemagne propose de dire: „ L'autorité du pouvoir légal „ étant suspendue et passée entre les mains de l'occupant, celui-ci, etc."

M. le colonel fédéral Hammer, s'appuyant sur les instructions de son Gouvernement, croit pouvoir faire remarquer que les observations de M. le premier Délégué d'Allemagne font cesser tout doute sur le principe.

M. le baron Jomini propose de dire: „ L'Etat occupant s'y substitue..."

M. de Lansberge préfère la rédaction de M. le Délégué d'Allemagne qui porte: „ ...étant suspendue et passée de fait entre les mains de l'occupant, celui-ci prend..."

Cette rédaction est adoptée.

M. le baron Lambermont demande ce qu'il faut entendre par *ordre*. Il y a l'ordre matériel, civil, social, politique. M. le Délégué de Belgique présume qu'on a seulement en vue la sécurité ou la sûreté générale; quant à l'expression: „ vie publique," il pense qu'il s'agit des fonctions sociales, des transactions ordinaires, qui constituent la vie de tous les jours.

La Commission interprète ce mot dans le même sens que M. le baron Lambermont. On mettra: „ l'ordre et la vie publics."

Au § 3, M. le général de Voigts-Rhetz propose d'employer le futur au lieu du présent et de remplacer les mots: „ s'il y est obligé," par ceux-ci: „ ...s'il y a nécessité. "

M. le colonel fédéral Hammer croit qu'il serait utile de maintenir la

première partie du paragraphe; quant à la seconde, on dirait: „des changements ne seraient justifiés que par les nécessités de la guerre."

M. de Lansberge préfère la rédaction allemande: „ne les modifiera,
„ne les suspendra ou ne les remplacera qu'en cas de nécessité."

M. le colonel comte Lanza est d'avis que l'on doit établir en principe
que les lois civiles et pénales, n'ayant pas un caractère politique, continuent à être en vigueur dans le territoire occupé: les modifications de
régime légal exceptionnellement admises se borneraient aux lois d'ordre
politique, administratif et financier.

M. le baron Lambermont fait une observation qui lui est imposée par le
droit public belge. Un article de la Constitution dit: „Tous les pouvoirs
„émanent de la nation." Entre-t-il dans les attributions du pouvoir exécutif, voire du pouvoir législatif ordinaire, de déclarer qu'un autre pouvoir pourra exercer l'autorité dans le pays? M. le Délégué de Belgique se
borne à faire cette réflexion.

Quant à l'expression „lois," il demande si, pour fixer la portée de
l'article, il n'est pas nécessaire d'expliquer de quelles lois il s'agit. Il
y a des lois d'intérêt général, d'autres qui sont d'ordre privé et concernent
la famille, les successions, les propriétés privées, les ventes, les achats,
etc.... M. le Délégué de Belgique pense que l'article a en vue les lois de
la première catégorie.

M. le baron Jomini répond affirmativement; il dit que l'occupant n'aura
pas intérêt à toucher aux lois de l'ordre privé.

M. le général de Voigts-Rhetz est du même avis. Il ne lui semble pas
que le cas de nécessité doive être étendu aux lois civiles. M. le Délégué
d'Allemagne pense que ce seraient plutôt les lois criminelles qui seraient
soumises à cette éventualité.

Le § 3 est modifié comme suit:
„A cet effet, il maintiendra les lois qui étaient en vigueur dans le pays
„en temps de paix, et ne les modifiera, ne les suspendra ou ne les rem-
„placera que s'il y a nécessité."

M. le colonel fédéral Hammer demande, au § 4, ce qu'on entend par
institutions. Cette expression aurait besoin d'être précisée.

M. le baron Lambermont propose de dire: „services publics."

M. le baron Baude désirerait qu'on mît après le mot „justice" ceux-ci:
qui *consentiraent* à continuer sur son invitation...."

M. le Délégué de France fait remarquer qu'il existe une différence entre
les fonctionnaires du Gouvernement et les fonctionnaires municipaux. Les
premiers doivent se retirer devant l'ennemi; les seconds, au contraire, ne
peuvent séparer leur sort de celui de la ville.

M. le directeur Vedel demande qu'au lieu des termes: „administration

„de la police et de la justice," on dise: „administration de l'Etat et des „communes."

M. le baron Lambermont fait remarquer que cette expression serait incomplète parce qu'il y a des pays, en Belgique par exemple, où il y a aussi une administration provinciale.

M. de Lansberge confirme cette appréciation pour les Pays-Bas où fonctionne le *Waterstaat*.

M. le colonel Manos fait une observation analogue pour la Grèce.

M. le baron Baude propose, en conséquence, de se servir des termes: „fonctionnaires et employés de tout ordre."

M. le colonel comte Lanza demande que l'on spécifie que l'article s'applique aux employés des prisons et à ceux qui sont chargés de la conservation des actes de l'état civil. Il désire, en outre, que l'on indique si c'est la justice civile ou la justice militaire qui doit statuer sur les délits dont il s'agit dans cet article. Il ne croit pas qu'un seul code militaire contienne des peines pour les fonctionnaires civils manquant à leurs engagements.

M. le colonel fédéral Hammer serait d'avis de supprimer les termes: „livrés à la justice...." et de dire simplement: „que la protection dont „ils jouissent leur sera retirée."

M. le général de Voigts-Rhetz insiste sur la nécessité d'être précis.

M. le baron Lambermont prévoit le cas du fonctionnaire qui consent à conserver ses fonctions et revient plus tard sur son acceptation, cédant peut-être à un sentiment de patriotisme. Comment le traitera-t-on? Le fait seul de renoncer à ses fonctions ne doit pas être érigé en délit.

M. le général de Leer croit que ceux qui resteront en fonctions rendront service à leur pays, parce qu'ils seront à même d'être utiles aux populations; mais il leur sera toujours loisible de donner leur démission.

M. de Lansberge croit qu'il serait bon de signaler cette faculté.

M. le baron Jomini dit qu'il suffit d'employer le mot *consentir*. Le fonctionnaire pourra revenir sur son *consentement*, sans commettre pour cela un délit.

M. le baron Baude établit une distinction entre le fait qu'on ne remplit pas ses obligations et la trahison, et demande que l'article soit rédigé ainsi: „Ils ne seront punis disciplinairement ou révoqués que s'ils man„quent aux obligations acceptées par eux ou livrés à la justice que s'ils „les trahissent."

M. le directeur Vedel propose d'insérer à la fin de l'article, après „obli„gations" et avant „acceptées" le mot „librement."

M. le baron Jomini dit que le mot „accepter" rend par lui-même cette idée.

M. le général de Voigts-Rhetz dit que, sous prétexte de ménager les employés, ce serait les traiter avec plus de rigueur. Selon lui, on peut les réprimander ou leur infliger une amende; mais il ne doit pas être permis de les révoquer pour une faute légère. Ce serait une mesure cruelle.

M. le colonel fédéral Hammer constate que tout le monde est d'accord sur ce point.

Le § 4 est rédigé comme suit:

„Les services publics et les employés et fonctionnaires de tout ordre „qui consentiraient, sur son invitation, à continuer leurs fonctions, jouiront „de sa protection. Ils ne seront révoqués que s'ils manquent aux obligations „acceptées par eux et livrés à la justice que s'ils les trahissent."

Au § 5, M. le comte Lanza désire qu'il soit déclaré par la Commission que les impôts établis par les provinces et les communes ne sont pas en cause dans cet article.

M. le général de Voigts-Rhetz croit devoir présenter quelques observations générales au sujet de l'occupation en ce qui concerne les impôts.

D'abord, il y a lieu de distinguer entre l'occupation temporaire et celle qui est de longue durée. Ce qui s'applique à l'une n'est pas applicable à l'autre. Ensuite, le territoire occupé ne peut pas prétendre être mieux traité que le pays dont l'armée l'occupe ou que celui dont il est séparé par l'occupation. Dès lors l'un et l'autre de ces pays prélèvent les impôts, redevances, droits et péages, en suspendent le recouvrement ou en imposent d'autres et contractent des emprunts forcés à mesure que la conduite de la guerre l'exige. M. le Délégué d'Allemagne croit qu'il est indispensable que tout cela soit exprimé dans l'article 5. Il propose, en conséquence, la rédaction suivante:

„Les impôts, redevances, droits et péages établis par le Gouvernement „légal seront prélevés par l'armée d'occupation. Pour le cas où il ne serait pas „possible de les encaisser, celle-ci en prélèvera l'équivalent. Elle pourra „de même suspendre le recouvrement des uns et en imposer d'autres. Il „est de son devoir de les employer aux frais de l'administration dans la „mesure où le Gouvernement légal y était obligé."

M. le baron Baude demande s'il ne serait pas utile de renvoyer cette question à la discussion qui aura lieu sur le chapitre des *Contributions et réquisitions.*

M. le général de Voigts-Rhetz pense qu'il faut décider d'abord la question de principe et ajoute que le recouvrement des impôts est le meilleur moyen d'enlever aux impositions faites pendant une occupation de longue durée ce qu'elles peuvent avoir de dur et d'injuste.

M. le baron Baude dit que s'il y a à discuter des principes nouveaux, il doit en référer à son Gouvernement.

M. le colonel Staaff se rallie à une observation qui a déjà été faite relativement à la connexion de l'article 5 avec le chapitre II de la section II du Projet russe. Ce chapitre contient deux parties distinctes. Les §§ 51 et 52 seront probablement acceptés par tout le monde, tandis que le § 53 pourra donner lieu à un débat. La proposition faite par M. le général de Voigts-Rhetz paraît à M. le Délégué de Suède et Norvége se rattacher à cet ordre d'idées, et bien que l'évaluation de ces nouveaux impôts puisse devenir plus ou moins fictive, cette forme de contribution serait peut-être moins arbitraire que celle dont parle le § 53. En égard à ce point de vue, M. le colonel Staaff trouve qu'il serait important d'avoir l'avis de la Commission sur l'addition que l'on propose de faire au § 5.

M. le colonel fédéral Hammer, d'ordre de son Gouvernement, propose la rédaction suivante: „L'armée ennemie, prélevant dans les territoires „occupés, à son profit, sur les populations locales, les impôts, redevances, „droits et péages établis par le Gouvernement légal, doit y procéder con- „formément aux lois y établies par le pouvoir légal." M. le Délégué de Suisse ne croit pas pouvoir prendre sur lui d'entrer en discussion sur une matière nouvelle sans avoir reçu des instructions préalables. Il demande que la rédaction de M. le Délégué d'Allemagne soit autographiée afin qu'il puisse en référer à son Gouvernement. Il désire également renvoyer la discussion actuelle à celle qui aura lieu pour les *Réquisitions.* L'opinion publique sera hostile à toute aggravation du Projet primitif.

M. le baron Lambermont dit que l'article que l'on aborde est un de ceux qui éveillent les plus légitimes préoccupations. L'avant-dernière rédaction autorisait seulement l'armée d'occupation à percevoir les impôts etablis en temps de paix par le Gouvernement national.

On y a ajouté depuis le droit à l'*équivalent.* Enfin on a fait remarquer qu'il ne serait pas juste que la partie occupée d'un pays fût traitée mieux que la partie non occupée ou que le pays ennemi lui-même, et l'on réclame, en conséquence, le droit de créer de nouveaux impôts; de sorte que si, pour sauver la patrie, le Gouvernement national demandait aux citoyens d'extrêmes sacrifices, l'armée ennemie serait autorisée par là même à élever à un égal niveau les impôts dans le territoire qu'elle occupe. Il se peut qu'en effet la guerre se fasse ainsi et qu'on n'ait qu'à s'y résigner. Mais c'est une chose grave pour un Gouvernement qui ne peut prévoir que des guerres défensives, de sanctionner lui-même et à l'avance de telles règles.

D'après M. de Lansberge, on peut être contraint de subir le droit de la guerre, mais on ne doit pas en faire l'objet d'une déclaration à priori. Le principe pourrait être sauvegardé par une autre rédaction. M. le Délégué des Pays-Bas propose de donner à la première partie du § 5 la forme négative et de conserver la forme affirmative pour la seconde. A l'appui de sa proposition, il fait valoir les considérations suivantes: L'objection faite par M. le baron Lambermont au sujet de la difficulté qu'il y a à accorder à l'ennemi l'exercice de droits qui ne peuvent émaner que de la nation est applicable à ce paragraphe, mais elle n'existerait plus si le paragraphe était rédigé de manière à créer une obligation, non pour le pays occupé, mais pour l'occupant. Tel serait le cas si ce dernier prenait l'engagement de limiter l'emploi de la force, qu'il a en main par le fait de l'occupation, à telles ou telles choses. La forme négative donne à l'article cette signification et elle est pour les populations une garantie que si elles subissent les actes indiqués par l'article, l'occupant n'ira pas plus loin.

M. le baron Baude voudrait savoir ce qu'on entend par *équivalent.*

M. le baron Jomini dit qu'on a voulu prévoir le cas où l'on n'arriverait pas à la matière imposable; on grèvera alors la commune qui exercera son recours comme elle le jugera convenable ou possible.

M. le baron Baude demande que l'on ajoute: „ ...dans la forme et d'après les lois en usage..." C'est une garantie pour les habitants.

M. le duc de Tetuan pense que l'article 5 ayant une certaine connexion avec le chapitre II de la section II (*Des réquisitions et contributions*) pourrait être discuté en même temps que ce chapitre.

En présence des opinions divergentes qui se manifestent, M. le baron Jomini exprime l'opinion que la discussion pourrait être avantageusement ajournée à une autre séance.

M. le général de Voigts-Rhetz demande qu'on ne se méprenne pas sur sa pensée. Il ne plaide pas seulement la cause des *occupants*, mais aussi celle des *occupés*. S'il n'y a pas de règles fixes, ce sont ces derniers qui en pâtiront. Il ne faut pas laisser le champ libre aux abus qui peuvent résulter de l'occupation. M. le Délégué d'Allemagne ajoute que, s'étant conformé à ses instructions, et son opinion devant figurer au protocole, il ne voit aucun inconvénient à aborder une autre matière; mais il doit déclarer que l'adoption du principe qu'il a cherché à faire prévaloir est jugée nécessaire par l'Allemagne.

M. le baron Jomini dit que rien ne s'oppose à ce qu'on cherche une formule nouvelle.

Pour le moment, la Commmission s'arrête à la rédaction suivante:

„§ 5. L'armée d'occupation ne prélèvera que les impôts, redevances, „droits et péages déjà établis par le Gouvernement légal du pays, ou leur „équivalent, s'il est impossible de les encaisser, et autant que possible, „dans la forme et suivant les usages existants. Elles les emploiera à pour- „voir aux frais de l'administration dans la mesure où le Gouvernement „légal du pays y était obligé."

M. le colonel fédéral Hammer demande comment il faut interpréter le mot *équivalent.* S'agit-il d'un prélèvement *subsidiaire* ou *alternatif?*

La Commission dit qu'il résulte du contexte que l'*équivalent* ne peut être prélevé que si les impôts, redevances, droits et péages ordinaires ne peuvent, pour une cause quelconque, être encaissés.

M. Vedel croit qu'il serait utile d'ajouter que les impôts doivent être *échus* pour pouvoir être prélevés par l'autorité militaire occupante.

La Commission est d'avis que cette addition est superflue, la nécessité de l'échéance étant suffisamment exprimée par la condition en vertu de laquelle le recouvrement doit se faire dans les formes et d'après les usages existants.

M. Vedel prend acte de cette déclaration.

Protocole N° XI.

(SÉANCE DU 13 AOUT 1874.)

M. le général Palmeirim demande à faire une déclaration de principe. Il s'exprime en ces termes:

„N'ayant pu assister qu'aux deux dernières séances j'ai dû me mettre „au courant de la marche des travaux de la Conférence par la lecture „des protocoles et par les éclaircissements qui m'ont été donnés par mon „collègue. Je crois en conséquence de mon devoir de faire dès à présent „la déclaration suivante:

„Le Gouvernement du Roi, mon Auguste Souverain, rend hommage à „la pensée généreuse qui a déterminé S. M. l'Empereur de Russie à pro-„poser une Conférence dans le but de rechercher les moyens de régle-„menter la guerre et d'en adoucir les rigueurs.

„Je serai très-heureux de m'associer à la recherche de ces moyens avec „cette réserve que le Portugal, par la position spéciale où il est placé, „ne pourra adhérer à aucune clause d'où pourrait résulter un affaiblisse-„ment quelconque de ses moyens de défense.

„Des déclarations analogues ayant été faites par MM. les Délégués de „Belgique, d'Espagne, des Pays-Bas et de Suisse, je m'y associe en tant „qu'elles s'appliquent à la situation particulière du Portugal."

M. le Président donne acte à M. le Délégué portugais de ses paroles.

M. le colonel Staaff, revenant sur l'article 4 discuté dans la dernière séance, désire soumettre à la Conférence une question à laquelle il attache de l'importance, bien qu'elle ne paraisse, au premier abord, qu'une question de détail. C'est celle-ci. Le fonctionnaire qui a consenti à continuer ses fonctions après l'occupation, perd-il le droit de donner ensuite sa démission, et cet abandon de sa charge sera-t-il considéré comme un fait délictueux?

La Commission exprime l'avis que le fonctionnaire ne peut être privé du droit de se démettre de ses fonctions.

M. le Délégué de Suède et Norvége, satisfait de cette réponse, demande que cette déclaration soit insérée au protocole.

La Commission, continuant ensuite l'examen du chapitre Ier, procède à la discussion du § 6.

M. le colonel fédéral Hammer demande quelle est l'interprétation que le Projet russe donne ici à l'expression „capitaux du Gouvernement." Il ajoute qu'il est chargé de proposer la rédaction suivante:

„L'armée qui occupe un pays a le droit de prendre possession de tous „les fonds du Gouvernement qui se trouvent dans les caisses publiques, „de ses dépôts d'armes, de ses moyens de transport, de ses magasins et „approvisionnements et de ses autres propriétés mobilières, qui, par leur „nature, peuvent servir au but de la guerre."

M. le Délégué de Suisse motive cette proposition de la manière suivante: Dans son pays, il existe dans presque tous les cantons des administrations particulières, des caisses d'épargne, assurances obligatoires contre l'incendie des immeubles, etc... Dans ces institutions, l'Etat comparaît nominalement comme propriétaire, comme créancier, etc..., tandis qu'en réalité il ne fait qu'administrer les affaires de ses ressortissants qui lui confient leurs économies, font assurer auprès de lui leurs maisons, etc.. A la rigueur le Projet russe, en soumettant tous les *capitaux du Gouvernement* à la prise de possession, permet également de saisir le numéraire, les fonds, les valeurs et les créances de ces institutions, quoique celles-ci ne soient que des administrations d'intérêts et de biens privés. La rédaction doit donc être précisée.

Un débat s'engage sur la proposition de M. le Délégué de Suisse.

La Commission reconnaît qu'il est difficile de donner une définition technique des mots: „capitaux du Gouvernement."

Après avoir écarté plusieurs formules comme ne rentrant pas dans les conditions voulues, MM. les Délégués délibèrent sur l'explication suivante de M. le général de Voigts-Rhetz: „On peut entendre par *capitaux du Gouvernement* les sommes disponibles et les valeurs exigibles appartenant en propre et exclusivement à l'Etat, tels que le numéraire, les lingots d'or et d'argent, les fonds quelconques, etc.... Tout ce qui se trouve dans les caisses de l'Etat, mais appartient à des personnes privées ou à des corporations, doit rester intact. En d'autres termes, tout ce qui est prouvé être à l'Etat, peut être saisi; tout ce qui est démontré être propriété privée, même se trouvant entre les mains de l'Etat, doit être respecté et protégé."

La Commission décide que cette interprétation sera insérée au protocole.

M. le comte Chotek demande si, tout en figurant au protocole, elle ne pourrait pas faire partie intégrante du texte du § 6.

M. le baron Jomini dit que c'est inutile, puisque le protocole est le commentaire vivant du texte et fait loi comme le texte lui-même.

M. le colonel fédéral Hammer renouvelle la question qu'il a posée plus haut sur le point de savoir si les capitaux des particuliers, administrés par l'Etat dans les caisses d'épargne et les assurances contre l'incendie, tomberaient sous l'application de la clause de l'article 6.

La Commission est d'avis que, d'après l'interprétation déjà admise, les capitaux auxquels fait allusion M. le Délégué de Suisse ne pourraient pas être saisis par l'occupant.

M. le général de Voigts-Rhetz propose d'arrêter une rédaction provisoire du § 6 et de réserver le texte final pour la seconde ou la troisième lecture. M. le Délégué d'Allemagne émet l'opinion que les Gouvernements, sous les yeux desquels les protocoles sont placés, pourront juger les diverses manières de voir exprimées dans la Commission et trouveront sans nul doute une définition qui soit de nature à satisfaire tout le monde.

Cette motion est adoptée.

M. le baron Jomini demande si la Commission peut se prononcer sur une proposition faite par M. le baron Baude et conçue en ces termes:
„Toutes les valeurs portant intérêts qui seraient saisies devront être „restituées, la jouissance des intérêts cessant avec l'occupation."

M. le Délégué de France dit qu'il n'a entendu émettre qu'une opinion personnelle, et qu'il demandera des instructions à son Gouvernement pour s'éclairer lui-même.

La Commission se prononce dans le même sens.

M. le général de Voigts-Rhetz demande si les payements faits par anticipation au Gouvernement légal, au moment où l'occupation allait commencer, par les habitants du territoire occupé, doivent être respectés, et considérés comme compte réglé. M. le Délégué d'Allemagne suppose le cas où l'on retirerait des caisses de perception les impôts qui s'y trouvent pour les rendre à l'Etat légitime. L'occupant doit-il respecter cette espèce de fraude ou peut-il s'adresser de nouveau aux contribuables?

M. le général de Leer estime que l'occupant a le droit d'exiger le versement régulier des impôts.

M. le colonel Staaff pense que la question posée par M. le Délégué d'Allemagne se résout d'elle-même. M. le Délégué de Suède et Norvége est d'avis qu'il ne doit pas être tenu compte de ce payement, attendu qu'il n'a pu être fait qu'à l'insu et au détriment de l'occupant.

M. le général de Voigts-Rhetz tient à préciser sa pensée. Il suppose que l'on se trouve en présence d'une occupation de fait (aux termes de l'article 1er) et que les habitants s'acquittent tous *d'avance* entre les mains de l'ancienne administration, après que le pouvoir occupant est constitué.

Celui-ci doit-il respecter le payement fait, bien qu'il ait un caractère frauduleux? La négative semble évidente à M. le Délégué d'Allemagne.

M. le baron Baude croit que, puisqu'on refuse à l'occupant le droit d'exiger les impôts à l'avance, on ne peut l'obliger à considérer comme régulièrement opérés les versements faits par anticipation au Gouvernement légal; du moment qu'on impose une limite au droit de l'occupant, si l'on veut qu'il la respecte, il faut qu'elle soit respectée à son égard.

M. le comte Chotek fait remarquer en outre qu'il n'y aurait même pas, à proprement parler, de double payement, puisque le premier versement devrait être considéré plutôt comme une donation patriotique.

M. de Lansberge dit que le receveur pourrait verser à l'insu des contribuables, les recettes entre les mains du Gouvernement légal, et il demande si, dans ce cas, on peut rendre les habitants responsables de cet acte.

M. le général de Voigts-Rhetz ne voit ici qu'un cas spécial, qu'on ne doit pas prévoir. Le fait qu'a en vue M. le Délégué des Pays-Bas constituerait une escroquerie.

M. le colonel fédéral Hammer, d'ordre de son Gouvernement, propose d'ajouter après les termes: „toute propriété du Gouvernement," le mot „mobilière" et ensuite de dire: „qui par sa nature peut servir au but „de la guerre."

M. le général de Voigts-Rhetz dit que dans ce cas il faut définir quels sont les objets qui ne peuvent pas servir à ce but.

M. le colonel fédéral Hammer cite, par manière d'exemple, les ameublements des hôtels de ville, des ministères, etc.

M. le général de Voigts-Rhetz trouve qu'il serait utile de s'expliquer à cet égard, parce que tout ce qui peut aisément être vendu est de nature à servir au but de la guerre.

La Commission passe ensuite à l'examen de l'*Observation* placée à la suite du § 6.

M. de Lansberge est d'avis qu'il serait préférable de discuter les points qui y sont traités au chapitre qui parle de la propriété privée.

M. le colonel comte Lanza pense que si la Commission ne croit pas devoir simplement comprendre le matériel dont il s'agit dans les autres propriétés privées dont il est question dans un autre chapitre, et si elle persiste à maintenir l'*Observation* faisant suite à l'article 6, il ne pourrait prendre la responsabilité de préjuger, en acceptant telle quelle l'observation susdite, les graves questions qu'elle peut soulever entre les droits de l'Etat, d'un côté, et les droits des compagnies, fabricants, etc., de l'autre.

M. le Président dit qu'on pourrait, à la rigueur, ajouter après chaque article: *sauf les nécessités de la guerre*, mais il croit que cette restriction vague produirait un effet fâcheux dans l'opinion publique.

Selon M. le général de Voigts-Rhetz, il s'agit, quant aux chemins de fer, télégraphes, bateaux, etc., d'objets que l'on peut employer comme moyens de guerre, et qui doivent être restitués plus tard à leurs véritables propriétaires. Toutefois il ne faudrait pas pousser cette dernière obligation jusqu'à l'excès. Ainsi, des armes empruntées ou enlevées seront rendues dans l'état où les aura mises la guerre ou ne seront même pas rendues du tout; si par suite d'une insurrection ou toute autre cause, elle disparaissent ou subissent des détériorations, on ne devra ni les remplacer ni payer d'indemnité. Il en sera de même des munitions; mais comme, en principe général, on doit faire la restitution après la guerre ou donner un reçu de tout ce que l'on demande aux particuliers, il est nécessaire de proclamer le principe relatif aux armes et munitions, pour que personne n'en ignore; car tout le monde a intérêt à connaître les lois et les droits de la guerre. En résumé, M. le Délégué d'Allemagne trouve qu'une discussion sur cet objet ne serait pas difficile actuellement.

M. le baron Jomini dit que c'est à l'avantage des pays occupés qu'on cherche à régler cette matière.

M. le baron Lambermont signale l'importance particulière que présentent ces questions pour les compagnies de chemins de fer, la fabrication et le commerce des armes en Belgique. D'après la législation belge, nul ne peut être privé de sa propriété que moyennant indemnité préalable. En reconnaissant à une armée d'occupation le droit de procéder autrement, le Gouvernement ouvrirait peut-être la voie à des revendications d'indemnité adressées à lui-même et pouvant prendre des proportions énormes. Ce sont là des questions sur lesquelles il paraît impossible de se prononcer sans un examen approfondi et prolongé.

M. le baron Jomini croit qu'il est indispensable qu'on fasse connaître quels sont les droits de l'occupant en cette matière. Le vague ne profiterait qu'au plus fort.

D'après M. le baron Lambermont, on ne peut conclure de ce qu'il n'existe pas de traité international sur le droit des gens, que les règles du droit des gens sont inconnues ou n'ont aucune sanction. Grâce au progrès de la civilisation et aux travaux de la science, les principes essentiels sont aujourd'hui dans tous les esprits et il n'est point de chef d'armée qui oserait, de notre temps, faire bon marché de la conscience générale. Sans doute, si un traité pouvait être conclu en termes acceptables pour tous les pays, et donnait un corps au droit des gens, ce serait une chose utile et heureuse et méritant toute la reconnaissance des peuples, mais il n'aurait lui-même qu'une sanction morale, attendu que s'il venait à être violé par des Etats en guerre, aucune des puissances ici représentées ne contracte l'obligation de prendre les armes pour le faire respecter.

M. le baron Jomini répète qu'il n'en est pas moins utile, dans l'intérêt des populations, d'avoir des règles précises. M. le Président ne doute pas qu'une trop grande liberté laissée au plus fort ne soit la source de graves abus.

M. le baron Lambermont juge toutefois utile que l'on prenne le temps de s'éclairer sérieusement avant de se prononcer sur une matière aussi importante que celle dont il s'agit.

M. le général de Voigts-Rhetz reconnaît avec M. le baron Lambermont que la propriété privée ne jouit pas ici de toute la protection qu'elle trouve en d'autres occasions, mais il y a des circonstances où il est impossible de s'en tenir aux principes absolus. M. le Délégué d'Allemagne cite le cas d'un magasin de poudre ou d'une fabrique de fusils qui se trouveraient dans une ville soumise à l'occupation. Il est de l'intérêt évident de l'occupant de ne les pas laisser subsister. Si les propriétaires sauvent leurs armes au besoin par mer et renoncent spontanément à leur fabrication, ils conservent du moins leur propriété; sinon, ils subiront un dommage considérable. Il est bon, aux yeux de M. le Délégué d'Allemagne, que les Gouvernements appelés à ratifier les décisions de la Conférence connaissent bien l'opinion des Délégués. Si la commission passe sous silence certaines questions épineuses, les Gouvernements manqueront des lumières nécessaires pour se prononcer en connaissance de cause.

M. le duc de Tetuan, parlant dans le même sens, dit qu'il faut se montrer accomodant pour beaucoup d'articles. Si l'on voulait tracer en toutes matières des limites précises aux droits de la guerre, il serait impossible d'arriver à un résultat pratique. M. le Délégué d'Espagne croit donc qu'il faut se contenter de régler certains points seulement.

M. le Président dit que, quelle que soit pour l'avenir la suite donnée aux délibérations de la Conférence, il est incontestable qu'elles auront en tout cas jeté une vive lumière sur un grand nombre de questions importantes. Avoir amené des représentants de tous les Etats européens à discuter les principes essentiels, qui doivent, en réglant la guerre, en adoucir les rigueurs, à en admettre un certain nombre, à préparer les solutions des autres, enfin à asseoir ainsi les bases de l'édifice qu'il s'agit de construire, c'est un fait dont l'importance ne peut échapper à personne, et dont, semble-t-il, on ne peut que se féliciter.

M. le colonel fédéral Hammer désirerait attirer l'attention de la Commission sur une question qui a pour son pays une importance particulière. M. le Délégué de Suisse fait observer que, dans cette contrée, les barques ou nacelles sont souvent les seuls moyens de communication entre plusieurs localités placées sur les bords de certains lacs. Si donc l'on exécutait à leur égard les clauses de la Convention, on méconnaîtrait par le fait même les garanties proclamées à l'article 1er, où il est dit que la vie publique

7

doit être assurée. M. le colonel fédéral Hammer croit, en conséquence, qu'il serait équitable de formuler ici une restriction.

M. le général de Voigts-Rhetz dit que si l'ennemi a besoin de bateaux ou de barques, il disposera nécessairement de ceux qu'il a sous la main; mais il est tenu de les rendre ensuite à leurs propriétaires ou, si cela n'est pas possible, de leur donner un reçu. M. le Délégué d'Allemagne ajoute que, loin de devoir s'abstenir de saisir les bateaux servant de moyens de communication entre certaines localités, l'ennemi devra s'en emparer parfois dans le seul but d'entraver ces relations, absolument comme cela se fait sur terre.

M. le colonel fédéral Hammer déclare qu'il a surtout en vue les petites nacelles affectées au transport des habitants.

M. le général de Voigts-Rhetz dit que si l'on peut saisir les voitures des maraîchers ou des fournisseurs, etc., il ne voit pas pourquoi on devrait respecter davantage les nacelles dont M. le Délégué de Suisse plaide la cause. La règle en cette matière est tracée à l'article 2. Il serait impossible de s'arrêter à rechercher toutes les exceptions qu'elle comporte.

M. le baron Lambermont trouve qu'il y a une circonstance dont il faut tenir compte. Dans le cas indiqué par M. le colonel fédéral Hammer et en faisant une nouvelle application d'une expression célèbre, on peut dire que la nacelle est un chemin qui marche. Or, on ne saisit pas les chemins. On convient d'insérer au protocole la déclaration suivante:

„Dans les cas où les bateaux serviront d'unique communication, néces„saire et indispensable, il est dans la pensée de la Commission que l'oc„cupant aura égard aux exigences de la vie publique."

M. le général de Voigts-Rhetz expose qu'il pourrait y avoir la même nécessité de s'emparer de nacelles que de bateaux à vapeur ou de vaisseaux. Selon M. le Délégué d'Allemagne, „tout ne *doit pas* être nécessairement saisi, mais tout *peut* l'être."

M. le duc de Tetuan demande que la première partie de l'*Observation* soit modifiée; il désire qu'on ajoute après le mot „vaisseau" ceux-ci: „appartenant à la navigation des lacs du continent, des fleuves et rivières „qui ne sont pas navigables, en communication avec la mer." M. le Délégué d'Espagne dit que le but de cette addition est d'indiquer clairement qu'on ne prétend pas préjuger les droits et lois de la guerre maritime, lois et droits qui sont absolument étrangers au Projet soumis aux discussions de la Conférence.

M. le général de Voigts-Rhetz est d'avis que l'occupant ne laissera pas ses vaisseaux à l'ennemi, s'il y a intérêt; il les traitera comme tout autre matériel.

M. le baron Lambermont croit que l'on peut faire droit à l'observation de M. le duc de Tetuan en ajoutant après le mot „navire": „en dehors des cas régis par la loi maritime."

M. le baron Baude dit qu'en ce qui concerne les chemins de fer il y aurait une entente à établir sur le point de savoir si le principe de l'indemnité sera appliqué aux chemins de fer appartenant à l'Etat aussi bien qu'à ceux appartenant aux Compagnies particulières. Il ne pose cette question qu'au point de vue de l'équité, car la plupart des chemins de fer français sont presque tous propriété privée; mais il serait singulier de déclarer la faculté de traiter d'une manière aussi disparate des mêmes parties de la fortune publique uniquement en raison de la différence des procédés employés pour leur établissement et leur exploitation.

M. de Lansberge propose également de sanctionner dans la Convention le principe d'indemnisation à accorder aux compagnies ou aux particuliers.

M. le comte Chotek croit devoir faire observer que certains chemins de fer sont devenus une propriété internationale, leurs actions ou obligations se trouvant dans toutes les mains.

M. le baron Jomini est d'avis que la question dont il s'agit doit être signalée à l'attention des Gouvernements, cette question n'étant pas de la compétence de la Conférence.

M. le général de Voigts-Rhetz fait une proposition personelle et sans engager aucune responsabilité pour son Gouvernement. Elle tend à déclarer que l'on s'entendra sur une indemnité lors de la conclusion de la paix. Dans un cas, c'est le vainqueur qui en bénéficierait; dans l'autre, au contraire, ce serait le vaincu.

M. le colonel fédéral Hammer propose, au nom de son Gouvernement, la rédaction suivante: „Les dépôts d'armes et toute espèce de munitions „de guerre, bien qu'appartenant à des personnes privées, ainsi que le „matériel des chemins de fer appartenant à l'Etat ou à des Compagnies „privées, sont également sujettes à la prise de possession par l'armée „ennemie, sauf restitution toutefois du matériel des chemins de fer après „clôture de la paix."

M. le colonel de Voigts-Rhetz demande qu'on comprenne les „télégraphes de terre" dans l'énumération du paragraphe.

M. le baron Baude propose d'ajouter après le mot „navires" celui de „susmentionnés."

M. de Lansberge demande ce qu'il adviendrait de vaisseaux d'Etat neutres qui se trouveraient dans les eaux du théâtre de la guerre.

Il est répondu à cette question que ces vaisseaux étant neutres, on n'y touchera pas. La Commission décide que le protocole mentionnera cette interprétation.

M. le directeur Vedel demande que son Gouvernement, quand il le jugera utile, soit autorisé à se réserver le droit de faire une proposition relative aux câbles sous-marins.

La Commission exprime le vœu que les Gouvernements se préoccupent de la question des télégraphes sous-marins.

L'Observation est rédigée comme suit:

„Le matériel des chemins de fer, les télégraphes de terre, les bateaux „à vapeur et autres navires, en dehors des cas régis par la loi maritime „de même que les dépôts d'armes et en général toute espèce de muni- „tions de guerre, quoique appartenant à des Sociétés ou à des personnes „privées, sont également des moyens de guerre qui ne peuvent être „laissés à la disposition de l'ennemi. Le matériel des chemins de fer, des „télégraphes de terre de même que les bateaux à vapeur et autres navires „susmentionnés sont restitués et les indemnités réglées à la paix."

Protocole N°. XII.

(SÉANCE DU 14 AOUT 1874.)

M. le Président fait connaître qu'il a demandé à son Gouvernement des instructions au sujet des propositions soumises par M. le Délégué de Belgique à la Conférence relativement aux blessés et aux prisonniers de guerre transportés en temps de guerre chez les neutres. S. M. l'Empereur, par un sentiment de déférence pour le Gouvernement belge, a bien voulu autoriser ses mandataires à discuter ces propositions.

MM. le baron Jomini et le général de Leer sont autorisés également à appuyer la proposition de M. le général Arnaudeau tendant à amener entre les Gouvernements une entente réciproque sur un projet d'assimilation des pénalités militaires.

Il appartient à la Commission, si elle le juge possible, de fixer un jour pour procéder à l'examen de ces questions.

M. le baron Jomini fait remarquer que la marche des travaux a pris un autre aspect depuis que la Commission a tenu sa première séance. Dans le principe, l'Assemblée avait décidé que les divergences d'opinions qui se produiraient dans les discussions ne seraient pas actées au protocole. Aujourd'hui que l'ordre du jour appelle des questions à la fois délicates et graves, M. le premier Délégué de Russie croit qu'il y a lieu de revenir sur cette décision et de tenir note de toutes les opinions qui seront émises au cours de la discussion. La Conférence ne légifère pas: elle fait une sorte d'enquête qui sera pour les Gouvernements un moyen facile de s'éclairer. On est d'accord sur le but, on diffère sur les moyens.

C'est pour chercher une entente que les Délégués sont réunis. Il sera utile de connaître les vues qui ont été échangées à cet effet.

Répondant ensuite à M. le général Palmeirim et à d'autres Délégués qui avaient exprimé la crainte que le projet de réglementation des lois de la guerre n'eût pour conséquence d'affaiblir les moyens de résistance des États secondaires, M. le baron Jomini déclare que la Russie a toujours entendu laisser intact le droit sacré de la défense. Il croit ne pas pouvoir mieux rendre la pensée qui a guidé son Gouvernement en convoquant la Conférence qu'en donnant lecture d'un passage d'un auteur belge, M. Rolin-Jacquemyns (1), qui s'est exprimé comme suit dans un travail sur la *Guerre dans ses rapports avec le droit international*, pp. 26-27, 1871:

„Ce qu'il faut souhaiter, c'est que, à l'avenir, les peuples libres aient „assez de constance et de prévoyance pour se donner une forte organi- „sation militaire, basée sur la participation égale de tous à la défense de „la patrie. C'est là pour eux un devoir, non-seulement national, mais „humanitaire; car plus la guerre sera conduite de part et d'autre par des „troupes régulières et disciplinées, moins l'humanité aura à souffrir.

„Sans doute, il y a place, ailleurs que sous l'uniforme, pour les sen- „timents les plus nobles et la conduite la plus héroïque et il faut admettre „que, parmi ces malheureux paysans fusillés en vertu des lois de la „guerre, plus d'un n'était coupable que d'avoir obéi à un sentiment „instinctif et presque irrésistible de patriotisme local. Mais il faut „admettre, d'autre part, que le genre de résistance, d'ailleurs peu effi- „cace, en définitive, opposé par eux à l'invasion étrangère, devait inévi- „tablement conduire, d'une part, au *banditisme* et à ses pires excès, de „l'autre, à une répression sévère...Nous croyons avec M. le Dr. Arnold: „que c'est le strict devoir de tout Gouvernement non-seulement de ne pas „encourager une guerre aussi irrégulière de la part de la population, „mais de la réprimer avec soin et de n'opposer à l'ennemi que ses trou- „pes régulières ou des hommes régulièrement organisés et agissant sous „des officiers autorisés qui observeront les règles que l'humanité prescrit „dans une guerre régulière. Et ce que l'on appelle les insurrections pa- „triotiques, ou les soulèvements irréguliers de toute la population pour „harasser une armée envahissante, devrait toujours être condamné, — sans „distinguer par qui ou contre qui ce moyen est employé, — comme une „ressource d'une efficacité restreinte et douteuse, mais d'une atrocité cer- „taine, et comme la plus terrible des aggravations aux maux de la guerre."

M. le baron Jomini dit que cette citation traduit complètement sa propre manière de voir et qu'il s'y rallie de tout point.

M. le général de Voigts-Rhetz propose qu'il soit déclaré que les contrats civils passés pendant la durée de l'occupation et ordinairement à

(1) Secrétaire général de l'Institut de droit international à Gand.

l'occasion de l'occupation même, soit entre les autorités occupantes ou les autorités occupées et des personnes privées, soit entre ces autorités mêmes, demeurent valables lorsque l'occupation est interrompue ou qu'elle vient à prendre fin complétement. M. le Délégué d'Allemagne dit qu'il fait cette proposition parce qu'il arrive maintefois que l'occupation cesse plus tôt qu'on ne l'avait cru et qu'alors bien des intérêts restent en souffrance, intérêts qui touchent bien plus les occupés que les occupants.

M. de Lansberge estime qu'il serait prudent de ne pas se lancer dans les questions de droit civil; M. le Délégué des Pays-Bas craint qu'en agissant autrement l'on ne se serve de certaines expressions qui ne rendent pas exactement les idées que l'on désire énoncer et qu'on ne s'expose ainsi plus tard à de sérieuses difficultés.

M. le général de Voigts-Rhetz voudrait que la rédaction dont il s'agit figurât au protocole, en constatant, néanmoins qu'on se réserve de revenir ultérieurement sur les termes. La question serait ainsi signalée à l'attention des Gouvernements:

„La cessation de l'occupation rétablit le Gouvernement légitime dans „ses droits et prérogatives sur le territoire occupé. Les contrats civils „conclus pendant la durée et par suite de l'occupation ne cessent pas „d'avoir force obligatoire, par le seul fait de l'interruption ou de la ces „sation de l'occupation. Les Gouvernements prêteront leur assistance, „selon les lois et coutumes des pays, pour qu'il soit fait justice aux „ayants droits par les tribunaux compétents. "

M. le général Arnaudeau fait observer que cette rédaction ne fera pas modifier les transactions; elle ne pourra pas avoir de portée pratique.

M. le baron Jomini croit toutefois qu'il est bon que le principe soit constaté. Cette simple constatation aura pour effet de signaler aux Gouvernements que la question a été débattue et qu'il a été reconnu par les Délégués que le point rappelé par M. le général de Voigts-Rhetz peut être pendant la guerre une source de conflits.

M. le colonel Staaff appuie les paroles de M. le baron Jomini. Il trouve qu'on peut utilement exprimer le vœu qu'on respectera les contrats même au delà de la durée de l'occupation. Quant aux cas d'application, qui sont du ressort des tribunaux civils de chaque pays, il serait difficile, selon M. le Délégué de Suède et Norvége, de trouver un texte assez concis pour figurer comme article dans un Projet de traité.

La Commission se range à l'avis de M. le Président et décide que le protocole relatera la motion de M. le Délégué d'Allemagne.

M. de Lansberge propose de substituer aux mots: „s'abstenir de tout ce „qui ne serait pas justifié par l'usufruit," la rédaction suivante: „l'Etat „occupant ne se considérera que comme usufruitier."

M. le baron Jomini fait remarquer que l'armée d'occupation a aussi le droit d'administrer. M. le Délégué de Russie voudrait voir exprimer ces deux choses.

L'Assemblée, faisant droit à cette observation, modifie la rédaction de la manière suivante: „ L'Etat occupant ne se considérera que comme „administrateur et usufruitier."

M. le comte Chotek désire qu'on établisse une distinction entre l'exploitation agricole et l'exploitation forestière qui présentent des caractères bien différents. La première donne annuellement un revenu facile à évaluer; le dommage qu'on peut lui causer pendant la guerre ne dépasse pas en général une année. Mais le tort causé à l'exploitation forestière s'étend sur une série d'années et ne se répare que difficilement. M. le Délégué d'Autriche-Hongrie croit n'avoir pas besoin de signaler à la Conférence l'importance des forêts au point de vue de l'hygiène publique et des influences météorologiques. Personne ne contestera que, sous ce point de vue, leur conservation ne soit une chose hautement désirable. D'un autre coté, l'exploitation des forêts par l'armée d'occupation est un fait naturel, quelquefois même rendu nécessaire par les circonstances.

M. le Délégué d'Autriche-Hongrie pense donc que puisqu'il s'agit ici d'une conséquence fâcheuse de la guerre à laquelle il est impossible de se soustraire entièrement, on ne peut mieux entrer dans les intentions des Gouvernements et en particulier dans les vues humanitaires de l'Empereur de Russie qui a convoqué le Congrès, qu'en cherchant à apporter dans le cas particulier dont il s'agit tous les adoucissements possibles. M. le comte Chotek croit que la question serait résolue, si, tout en laissant l'exploitation à l'armée d'occupation, on ne lui permettait pas de toucher aux forêts elles-mêmes. Il ajoute que si cette opinion personnelle qu'il formule n'est pas admise par la Commission, il demande subsidiairement que l'on remplace les mots: „ autant que possible," par ceux-ci: „ pour les forêts, „ le revenu ne pourra être exploité par l'occupant que conformément aux „ règles et aux lois de l'administration forestière du pays."

M. le baron Jomini fait remarquer que dans les paragraphes précédents il est dit déjà que la perception doit se faire d'après les lois et coutumes en vigueur dans le pays occupé.

M. le comte Chotek répond qu'il s'agit là, non de l'administration forestière, mais du capital.

M. le général de Voigts-Rhetz propose de dire: „ elle doit les exploiter „ d'après les règles d'une bonne et régulière administration." Selon M. le Délégué d'Allemagne, on pourrait encore ajouter que l'armée d'occupation n'emploiera à cet effet que des personnes compétentes. Ce qu'il s'agit d'empêcher, c'est l'exploitation sauvage (*Raubwirthschaft*). Le principe invoqué par M. le comte Chotek serait ainsi suffisamment sauvegardé. M. le général de Voigts-Rhetz fait remarquer que des mesures conservatoires sont d'ailleurs commandées par l'intérêt bien entendu de l'occupant.

M. le général Arnaudeau propose la rédaction suivante: „conformément aux aménagements établis par l'administration locale."

M. le général de Voigts-Rhetz se demande· ce qu'il arrivera, dans ce système, si les fonctionnaires, refusant de servir l'Etat occupant, quittent la localité en emportant avec eux les livres, les registres cadastraux, etc. D'autre part, la législation n'est pas la même partout. M. le Délégué d'Allemagne pense donc qu'il faut autoriser l'armée d'occupation à s'en rapporter en cette matière aux systèmes reçus dans la sylviculture, mais sans rien préciser puisque les usages varient de pays à pays, et même de forêts à forêts selon qu'elles sont peuplées d'essences mixtes ou uniformes. Il suffirait donc d'énoncer le principe général.

M. de Lansberge fait observer que ce principe est exprimé dans la rédaction primitive. Il est d'avis que cette déclaration est suffisante et qu'il faut éviter d'entrer dans l'examen des cas spéciaux, car il est impossible de les prévoir tous; or, une énumération incomplète peut donner lieu à des interprétations regrettables. Il suffit que le principe soit énoncé de façon à ne donner prise à aucune équivoque. Le but serait atteint, selon M. le Délégué des Pays-Bas, si l'on disait que l'occupant doit se référer aux lois du pays occupé.

M. le directeur Vedel appuie la rédaction proposée par M. le général de Voigts-Rhetz et demande la suppression des mots du Projet russe: „autant qu'il est possible."

La Commission adhère au vœu exprimé par M. le comte Chotek, mais croit que le principe inscrit au § 5 suffit en toute éventualité.

M. le baron Lambermont est chargé par son Gouvernement d'exprimer un doute au sujet du § 7 en ce qui concerne le mot *édifices*, etc. Il suppose que le § 7 a un sens général et que le § 8 vise les exceptions. Les établissements de l'Etat renfermant des collections artistiques et scientifiques rentreraient donc dans le § 8. M. le Délégué de Belgique demande si tel est l'avis de la Commission.

MM. les Délégués répondent affirmativement à cette question.

La rédaction du § 7 est modifiée dans les termes suivants:
„L'Etat occupant ne se considérera que comme administrateur et usu-„fruitier des édifices publics, immeubles, forêts et exploitations agricoles „appartenant à l'Etat ennemi et se trouvant dans le pays occupé. Il devra „sauvegarder le fonds de ces propriétés et les administrer conformément „aux règles de l'usufruit."

En abordant l'examen du § 8, M. le général de Voigts-Rhetz fait observer qu'en discutant le chapitre IV (*Des siéges et des bombardements*), la

Commission a décidé que les places fortes, etc., peuvent seules être assiégées et qu'en pareil cas toutes les mesures seront prises pour faire respecter les propriétés privées, *sauf les nécessités de la guerre.* Ici l'on tend à se mettre en contradiction avec ce principe, en disant qu'on ne pourra, en aucun cas, saisir les propriétés privées. Or, dans la pratique, cela est impossible. Les églises, par exemple, sont les bâtiments les plus utiles en été pour servir d'ambulances et d'hôpitaux. Il n'y a pas une tour qui ne serve d'observatoire. Il y a des couvents et même des musées qui devront nécessairement être employés a des buts militaires.

Il y aurait donc lieu, suivant M. le Délégué d'Allemagne, d'ajouter une restriction à la portée trop générale de l'article et de dire: „Si la néces„sité n'impose pas de les employer à cette fin." Personne ne pourra arguer que c'est contraire aux lois et coutumes. Il faut proclamer le principe, mais réserver les exceptions inévitables. M. le général de Voigts-Rhetz propose en même temps de comprendre les *communes* dans l'énumération du § 8.

M. le baron Jomini propose de renvoyer au § 16, ce qui donnerait satisfaction à M. le général de Voigts-Rhetz.

M. le colonel Staaff croit que le principe de l'article se rapporte à l'idée de *propriété* et non à *celle du droit d'occuper.* Il serait donc préférable de remplacer les mots: „prise de possession," par ceux-ci: „n'est pas la „propriété de l'occupant."

M. le colonel fédéral Hammer est chargé par son Gouvernement de proposer la rédaction suivante:

„Les biens des églises, des établissements de charité et d'instruction, de „toutes les institutions consacrées à des buts scientifiques, artistiques et „de bienfaisance, seront traités comme les biens privés." Retrancher le reste.

M. le colonel comte Lanza est d'avis que la rédaction proposée par M. le Délégué de Suisse est de nature à concilier toutes les opinions et il s'associe à la proposition de M. le général de Voigts-Rhetz d'ajouter dans l'article: *les biens des communes.*

La Commission s'arrête à la rédaction suivante:

„Les biens des églises, des communes, ceux des établissements de charité „et d'instruction, de toutes les institutions consacrées à des buts scien„tifiques, artistiques et de bienfaisance, même appartenant à l'Etat, seront „traités comme la propriété privée."

Pour les §§ 1-8 modifiés, *voir* Annexe n° XV.

La Commission aborde l'examen du chapitre II de la section I.

M. le comte Chotek cède sa place à M: le général baron de Schoenfeld.

M. le général Arnaudeau exprime la crainte que l'excès de réglementation des devoirs humanitaires ne produise l'effet contraire de celui qu'on a en vue. Il redoute que les belligérants, malgré leurs bonnes dispositions, ne soient amenés par les nécessités de la guerre à violer les règles tracées et que ces violations n'entraînent des représailles correspondantes. Le cas de la représaille deviendrait alors la règle au lieu de rester l'exception.

M. le général de Leer ne peut pas se ranger à l'avis de M. le Délégué de France. Ce que l'on veut, c'est précisément un ensemble de règles qui, en cas de guerre, puissent être observées par tous les Etats qui les ont acceptées. Il faut, d'ailleurs, distinguer entre les principes et l'application. Si l'application est parfois difficile, ce sera un résultat heureux de la Conférence que d'avoir fait enregistrer des principes sur lesquels tout le monde est d'accord.

M. le baron Jomini, afin de faciliter la tâche de la Commission, propose de supprimer la dernière partie du § 9: „les bandes armées ne répondant „pas aux conditions mentionnées ci-dessus n'ont pas les droits des belli-„gérants; elles ne sont pas considérées comme des ennemis réguliers et, „en cas de capture, sont poursuivies judiciairement."

La Commission se rallie à cette proposition.

M. le colonel comte Lanza demande qu'il soit bien établi que ce sont les quatre conditions réunies au § 9 qui donnent aux milices et aux corps de volontaires les droits des belligérants, la rédaction de cet article laissant quelque doute à cet égard. M. le Délégué d'Italie exprime en même temps le désir que l'article soit mis en rapport avec le § 45. Il n'a du reste pas d'objection à voter le § 9, pourvu qu'il ne soit pas renoncé au bénéfice de la clause du § 45.

M. le général de Leer dit que, quant au premier point touché par M. le Délégué d'Italie, il faut que les quatre conditions soient réunies pour que le droit de belligérant soit reconnu. Quant au second point, M. le Délégué de Russie pense qu'il est préférable de le discuter lorsqu'on traitera de la matière à laquelle appartient le § 45.

M. le colonel Staaff désire faire une déclaration avant que l'on discute à fond le § 9. Il se demande si les quatre conditions réunies ne sont pas superflues, non point pour les bandes armées dont il est parlé dans la citation lue tout à l'heure par M. le Président, mais pour la partie des forces défensives d'un pays qui entre dans son organisation militaire, comme, par exemple, le *Landstorm* norvégien.

La constitution fixe la limite d'âge des hommes entrant dans le *Landstorm* — de 18 à 50 ans — lequel, qu'il soit organisé à l'avance ou non, est censé dirigé par le Gouvernement d'une façon régulière, et qui, en cas de guerre, sera commandé par un chef responsable, portera les armes loyalement et se conformera entièrement aux lois et coutumes militaires. Il est évident, dit M. le Délégué de Suède et Norvège, que cette catégorie de citoyens remplit les conditions 1, 2 et 4 pour avoir, le cas échéant, le caractère de belligérants, et ce serait offenser la population norvégienne que d'en douter. Quant à la 3e condition requise, il faut être fixé sur sa portée véritable. Si, par *signe distinctif, extérieur et reconnaissable*, il est entendu qu'il faut porter un uniforme, M. le Délégué de Suède et Norvége craint que cette condition ne puisse pas être acceptée par le second de ces pays. Il attendra, pour émettre son jugement, que la discussion l'éclaire sur ce point.

M. le baron Jomini et M. le général de Leer répondent que le texte où il est question de la 3e condition ne parle pas d'uniforme, mais seulement d'un signe quelconque distinguant le patriote qui défend son pays du brigand qui pille et maraude.

M. le général de Voigts-Rhetz croit devoir faire connaître toute sa pensée au sujet de matière importante et grave dont la Commission a commencé l'examen. Il ne saurait partager les appréhensions de M. le général Arnaudeau qui pense qu'il vaut mieux s'en tenir à une formule générale que d'entrer dans le fond des choses. Loin de rester dans le vague, il faut chercher à éviter toute équivoque. On se trouve d'ailleurs en présence d'intérêts qu'il est de toute nécessité de rassurer. La question mérite la plus sérieuse attention au point de vue des relations entre les belligérants et des relations des belligérants avec les habitants. Elle le mérite encore sous le rapport du nombre d'hommes qui peuvent, à un moment donné, prendre les armes et faire ou beaucoup de bien ou beaucoup de mal.

— Descendant des considérations générales à des aperçus pratiques, M. le général de Voigts-Rhetz expose que dans les grands États d'Europe, tels que la France, l'Autriche-Hongrie, l'Allemagne, fonctionne le service général obligatoire; que notamment le pays dont il est le mandataire renferme deux à trois millions de vieux soldats, dispersés dans les villes et les campagnes, qui se lèveront quand il s'agira de faire la levée en masse. Ces vétérans, habitués à la discipline, se rangeront sous le commandement d'un chef et pourront être utiles à leur patrie. Mais supposons une force de ce genre sans organisation et sans discipline. Qu'arrivera-t-il? N'est-il pas à craindre que ces hommes, au lieu de marcher contre l'ennemi, ne se tournent contre les habitants? Il est reconnu que les mauvais sujets profitent de la guerre pour rançonner leurs compatriotes et évitent de rencontrer l'étranger.

On peut dès lors se demander si un pays aurait intérêt à s'appuyer sur le *Landsturm* lequel, s'il n'est pas organisé et contenu, aboutirait en peu de temps à la maraude et au pillage. Autre est le cas des patriotes qui marcheront et se feront tuer pour la défense de leur pays. — Partant de là, M. le Délégué d'Allemagne est d'avis que le Projet ne demande que ce qui existe en réalité. Quelle serait l'importance militaire d'une commune dont les habitants marcheraient sans commandement? L'hypothèse même est inadmissible. Il y aura toujours à la tête des habitants, ou le maire, ou un bourgeois notable désigné par le choix de ses concitoyens.

—. Mais il faudra que ces hommes portent un signe certain qui les distingue des brigands et des pillards. Ce signe sera facile à trouver; ce sera une croix, un brassard, une marque quelconque donnant à celui qui le porte le caractère de patriote et de belligérant. Chaque nation trouvera le signe qui lui convient quand la levée en masse appellera tout le monde aux armes. Si vous n'admettez pas la responsabilité d'une personne et un signe distinctif, de quelle manière les habitants seront-ils protégés contre les bandes ou contre l'ennemi? Rien de plus facile que d'attacher ce signe à la casquette ou à l'habit. C'est pendant la paix qu'il faut organiser la défense de la patrie et l'organisation ne peut pas souffrir des difficultés sérieuses. Qu'est-ce qui empêche, par exemple, de diviser une ville en dix ou quinze quartiers? Une fois la levée en masse proclamée, ces quartiers se réunissent sous la conduite d'un officier et marchent pour défendre leur ville. Pourrait-il venir à l'idée de quelqu'un de dire: Marchez au hasard et sans commandement? La question se résout d'elle-même.

— En terminant, M. le Délégué d'Allemagne dit que la levée en masse est une chose légitime, parfois nécessaire et qu'il ne peut venir à la pensée de personne de l'empêcher ou de l'entraver; ce que l'on demande, c'est qu'elle soit organisée d'une manière quelconque, afin de ne pas dégénérer en brigandage. La question doit être examinée sérieusement et consciencieusement: il est de l'intérêt de la patrie de chacun et de la défense commune à tous les Etats qu'elle soit résolue affirmativement.

MM. le baron Jomini, le général de Leer et le colonel fédéral Hammer se rallient aux considérations développées par M. le Délégué d'Allemagne.

M. le général Arnaudeau les approuve aussi du moment que la dernière phrase du § 9 est supprimée. M. le Délégué français pense que les prescriptions de ce paragraphe peuvent être d'autant mieux acceptées qu'en France, en vertu du service obligatoire, toute la partie valide de la population sera régulièrement appelée sous les armes et que les corps organisés et équipés feront, par conséquent, tous partie de l'armée.

M. le général baron de Schoenfeld adhère également pour la plus grande partie aux réflexions de M. le Délégué d'Allemagne; mais il voit une difficulté dans le maintien de la première condition, qui exige que les corps de volontaires soient rattachés au commandement général. Sans doute, les bandes qui se lèvent pour la défense du pays doivent avoir un chef; mais il est bien rare qu'elles dépendent du chef de l'armée; l'action du *Landsturm* est plutôt locale que générale et elle ne commence pas ordinairement dès le début des hostilités.

M. le général de Voigts-Rhetz reconnaît la justesse de la remarque de M. le Délégué d'Autriche-Hongrie, le point important, c'est que les bandes aient un chef responsable.

M. le duc de Tetuan expose que si les observations si lucides de M. le général de Voigts-Rhetz sont incontestables au point de vue de la théorie et en les prenant comme point de départ d'une réglementation fort désirable des lois de la guerre, elles sont de nature à rencontrer dans la pratique de sérieuses difficultés. M. le Délégué d'Espagne se place au point de vue spécial de son pays. Les traditions locales, les conditions géographiques, le caractère des habitants et jusqu'à son histoire obligent ce pays à considérer la guerre défensive comme une guerre nationale, à laquelle devraient prendre une part active toutes les forces vives de la nation sans se demander à quel danger elles s'exposeraient. Aux yeux de M. le Délégué d'Espagne, un pays dont les habitants calculeraient les périls qu'ils vont courir est un pays perdu. M. le duc de Tetuan n'en est pas moins disposé à discuter consciencieusement les conditions qui donnent la qualité de belligérant dans le cas d'une guerre étrangère; mais il demande à être fixé sur l'esprit de l'article avant d'en aborder les détails.

Les observations de M. le Délégué d'Espagne seront mentionnées au protocole.

M. le colonel fédéral Hammer dit que son Gouvernement est en conformité d'idées avec M. le général de Voigts-Rhetz en ce qui concerne la nécessité d'organiser le patriotisme; mais il demande la suppression du mot *milices*, puisque les milices forment l'armée suisse proprement dite. Quant au *Landsturm*, on y compte surtout comme sur une force morale et éventuelle; mais on ne peut pas le restreindre. Si l'on se reporte à l'histoire de la Suisse du commencement de ce siècle et de la fin du dernier, on y voit des vallées entières, sans être organisées ou commandées, se lever en masse pour marcher contre l'ennemi. C'est un sentiment patriotique que l'on ne peut pas interdire.

Ces hommes qui défendent leur pays ne sont pas des brigands. Si l'ennemi triomphe de leur résistance, il sera dur pour eux; il ne les traitera pas comme la population paisible; mais on ne peut pas dire d'avance que ce ne sont pas des belligérants. Pas un Suisse n'admettrait une pareille hypothèse. En résumé, le Gouvernement helvétique ne consentirait en aucune façon à paralyser les mouvements du patriotisme; il prêterait volontiers la main à ce que les levées en masse aient un signe visible; mais si l'élan est spontané, subit, imprévu, il peut être difficile de satisfaire à cette condition.

M. le général de Leer fait observer que les faits cités par M. le Délégué de Suisse ne sont qu'une exception qu'on ne peut ériger en règle.

MM. le colonel fédéral Hammer et le général baron de Schoenfeld reconnaissent que cette observation est fondée; mais ils ajoutent que du moment que les faits existent, ils doivent être prévus. L'action du *Landsturm* ne se révèle que dans des circonstances exceptionnelles et imprévues.

M. le colonel Staaff trouve que cette question est fort délicate et mérite d'être prise en considération. Si l'on admet que les quatre conditions réunies de l'article 9 ont leur raison d'être, il faudra évidemment faire une distinction entre les corps improvisés et les milices existant en vertu de la constitution de certains pays, surtout lorsque, comme en Suisse, elles forment l'armée même.

M. le baron Jomini croit qu'on peut poser en principe que la population qui prend les armes pour son pays doit être considérée comme belligérante; mais, cela admis, n'est-il pas utile qu'il y ait quelques règles pour prévenir une guerre d'extermination?

M. le duc de Tetuan est d'avis qu'il importe, avant tout, de se mettre d'accord sur l'expression de *belligérants*. Ce point réglé, on arrivera plus facilement à une entente sur les détails. D'après M. le Délégué d'Espagne, qui adhère aux paroles de M. le baron Jomini, tous les habitants qui,‑ excités par le patriotisme, se lèvent en armes contre l'ennemi, sont belligérants.

M. le général de Voigts-Rhetz demande à quel signe l'ennemi pourra distinguer les habitants qui agissent par patriotisme de ceux qui sont poussés par d'autres mobiles. La confusion peut faire naître de regrettables malentendus. Si une population, que vous avez laissée sans organisation, prend les armes, elle sera traitée par l'ennemi d'une manière plus dure que si elle avait été organisée. Est-il donc si difficile de trouver une personne responsable qui prendrait en main la défense? L'exception peut être prise en considération, mais il faut commencer par établir une règle générale.

M. le général de Leer dit qu'il y a deux sortes de patriotismes, celui qui est réglé et celui qui ne l'est pas. Quel est celui qui est préférable pour la défénse? C'est évidemment celui qui est réglé. Nous nous trouvons en présence de quatre conditions moyennant lesquelles le patriotisme présente tous les avantages au point de vue de la défense. Sans cela vous affaiblissez la force de résistance et vous donnez à l'armée victorieuse un droit de représailles qui peut aller fort loin.

M. le baron Lambermont demande à présenter, à son tour, quelques observations. Il croit qu'on lui saura gré de parler avec un entier sentiment de franchise et de verité. M. le Président, dit-il, a donné lecture d'une publication émanant d'une source belge et il en a fort loué l'esprit et les conclusions. M. le baron Lambermont connaît personellement l'auteur, qui s'est fait une place distinguée dans le monde de la science; mais on voudra bien reconnaître qu'entre un publiciste déposant ses idées dans une Revue et un Gouvernement responsable de ses actes et de ses paroles il y a des différences de situation qui ne sauraient être perdues de vue. L'écrivain parle du service obligatoire et universel et il en proclame l'excellence. MM. les Délégués ne sont pas sans connaître les débats qui occupent et parfois agitent les esprits en Belgique et ils admettront sans peine que sur une telle question le représentant du pays s'exprime avec prudence.

L'auteur s'inquiète de l'action trop émue du patriotisme et il condamne ce qu'il appelle le banditisme. M. le Délégué de Belgique n'entend pas non plus se faire l'avocat du brigandage et il répudie hautement tout moyen de guerre qui ne serait pas honnête; mais, ainsi qu'il l'a plusieurs fois dit, c'est précisément là l'objet le plus délicat des discussions engagées, celui qui, à ses yeux, commande la plus extrême réserve. Sans doute, on fait bien de chercher à adoucir les maux de la guerre, et il s'associe de tout cœur à ce qu'on a fait et à ce qu'on fera dans ce sens; sans doute il est bon que la guerre ne se fasse pas sans règles, et M. le Délégué d'Allemagne est entré, à cet égard, dans des considérations auxquelles le Délégué belge rend toute la justice qu'elles méritent; mais il faut pourtant mesurer la portée du système dont l'adoption est si sérieusement recommandée.

Lorsque toutes les nations auront organisé leurs forces pour une guerre régulière, lorsque partout les hommes seront prêts à marcher au premier coup de canon, la force numérique ne sera jamais du côté des Etats secondaires. C'est donc pour eux surtout qu'il importe de conserver intact ce ressort puissant qui se nomme le patriotisme, ce sentiment qui fait les héros et auquel tous les Etats ici représentés doivent les pages de leur histoire dont ils sont le plus justement fiers. Les Etats secondaires ont, à ce point de vue, le droit d'être ombrageux et le mandataire de la Belgique ne craint pas de le dire devant les Délégués des grandes puissances, certain qu'il est que celles-ci seront les premières à comprendre et à respecter sa pensée. Suivant M. le Délégué d'Allemagne, c'est un devoir pour tout peuple de se mettre en mesure de défendre son indépendance et le Projet lui paraît approprié à cette fin.

La Belgique ne méconnaîtra jamais ce devoir et elle croit en avoir donné des preuves non douteuses. Elle n'a pas reculé devant la résolution de raser le plus grand nombre de ses forteresses; elle a, non sans de grands sacrifices, donné à sa défense une base solide et que tout le monde connaît; elle a fixé l'effectif de son armée et a inscrit à son budget les charges nécessaires. Mais de quoi s'agit-il dans le débat actuel? Il s'agit de régler ce qu'on pourrait nommer le complément de la défense régulière. Or, c'est là une question de fait, une question d'organisation qui doit, semble-t-il, être traitée comme telle. Pour arrêter les bases de sa défense permanente, la Belgique a institué une série d'enquêtes, a consulté toutes les spécialités, toutes les capacités qui pouvaient l'éclairer, et plusieurs cabinets se sont successivement employés à cette tâche, aujourd'hui accomplie dans ses traits principaux.

Elle se croit fondée à demander qu'on lui laisse le temps de procéder avec la même sollicitude quant à ce qui lui reste à faire, en d'autres

termes, le temps d'examiner si et comment les conditions du Projet pourraient se coordonner avec son système de défense. M. le Délégué de Belgique est convaincu que cette proposition ne sera pas repoussée. Il est
dans la nature même des choses que la discussion d'un Projet aussi
étendu révèle des points sur lesquels les études ne sont pas partout
également avancées ou des questions à l'égard desquelles les esprits ne
sont pas assez préparés pour permettre d'arriver immédiatement à des
solutions définitives. M. le Président a paru entrer lui-même dans cet
ordre d'idées lorqu'il disait récemment que le travail de la Conférence
ne serait qu'une enquête, une sorte d'instruction destiné à établir les points
de vue divers et à préparer des éléments pour une entente ultérieure.

La Belgique désire rencontrer une formule dans laquelle elle puisse
mouvoir toutes ses forces et dans toutes les circonstances; mais elle n'est
pas en situation de prendre des engagements anticipés à cet égard. —
Après avoir précisé la position que son Gouvernement s'est proposé de
prendre dès le début et qu'il désire garder, M. le baron Lambermont
ajoute qu'il ne lui reste qu'à demander, dans le but de s'éclairer, quelques explicatons sur le texte du § 9. L'article porte que les volontaires
devront être soumis au commandement général. Q'arriverait il si, par
suite des événements de la guerre, l'état-major général était séparé de la
partie du pays dans laquelle les volontaires prendraient les armes? M. le
général de Schoenfeld a déja fait ressortir la difficulté de grouper toutes
les forces défensives, même locales, sous le commandement en chef.

Le même paragraphe exige que les belligérants soient pourvus d'un
signe distinctif. Il pourra se présenter des cas où, au premier moment, il
sera difficile de se conformer à cette prescription, sur la portée de laquelle
il serait utile de fournir des éclaircissements.

M. le baron Jomini croit nécessaire de répéter ce qu'il a déjà déclaré à
maintes reprises, à savoir qu'il ne s'agit pas pour la Conférence de statuer
en dernier ressort, mais seulement de faire une sorte d'enquête qui sera
placée sous les yeux des Gouvernements. Il appartiendra aux divers Cabinets européens de décider s'ils veulent ou non adhérer aux règles qui
seront proposées. Tout le temps nécessaire sera donné pour y réfléchir. Il
ne peut venir à la pensée d'aucun délégué de mettre des restrictions au
droit de la défense; mais la défense ne cessera pas d'être efficace, lorsqu'elle sera réglée et organisée d'après certains principes.

M. le général Arnaudeau croit qu'il serait possible de donner satisfaction à M. le Délégué de Belgique, en supprimant les mots: „soumis au
commandement général."

M. le général de Voigts-Rhetz propose, au lieu de ces mots, de dire:
„... si ayant à leur tête un officier ou une personne connaissant les lois
„de la guerre et responsable de leur conduite..." On peut supprimer le
reste. Il paraît, en effet, difficile qu'un général en chef conduise ces

soldats improvisés; mais il faut, en tous cas, que ces derniers observent les lois de la guerre et qu'ils soient punis conformément à ces lois, s'ils les transgressent.

M. le colonel Staaff trouve que le début même des articles rend superflue une clause de ce genre. La soumission à un commandement quelconque ressort implicitement de cette expression: *droits des belligérants*. On ne peut pas, en effet, se prévaloir d'un droit sans accepter en même temps les devoirs qu'il comporte.

M. le *général de Voigts-Rhetz* demande qu'il soit constaté au protocole que par *personne responsable* on entend celle qui connaît les lois de la guerre.

M. le colonel fédéral Hammer propose de supprimer le mot *milices*. Il propose en outre, au nom de son gouvernement, la rédaction suivante:

„Les droits des belligérants appartiennent: I° aux armées; II° aux corps „des volontaires dans les cas suivants (n°s 1, 2, 3 et 4 du Projet); „III° aux populations qui se lèvent en masse pour la défense de la patrie."

M. le baron Jomini demande si l'expression „aux forces militaires organisées" ne serait pas de nature à faire droit à toutes les observations qui se sont produites.

M. le général de Voigts-Rhetz croit que cette rédaction est superflue, puisque les milices de la Suisse sont des armées.

M. de Lansberge rappelle qu'il a déjà indiqué quels sont les sentiments de son pays et les vues de son Gouvernement par rapport à la défense nationale. M. le Délégué des Pays-Bas a écouté avec le plus vif intérêt les considérations exposées avec tant de logique et de netteté par M. le général de Voigts-Rhetz. Il ne méconnait nullement la valeur de ces arguments; mais si le système de M. le Délégué d'Allemagne était consacré par l'adoption des articles sur les belligérants tels qu'ils sont rédigés dans le Projet, ou bien il conduirait à limiter les forces de la défense de la Néerlande, ou bien il rendrait nécessaire l'introduction du service militaire général et obligatoire, contre lequel l'opinion publique se prononce encore dans les Pays-Bas. En prenant part à la discussion, M. le Délégué néerlandais réserve doublement l'opinion de son Gouvernement, même en supposant que les délibérations actuelles ne doivent être considérées que comme une enquête.

M. le baron Jomini dit qu'il sera tenu acte au protocole des paroles de M. le Délégué des Pays-Bas.

M. le duc de Tetuan demande s'il est entendu que tout habitant prenant les armes pour la défense de son pays est considéré comme belligérant.

Sur la réponse affirmative de M. le président, M. le Délégué d'Espagne déclare qu'il admet la quatrième condition du § 9, abstraction faite des trois autres, se réservant toutefois de ne se prononcer sur l'ensemble de l'article que lorsqu'il aura reçu, à cet égard, des instructions de son Gouvernement.

Cette réserve sera également mentionnée au protocole.

M. le général de Voigts-Rhetz pense qu'il serait utile de dire au n° 2 que le signe distinctif doit être attaché extérieurement à l'habillement, afin qu'on ne puisse pas le mettre ou l'enlever suivant les circonstances.

Il sera tenu compte de cette remarque dans la rédaction.

Afin de faire droit aux observations de MM. les colonels Hammer et Staaff, M. le Président propose d'ajouter à la fin de l'article une clause ainsi conçue:

„Dans les pays où les milices sont une institution constituant l'armée „ou en faisant partie, elles sont comprises sous la dénomination d'armée."

La Commission remet à sa prochaine séance l'examen de cette proposition.

L'article 9 est provisoirement modifié comme suit:

„Les lois, les droits et les devoirs de la guerre ne s'appliquent pas „seulement à l'armée, mais encore aux milices et aux corps de volon- „taires réunissant les conditions suivantes:

„1° D'avoir à leur tête une personne responsable pour ses subordonnés;

„2° D'avoir un certain signe distinctif extérieur fixe et reconnaissable „à distance;

„3° De porter les armes ouvertement;

„4° De se conformer dans leurs opérations aux lois et coutumes de la „guerre."

M. le baron Lambermont a remarqué que M. le général Arnaudeau, en demandant la suppression de la clause relative au commandement général, a dit que ce serait un moyen de donner satisfaction à la Belgique. Cette suppression ayant été en effet prononcée, M. le Délégué belge croit devoir, pour éviter tout malentendu, constater que les réserves de la Belgique ne portaient pas sur ce seul point. La Belgique examinera le Projet, mais elle ne prend pas d'engagement quant aux conclusions auxquelles cet examen pourra la conduire.

Protocole N°. XIII.

(SÉANCE DU 17 AOUT 1874.)

M. le baron Jomini pense qu'il serait utile de résumer la dernière séance de la Commission afin d'y rattacher la discussion qui va s'ouvrir sans revenir sur des points acquis et sans rien perdre du terrain conquis par la précédente délibération. C'est ainsi qu'on pourra marcher en avant avec sureté et rapidité. — „En principe, dit M. le premier Délégué de Russie, il a été unanimement constaté et reconnu par tous les membres de la Commission que le sentiment patriotique qui pousse tous les hommes valides d'une nation à prendre les armes pour défendre le territoire national envahi, est non-seulement un droit imprescriptible, mais encore un devoir sacré. D'un autre côté, il a été reconnu que si cet entraînement patriotique était abandonné à lui-même, sans direction, sans organisation, sans règles, sans précautions, il pouvait en résulter de très graves inconvénients, tant au point de vue de la sécurité publique du pays lui-même, qu'au point de vue de l'efficacité de la défense, et du caractère de violence extrême que prendrait inévitablement une lutte dans de semblables conditions. Il a été constaté que ces principes étaient en parfait accord avec les conclusions de la science du droit des gens fondées sur l'expérience des dernières guerres, exposées par le Secrétaire général de l'Institut du droit international de Gand et consignées au protocole comme une confirmation théorique des propositions pratiques du Projet présenté par la Russie. — Il a été également constaté que ces principes étaient entièrement conformes au point de vue des exigences militaires de l'époque exposé par M. le Délégué allemand. — Il a été enfin constaté qu'ils s'accordaient avec les appréciations de la plupart des membres diplomatiques de la Commission. Elle en a admis la justesse et a reconnu qu'il était hautement désirable que sans gêner, entraver ou affaiblir en rien un élan patriotique qui mérite tous les égards, les Gouvernements pussent aviser aux moyens de prévenir de si dangereuses conséquences et de diminuer les horreurs de la guerre en la rendant plus régulière. Quant au choix de ces moyens, il a été constaté qu'il dépend de la position particulière des Etats, de leur histoire, de leur caractère national, de leur situation sociale et des institutions spéciales qui les régissent. C'est pourquoi quelques-uns de MM. les Délégués ont cru nécessaire de réserver les décisions que leurs Gouvernements jugeront pouvoir prendre après un mûr examen de ces graves questions. — La tâche de la Commission est donc, pour le moment, de rechercher en combien de points le projet qui lui est soumis se trouve en conformité avec ces principes et quelles sont les modifications qui devraient y être apportées afin de répondre aussi exactement que possible à la pensée générale, et aux points de vue particuliers des Gouvernements qui y sont représentés."

M. le Président demande si cette communication soulève des observations.

M. le baron Lambermont, pour ce qui le concerne et sans préjudice des réserves qu'il a faites, adhère volontiers à la proposition de rechercher les solutions les plus propres à concilier les points de vue généraux avec les cas particuliers à certains Etats.

M. le colonel fédéral Hammer propose de terminer la discussion du § 9 avant de passer à l'examen du § 10.

Après un échange d'observations entre plusieurs délégués, il est décidé que la rédaction du § 9 serait provisoirement maintenue telle qu'elle à été arrêtée dans la séance du 14 août et que, pour faire droit aux scrupules de M. le Délégué de Suisse, on ajouterait à la fin de ce paragraphe l'observation rédigée par M. le Président et qui figure au protocole de la même séance.

M. le colonel fédéral Hammer propose de supprimer le § 10 comme ne consacrant aucun principe nouveau et pouvant donner lieu dans la pratique à des malentendus. En effet, dit-il, les ecclésiastiques et les médecins sont protégés par la Convention de Genève; les combattants, les non-combattants sont prisonniers de guerre; cela est dit dans des articles spéciaux.

M. le général de Leer fait observer que le § 10 forme un article complémentaire où sont énumérées les personnes qui ne font pas directement partie de l'armée.

M. le colonel comte Lanza est d'avis, comme M. le Délégué de Suisse, que l'article 10 n'a pour but qu'une définition des combattants et des non-combattants, qu'on pourrait supprimer sans inconvénient. M. le Délégué d'Italie trouve, du reste, que ce paragraphe fait double emploi avec les articles 23 et 24. Que si la Commission désire conserver l'article 10, M. le comte Lanza demande qu'on y insère une clause disant que les non-combattants sont exposés aux vicissitudes et aux dangers de la guerre comme les corps mêmes dont ils dépendent, mais qu'ils ne peuvent être engagés dans un combat isolé que par suite d'une erreur et qu'ils ont le droit de se défendre.

L'opinion de la Commission est que cette clause est sous-entendue.

M. le colonel Staaff pense qu'il suffirait de dire: „les non-combattants d'une armée bénéficient aussi des avantages des belligérants."

M. le général de Voigts-Rhetz trouve qu'il serait bon que les non-combattants mentionnés au § 10 fussent astreints à porter un uniforme pendant la guerre; sans cela, il serait difficile de les distinguer des personnes énumérées au § 24. En discutant la Convention de Genève, on a évité de prononcer le mot de neutralité. On pourrait dire ici à la fin du paragraphe pour éviter le même écueil: „en outre des droits indiqués au § 38."

L'observation de M. le Délégué d'Allemagne porte spécialement sur le fait que dans son pays et dans d'autres, les officiers de santé sont considérés comme combattants. Puisqu'on a admis que pour la levée en masse il faut un signe extérieur fixe et reconnaissable, il semble juste qu'on exige la même garantie pour les non-combattants. La précision prévient toutes complications. Si la Commission croyait ne pas devoir tenir compte, dans la rédaction, de l'observation qu'il a faite, M. le général de Voigts-Rhetz désirerait qu'elle fût mentionnée au protocole.

M. le colonel fédéral Hammer propose de dire: „parties belligérantes,"
au lieu: „Etats belligérants," parce qu'il y a des belligérants qui ne
sont pas des Etats: tels étaient les combattants du *Sonderbund*, les séces-
sionnistes des Etats-Unis, etc.

Cette observation est admise.

Un échange d'idées a lieu sur la proposition de M. le général de Voigts-
Rhetz.

M. le colonel Staaff trouve que si, pour la catégorie des personnes que
l'on a en vue, l'uniforme est déjà universellement établi, il est superflu
peut-être de le réglementer; s'il ne l'est pas, M. le Délégué de Suède et
Norvége voit quelque inconvénient à poser une stipulation absolue à cet
égard, alors même qu'elle serait de la compétence du Congrès. Il pourrait
se faire, en effet, que les hasards de la guerre privassent les non-combattants de l'uniforme; dans ce cas, ne suffirait-il pas, pour les soustraire
aux dures conséquences encourues par les non-belligérants, *qu'ils justifias-
sent simplement de leur identité?*

Après débat, le § 10 est modifié de la manière suivante:
  „§ 10. — Les forces armées des parties belligérantes peuvent se com-
„poser de combattants et de non-combattants. En cas de capture par
„l'ennemi, les uns et les autres jouissent des droits de prisonniers de
„guerre."

M. le colonel fédéral Hammer propose, avant de passer à une autre
matière, de terminer la discussion du chapitre Ier de la section Ire et qui
était resté en suspens lors de la dernière séance. M. le Délégué de Suisse
regrette que la Commission ne se soit pas arrêtée au projet primitif qui
était simple, clair, logique et qui ne définissait pas l'occupation, tandis
qu'en la voulant définir on s'expose à des débats prolongées. Les modifications qui ont été successivement apportées à ce paragraphe en ont altéré
la portée.

M. le Délégué de Suisse propose de rétablir les mots: „tant qu'elle
est en mesure de s'exercer" qui figuraient dans le second texte modifié
et qui expliqua'ent nettement la *durée* de l'occupation, ce qui n'est plus
le cas dans la rédaction nouvelle. En conséquence, M. le colonel fédéral
Hammer propose d'adopter le Projet russe tel qu'il a été modifié la
seconde fois.

M. le baron Jomini fait observer que l'occupation étant un état de fait
et non de droit, si l'occupant est en mesure d'exercer son autorité, il y a
occupation véritable; aussitôt que cette possibilité n'existera plus, l'occupation cessera. M. le Délégué de Russie croit que la suppression des mots:
„tant que" n'a pas la portée fâcheuse que M. le Délégué de Suisse lui
attribue.

M. le colonel Staaff s'est déjà prononcé, comme M. le colonel fédéral Hammer, pour la nécessité du maintien de ces mots qui, en précisant dans les limites du possible la définition de l'occupation, quant à la durée, rendent cette définition aussi complète que le comporte la difficulté du sujet. Cette manière de voir se trouve corroborée par les instructions que M. le Délégué de Suède et Norvége vient de recevoir aujourd'hui même de son Gouvernement. Il propose, en conséquence, de substituer la rédaction suivante à celle qui a été adoptée en première lecture: „ne dure qu'aussi longtemps qu'elle est exercée d'une manière effective." Cette rédaction fait ressortir clairement l'analogie qui existe entre cette matière et celle du blocus et les rattache à un même ordre d'idées.

M. le général de Leer fait observer que la rédaction actuelle implique les deux conditions qui sont nécessaires pour que l'occupation soit effective. Il faut d'abord le fait matériel de l'occupation, ensuite le pouvoir d'exercer l'autorité; ces deux conditions sont clairement contenues dans le texte, la durée est évidemment sous-entendue.

M. le duc de Tetuan est également d'avis qu'il y a une différence notable entre le premier texte modifié et celui sur lequel on discute actuellement, et trouve que par la suppression des mots: „tant que" on donne de grandes facilités à l'occupant. Celui-ci pourra, au sentiment de M. le Délégué d'Espagne, garder le pays dont il a pris possession, avec moins de troupes que s'il se trouvait en présence d'un texte qui serait plus favorable à l'occupé.

M. le général de Leer répond que l'occupant devra toujours laisser derrière lui des forces aussi considérables que les circonstances le comporteront et qui lui permettront de réaliser les deux conditions exigées pour que l'occupation soit effective.

M. le colonel Staaff dit que pour faciliter l'entente il tient à faire remarquer que son Gouvernement ne fait pas de l'admission de l'observation qu'il vient de formuler une condition *sine qua non* de l'acceptation de l'article. M. le Délégué de Suède et Norvége désire toutefois que sa proposition figure au protocole.

La Commission décide que l'article 1er sera maintenu en première lecture tel qu'il est formulé actuellement et qu'il sera dit au protocole que M. le colonel fédéral Hammer a fait des réserves sur la suppression des mots: „tant que." Il sera constaté également que la *durée* a une grande importance au point de vue de l'occupation; que, d'après les uns, il est entendu que la rédaction actuelle l'exprime suffisamment; que, d'après d'autres, cette rédaction ne l'implique pas.

On passe ensuite à l'examen du § 23.

M. le général de Voigts-Rhetz propose de supprimer ce paragraphe, qui n'a plus une raison d'être suffisante, et de placer le § 24 à la fin du chapitre;

de cette manière, on pose les principes dans les premiers paragraphes et l'on termine le chapitre par l'exception.

MM. les Délégués se rallient à cette manière de voir. Le § 23 est supprimé et le § 24 renvoyé à la fin du chapitre.

M. le général baron de Schoenfeld propose de modifier ce dernier paragraphe dans les termes suivants: „peuvent également être faits prisonniers les „individus qui, se trouvant auprès des armées, n'en font pas directement „partie, tels que: les correspondants, les reporters des journaux, les „vivandiers, les fournisseurs, etc...''

Cette rédaction est adoptée.

M. le général de Voigts-Rhetz propose d'ajouter que les individus dont il vient d'être question devront être „munis d'une autorisation légale et „de certificats d'identité.''

La commission se rallie également à cet avis et ajoute la clause suivante: „Toutefois ils doivent être munis d'une autorisation émanant du pouvoir „compétent et d'un certificat d'identité.''

M. le colonel comte Lanza renouvelle la demande qu'il a faite de dire que les personnes indiquées dans cet article ont le droit de se défendre. M. le Délégué d'Italie exprime en même temps le vœu que le certificat soit fait d'une manière uniforme dans toutes les armées et rédigé dans la langue des deux belligérants.

M. de Lansberge est chargé par son Gouvernement de proposer l'insertion de la clause suivante: „Les correspondants ou reporters des journaux „qui n'ont pris aucune part active aux opérations de guerre jouissent des „droits de neutralité.'' A l'appui de cette proposition, M. le Délégué des Pays-Bas fait observer que les reporters n'apportent aucune force à l'armée ennemie. L'armée victorieuse n'a aucun intérêt à les inutiliser et, dans l'intérêt de la publicité, il semble désirable de leur accorder une protection spéciale.

M. le général de Voigts-Rhetz ne croit pas pouvoir se rallier à la proposition de M. le Délégué des Pays-Bas. Il regarde les correspondants comme de simples habitants. Il peut arriver qu'ils ne fassent aucun mal; mais il est des cas où ils sont certainement nuisibles. Dans ce dernier cas, le § 24 ne dit pas qu'ils *doivent* être faits prisonniers, mais qu'ils *peuvent* l'être.

Si des correspondants ont répandu de faux bruits, calomnié l'armée auprès de laquelle ils n'ont pas séjourné, commis des perfidies quelconques dans l'exercice de leur profession et qu'ils viennent à tomber par hasard entre les mains de l'armée qu'ils ont vilipendée, on ne peut pas exiger qu'ils soient renvoyés pour recommencer le lendemain le même métier. On les internera pour leur ôter la possibilité de nuire: tout ce qu'il s'agit de constater, et c'est entièrement à leur avantage, c'est qu'ils ne peuvent pas être traités comme des individus hors la loi.

En présence des explications de M. le Délégué d'Allemagne, M. de Lansberge n'insiste pas; mais il demande que sa proposition soit mentionnée au protocole.

La Commission aborde l'examen du chapitre Ier de la section III.

M. le baron Lambermont demande si le § 55 a en vue les territoires respectivement occupés par les deux belligérants ou s'il ne s'applique qu'aux parties du territoire occupées par l'un des deux. Cette clause a un caractère fort rigoureux. Il est impossible d'interdire des relations qui ont lieu sans intention mauvaise: les termes du paragraphe devraient être modifiés.

M. le colonel comte Lanza trouve qu'il serait indispensable de prévenir les habitants, le cas échéant; ils ne sont pas tenus de connaître les localités dans lesquelles il leur est défendu de se rendre.

M. de Lansberge propose de supprimer l'article 55. D'une part, dit M. le Délégué des Pays-Bas, il semble superflu, puisque l'occupant aura toujours la faculté de défendre les communications, s'il le juge convenable; d'autre part, l'énonciation du principe tel qu'il est formulé semblerait établir entre les occupés et leur patrie une séparation qui n'est pas admissible.

MM. le baron Jomini et le général de Leer acceptent la suppression, qui est prononcée.

M. le général baron de Schoenfeld propose de placer le § 56 à la fin du chapitre.

M. le baron Lambermont est d'avis que des cas tels que celui que prévoit cet article se présentent fort rarement et que les Gouvernements, lorsqu'ils ont à les résoudre, se décident bien moins d'après les règles ordinaires de la guerre que d'après des circonstances ou des considérations purement politiques. Il pense que la clause pourrait être retranchée sans inconvénient.

M. le colonel comte Lanza se range volontiers à cette opinion. Le § 56 traite de questions qui intéressent plutôt l'un des belligérants et les neutres, que les belligérants entre eux.

La Commission partage également cet avis et supprime les §§ 55 et 56.

M. le général de Voigts-Rhetz demande que MM. les Délégués veuillent bien examiner si le § 59 ne pourrait pas être utilement supprimé. Il croit qu'il n'est destiné qu'à faire naître des récriminations sans qu'il ait aucun but pratique. Il n'y a, en effet, aucune armée qui pourra supposer que son parlementaire a été tué de propos délibéré s'il est renversé dans une charge ou atteint par un éclat d'obus.

Cette motion sera examinée lors de la seconde lecture.

M. le baron Jomini propose à la Commission de procéder à la seconde lecture des textes modifiés, lorsque tout le projet aura été passé en revue. Il prie MM. les Délégués de lire attentivement les protocoles et, en se pénétrant des débats dont il y est rendu compte, de signaler les modifications qu'il leur paraîtrait utile d'introduire. Ce travail de révision sera communiqué aux Gouvernements qui pourront faire parvenir à leurs mandataires les instructions définitives pour les délibérations de la Conférence plénière.

MM. les Délégués adhèrent à la proposition de M. le Président.

Protocole N° XIV.

(SÉANCE DU 18 AOUT 1874.)

M. le baron Jomini fait part à la Commission de l'arrivée des Délégués turcs: Caratheodory-Effendi et Edhem-Bey.

MM. le baron Jomini et le général de Leer proposent d'ajouter après les mots: „partie belligérante" du § 45: „si elle observe les lois de la guerre."

M. le directeur Vedel accepte avec plaisir cette addition, puisque en constatant que la population qui se lève en masse doit observer les lois et coutumes de la guerre (4° de l'article 9), on reconnaît implicitement que les trois autres conditions, énumérées dans le même article, ne sont pas applicables à la population dont il s'agit.

M. le baron Jomini dit que si le § 45 n'exprime pas la même pensée avec la même précision, il la renferme implicitement, surtout en ce qui concerne les signes distinctifs. On suppose que la population dont il s'agit a reçu une instruction quelconque, a obéi à une certaine direction qui lui a fait connaître les lois et coutumes de la guerre.

M. le général de Leer dit qu'il est aisé de mettre les articles 45 et 9 en rapport. En effet, sur les observations présentées par M. le général de Voigts-Rhetz lors de la discussion de l'article 9, on a reconnu la nécessité de la présence d'une personne responsable à la tête de la population armée. M. le Délégué de Russie croit que les quatre conditions énumérées à l'article 9 sont applicables à la levée en masse; il désirerait que le protocole contînt une déclaration à cet égard.

M. le baron Lambermont dit que le projet russe reconnaît aux villes ouvertes le droit de se défendre au risque, il est vrai, d'être bombardées. Il semble impossible d'exiger des citoyens qui prendront ainsi les armes qu'ils remplissent les conditions imposées aux corps organisés. Leur premier soin sera de construire des barricades, de faire d'autres travaux de défense et de repousser l'ennemi, mais ils ne commenceront certainement point par se munir d'un signe distinctif; ce qu'on peut demander d'eux, c'est qu'ils se conforment aux lois de la guerre.

M. le baron Jomini dit qu'il appartient aux Gouvernements de donner à la population une instruction qui lui fasse connaître quelles sont ces lois et coutumes.

M. le général de Leer fait observer qu'il suffit que la population agisse honnêtement et ouvertement, pour qu'elle satisfasse au devoir contenu dans les termes: *observer les lois et coutumes de la guerre.*

M. le baron Lambermont demande la suppression du mot *encore.*

L'Assemblée fait droit à cette demande.

M. le colonel fédéral Hammer est chargé de renouveler ici la proposition qu'il a faite lorsqu'on a discuté le § 9, c'est-à-dire de déclarer que la population qui se lève en masse pour la défense de son territoire est considérée comme belligérante.

Les §§ 45 et 9 sont, au sentiment de M. le Délégué de Suisse, les points cardinaux de tout le *Projet de Convention.* Par la définition que la Commission a faite de l'occupation, la portée de l'article 45 s'est considérablement aggravée. Par là les chances de l'attaque ont été augmentées dans la même proportion qu'ont été diminuées les forces de la défense. Pour les Etats qui par leur nature et leur étendue ne sont appelés éventuellement qu'à faire une guerre défensive, l'article 45 a donc un intérêt tout particulier. La conséquence logique qu'entrainerait son adoption, serait la renonciation implicite pour ces Etats à une partie notable de leurs ressources matérielles et morales; ce serait une sorte de désarmement moral proclamé d'avance; ce serait une véritable injustice envers les citoyens.

En conséquence, M. le Délégué de Suisse a l'ordre de son Gouvernement de proposer la suppression des §§ 45 et 46 et leur remplacement par le IIIº qui figure dans le texte soumis par M. le colonel fédéral à la Commission dans la séance du 14 août (voir p. 113) et qui serait ajouté au § 9. Ce serait déclarer que les droits et les devoirs des belligérants s'appliquent aussi aux habitants qui se lèvent en masse pour la défense de la patrie et qui observent d'eux-mêmes les lois et coutumes de la guerre.

M. le baron Jomini fait observer que la Conférence a pour mission de tracer des règles générales applicables aussi bien aux grands Etats qu'aux Etats secondaires, de consacrer des principes qui soient acceptables par tous. Il parait donc inutile de chercher des formules qui s'appliqueraient plutôt à tel pays qu'à tel autre. Du moment que les populations observent les lois et coutumes de la guerre, elles sont belligérantes. Il est de l'intérêt des Gouvernements de les instruire à cet effet.

M. le colonel comte Lanza pense que l'on pourrait donner satisfaction à M. le colonel fédéral Hammer en supprimant complètement le § 46.

M. le duc de Tetuan déclare qu'il a demandé des intructions à son Gouvernement sur les textes modifiés du chapitre Ier de la section II, cette matière lui paraissant trop grave pour qu'il puisse en discuter les articles de sa propre autorité. M. le Délégué d'Espagne ajoute que ces instructions ne lui sont pas encore parvenues; il ne pourra donc présenter que des observations personnelles et il désire que sa déclaration figure au protocole.

M. le général Palmeirim fait une déclaration analogue.

M. le colonel Staaff demande, d'après les instructions qu'il a reçues, que le mot „encore," qui a été retranché du § 45, soit remplacé par le mot „effectivement," lequel est plus précis et donne plus de force à l'idée qu'il s'agit d'exprimer.

M. le baron Jomini ne voit pas l'utilité de cette addition. L'occupation est ou n'est pas. Elle naît de deux conditions qui ont été nettement définies; le mot *effectivement* n'ajoute rien à ce qui a été dit.

M. de Lansberge dit que s'il a bien compris le sens de l'article 45 de la nouvelle rédaction, il crée une nouvelle catégorie de belligérants non prévue dans l'article 9 et composée des habitants d'une localité attaquée par l'ennemi et défendant leurs foyers, soit seuls, en se joignant à la force armée. Pour eux, les conditions énumérées à l'article 9 ne seraient pas nécessaires.

Si cette interprétation est exacte, M. le Délégué des Pays-Bas trouve l'article acceptable et il admet parfaitement que ces populations doivent se conformer aux lois et usages de la guerre. Afin de bien préciser le sens, il lui semblerait utile d'adopter la proposition faite par M. le Délégué de Suisse et de fondre l'article 45 avec le § 9.

M. le colonel comte Lanza croit qu'il est préférable de maintenir les deux articles à leurs places respectives, vu que les dispositions qu'ils consacrent découlent de principes divers; il suffirait de faire un renvoi du § 9 au § 45.

M. le baron Jomini dit que lorsqu'on sera d'accord sur le fond, il sera facile de se mettre d'accord sur la place que tel ou tel article doit occuper.

M. le général de Voigts-Rhetz, avant d'entrer dans le fond de la discussion, croit convenable de demander la suppression des mots: „et si elle „est faite prisonnière, elle doit être considérée comme prisonnière de „guerre." Ces mots sont superflus puisque, aux termes des §§ 9 et 10, tous les belligérants sont prisonniers au cas où ils viennent d'être capturés. M. le Délégué d'Allemagne est chargé de déclarer que la levée en masse ou celle d'une localité doit être organisée de la même manière que le § 9 la prescrit pour les autres combattants. Il se réfère à cet égard aux considérations qu'il a exposées dans une des dernières séances. Quant

au débat actuel, il a entendu exprimer des opinions diverses et il croit
qu'entre la proposition qu'il vient de faire et les autres qui l'ont précédée,
il n'est pas impossible de trouver une formule de conciliation laquelle con-
tiendrait les deux manières de voir qui sont en présence. M. le Délégué de
Suisse a dit à l'appui de sa thèse que, lorsque la population d'une localité
prend les armes d'une façon spontanée et imprévue, on n'a pas le temps
de l'organiser. Elle combattra et, suivant que les chances du combat la
favorisent ou non, elle repoussera l'ennemi ou sera prisonnière de guerre.
Ce cas ne peut pas faire de difficulté; mais il y a d'autres points de vue
à considérer.

Tous les pays où le service personnel est établi se trouvent à cet égard
dans une situation équivoque. En ce qui concerne l'Allemagne, la loi de
1813 sur le *Landsturm* paraît extrêmement rigoureuse et elle donne pour
ainsi dire le droit d'employer tout moyen de défense pour combattre l'ennemi
qui fait l'invasion. Si l'Allemagne adoptait le § 9 sans le § 45, elle
devrait s'occuper de régler la levée en masse de la manière qui lui conviendrait le mieux. Mais cette levée doit toujours être réglée. M. le Délégué
d'Allemagne désire que les chiffres qu'il a produits soient relatés au
protocole. Il rappelle qu'il y a en Allemagne près de trois millions de soldats
et de gens obligés au *Landsturm* qui formeraient la levée en masse, le
cas échéant.

Il croit que les intérêts de tous les Gouvernements seraient sauvegardés
si l'on supprimait le § 46 ou si on le combinait avec le § 45. M. le Délégué
d'Allemagne propose à ce sujet la rédaction suivante: „La population d'une
„localité occupée de fait, qui se soulève les armes à la main contre
„l'autorité établie, est soumise aux lois de la guerre en vigueur dans
„l'armée occupante. La population d'une localité non occupée, surprise
„par l'ennemi et combattant spontanément les troupes d'invasion, sera
„regardée comme belligérante tant qu'elle n'a pas eu le temps de s'orga-
„niser conformément à l'article 9 et qu'elle observe les lois et coutumes
„de la guerre." M. le Délégué d'Allemagne ajoute que cette rédaction
énonce sa propre pensée et qu'il ignore si elle exprime l'avis de son Gouvernement. Il la donne donc sous réserve.

M. le colonel fédéral Hammer propose éventuellement de substituer, dans
la rédaction de M. le général de Voigts-Rhetz, le mot „territoire" à celui
de „localité", ce dernier ayant une portée trop restreinte. Il croit aussi
que les mots: „surprise par l'ennemi" suffisent pour le principe que l'on
veut exprimer et que l'on peut sans inconvénient retrancher la phrase:
„tant qu'elle n'a pas eu le temps de s'organiser."

M. de Lansberge croit que la rédaction de M. le général de Voigts-Rhetz
est trop absolue. Il lui semble que la première partie n'est admissible
pour aucun pays. Il admet qu'il y ait des nécessités en temps de guerre
qui conduisent l'occupant à traiter avec rigueur la population qui se sou-

lève. Comme elle n'a pas la force de son côté, la population n'a qu'à
courber la tête.

Mais livrer d'avance à la justice de l'ennemi des hommes qui, par
patriotisme et à leurs risques et périls, s'exposent à tous les dangers qu'en-
traîne un soulèvement, serait un acte qu'aucun Gouvernement n'oserait
poser. M. le Délégué des Pays-Bas propose, en consequence, de supprimer en tout cas cette première partie. Quant à la seconde, il lui serait difficile de l'apprécier sans un plus mûr examen. Elle contient, à son tour,
certaines expressions vagues qui pourraient donner lieu à des malentendus
ou à des abus, par exemple les mots: „ si elle n'a pas eu le temps de
s'organiser." M. le Délégué des Pays-Bas rappelle, en terminant, les observations qu'il a faites à l'article 9 et réserve pour son Gouvernement le
droit d'organiser ses forces défensives comme il l'entend et conformément
aux exigences du pays.

Répondant à M. le Délégué des Pays-Bas, M. le général de Voigts-Rhetz
explique que la première partie de sa rédaction fait voir la différence sensible qu'il y a entre le traitement qui attend la population s'insurgeant
pendant l'occupation et celle qui résiste spontanément à l'ennemi. C'est
une formule de transaction, pas autre chose. M. le Délégué d'Allemagne
ajoute qu'il votera volontiers la suppression du § 46 qui ne lui paraît pas
nécessaire.

M. le baron Baude fait remarquer au sujet de ce paragraphe que l'occupation ne crée pas le droit à la possesion. Tant qu'un traité de paix n'a
pas cédé le pays occupé à l'occupant, les habitants du pays sont de droit,
sinon de fait, soumis aux lois qui les régissaient avant l'occupation, et il
semble excessif de les mettre pour ainsi dire hors la loi. Si donc ils se
soulèvent, on peut les combattre les armes à la main; s'ils sont vaincus,
on ne saurait les traiter autrement que comme des belligérants.

M. le baron Lambermont croit devoir à son tour s'expliquer sur le nouveau projet d'article mis en discussion. Il commencera par la fin, c'est-
à-dire par la seconde partie de la rédaction proposée par M. le Délégué
d'Allemagne. On peut arriver à une entente sur cette partie du Projet.
Toutefois, il y aurait lieu d'en retrancher les mots: „ surprise par l'ennemi" En effet, grâce aux moyens de publicité qui abondent de nos jours
et particulièrement aux communications télégraphiques, on connaît générale-
lement d'avance l'arrivée de l'armée ennemi. On ne peut donc limiter le
droit de prendre les armes, avec la qualité de belligérants, au seul cas
de surprise. Par contre, les mots: „ si elle n'a pas eu le temps de s'organiser" autorisent la population à combattre l'armée d'occupation avant
d'avoir procédé à son organisation telle que l'entend le § 9. Quant à la
première partie de la rédaction, M. le Délégué de la Belgique la verrait
avec peine adopter par la Commission.

Il ne craint pas, en s'exprimant comme il l'a fait jusqu'ici, d'aller à l'encontre de la pensée de l'Auguste Souverain qui a réuni la Conférence et qui a, sans nul doute, entendu que les débats fussent éclairés par de libres et franches discussions, seul moyen de donner une véritable valeur aux conclusions qui pourront en sortir. En comparant le point de départ au point où l'on est parvenu, il est impossible de ne pas reconnaître que de notables progrès ont été faits, et M. le Délégué de Belgique est heureux d'en reporter le mérite à la haute intelligence et à l'esprit de modération du Président de la Conférence, ainsi qu'au jugement éclairé de ses collègues.

Mais si l'on a fait beaucoup dans l'intérêt de l'humanité, si l'on a adopté nombre de dispositions destinées à régulariser la guerre, M. le baron Lambermont verrait avec regret qu'on pût dire de la Conférence qu'elle a eu plus de souci du côté matériel des choses que de leur côté moral, qu'elle s'est trop exclusivement préoccupée des moyens d'assurer la tranquillité ou la sécurité des populations qui seraient portées à ne voir dans la Convention projetée qu'une sorte de contrat d'assurance contre les maux de la guerre. Ainsi que cela a été plusieurs fois dit par M. le Délégué de Belgique, ainsi qu'hier encore cela a été constaté par M. le Président, la défense de la patrie n'est pas seulement un droit, mais un devoir pour les peuples. Il y a des choses qui se font à la guerre, qui se feront toujours et que l'on doit bien accepter. Mais il s'agit ici de les convertir en lois, en prescriptions positives et internationales. Si des citoyens doivent être conduits au supplice pour avoir tenté de défendre leur pays au péril de leur vie, il ne faut pas qu'ils trouvent inscrit sur le poteau au pied duquel ils seront fusillés l'article d'un traité signé par leur propre Gouvernement qui d'avance les condamnait à mort.

Ce sont là des faits qu'il vaut mieux ne pas réglementer, si l'on n'est pas d'accord sur la teneur d'une disposition réglant le droit de prendre les armes dans le territoire occupé. En ce cas, M. le Délégué de Belgique préférerait qu'on laissât la question dans le domaine du droit des gens, chacun demeurant entier dans ses droits, et qu'on abandonnât la rédaction proposée.

M. le baron Jomini propose de supprimer le § 46 et, dans la rédaction relative aux populations se défendant dans le pays non occupé, de retrancher les mots: „si elle est surprise" et de laisser ceux-ci: „tant qu'elle n'a pas eu le temps de s'organiser."

M. le colonel comte Lanza s'associe à l'idée de supprimer la première partie du texte proposé; quant à la seconde partie, il propose de la rédiger comme suit: „lorsque, à l'approche de l'ennemi, des habitants du „territoire non encore occupé, ou la population du pays tout entier se „lèvent en masse pour résister à l'invasion, ils doivent être traités comme „belligérants, et les combattants qui sont pris doivent être traités comme „prisonniers de guerre."

D'après l'avis de la Commission, il est entendu que la clause de l'article

45 ne concerne que les habitants qui combattant et non les autres.

En présence des opinions divergentes qui se produisent au sujet des modifications à introduire au § 45, M. le baron Jomini propose la rédaction nouvelle que voici:

„La population d'une localité non occupée qui, à l'approche de l'ennemi, „prend spontanément les armes pour combattre les troupes d'invasion „sans avoir eu le temps de s'organiser conformément à l'article 9 sera „regardée comme belligérante si elle respecte les lois et coutumes de la „guerre."

M. le baron Baude est d'avis que la rédaction doit être assez générale pour embrasser tous les cas qui peuvent se présenter; il cite le cas d'un habitant qui défend sa maison contre les pillards ou les traînards d'une armée. La défense de cet homme est légitime: on ne pourrait pas le traiter comme non-belligérant. Il propose, à son tour, la rédaction suivante:

„Tous les individus pris les armes à la main pour la défense de la „patrie et qui se sont conformés aux lois et coutumes de la guerre sont „considérés comme belligérants et traités comme prisonniers de guerre."

M. le baron Lambermont dit qu'il se présente des cas où des individus isolés qui se trouvent dans la partie non occupée de leur pays et qui, par conséquent, ne sont pas soumis aux ordres de l'ennemi, peuvent rendre des services signalés à leur patrie. Ils feront, par exemple, sauter un rocher ou un pont à un moment donné et ils retarderont par là la marche de l'ennemi. Ils peuvent encore travailler dans un but analogue à des ouvrages de défense. Ce n'est pas le cas de celui qui va faire la guerre de buisson, qui se met à l'affût pour tirer sur une vedette ou un éclaireur. M. le Délégué de Belgique demande quel serait, d'après le *Projet de Convention*, le sort des individus qu'il a en vue?

M. le baron Jomini fait observer qu'il s'agit dans la discussion actuelle de la levée en masse et qu'il vaut mieux épuiser cette matière avant de s'occuper de cas spéciaux: ce que l'on pourra faire, du reste, si la Commission le trouve bon.

M. le baron Lambermont précise sa pensée; il se préoccupe de cas honnêtes et licites et non de ceux qui ne rentrent pas dans cette catégorie et qu'il est le premier à condamner. Il est utile de savoir ce que l'on pense de l'hypothèse à laquelle il a fait allusion. Le texte proposé par M. le baron Jomini ne prévoit que le cas où une population prend les armes: à l'article 9, il est question d'armées, de milices, de corps de volontaires. Ce sont toujours des êtres collectifs. La question posée par M. le Délégué de Belgique a trait à des individus.

Si aucune clause ne les concerne, on ne devra pas conclure par un argument *à contrario* qu'ils sont hors la loi; le cas spécial des individus agissant isolément dans le territoire non occupé restera, comme beaucoup d'autres, dans le droit non écrit.

M. le général de Voigts-Rhetz, rentrant dans la question générale, fait observer qu'il y a beaucoup de choses qui sont admises dans la guerre et qui ne sont pas écrites. Qu'on ne veuille pas les régler, soit; mais on ne peut pas dire qu'on veut le contraire de ce qui est reçu et consacré par l'usage. M. le Délégué d'Allemagne croit, en conséquence, qu'il vaut mieux supprimer l'article 46 qui constate qu'elles sont, quant aux soulèvements dans le pays occupé, les lois et coutumes de la guerre; que si l'on veut le maintenir, il faut dire strictement ce qui existe afin d'éviter tout malentendu.

M. le baron Lambermont constate de son coté que, l'accord n'existant pas sur ce point, la question de savoir si et sous quelles conditions les populations pourront prendre les armes dans le territoire occupé doit rester entière. Le protocole pourra mentionner que la question n'est tranchée ni dans un sens ni dans un autre. Si une guerre éclate personne ne sera lié par un texte: on suivra les règles habituelles du droit des gens; rien ne sera préjugé *ni pour ni contre* par la Convention projetée.

M. le baron Jomini dit que le seul remède que l'on puisse trouver pour parer aux inconvénients que l'on vient de signaler est de se tenir de part et d'autre dans les limites d'une guerre régulière. Une population ne tentera de s'insurger que si elle se croit en état de repousser l'ennemi; si elle parvient à son but, l'occupation cessera. Mais si elle a trop présumé de ses forces, elle subira les dures conséquences de son insurrection. Ces représailles auxquelles elle s'expose devront lui faire comprendre que ce n'est pas servir son pays que de tenter de secouer un joug auquel on ne peut se soustraire.

La Commission accepte provisoirement, et sous le bénéfice d'une seconde lecture, la rédaction proposée par M. le baron Jomini.

M. le colonel fédéral Hammer, se référant aux propositions qu'il a faites conformément à ses instructions, constate que deux principes, diamétralement opposés l'un à l'autre, sont en présence; d'une part, les maximes et les intérêts des grandes armées en pays ennemi, qui demandent impérieusement de la sécurité pour leurs communications et pour leur rayon d'occupation; d'autre part, les principes de la guerre et les intérêts des peuples qui sont envahis par l'ennemi et qui ne peuvent admettre que des populations soient livrées à la justice comme des criminels pour avoir pris les armes contre lui.

Le point essentiel et véritable de la divergence de ces deux principes se trouvera toujours dans cette question: la levée en masse a-t-elle lieu en territoire occupé ou non occupé? Une conciliation entre les deux points de vue n'étant pas possible pour des levées en masse en territoire occupé, la Convention devrait passer cette question sous silence. Mais une entente serait possible en ce qui concerne les levées en masse dans les territoires non occupés. On n'aurait qu'à élargir le cadre du § 45 du Projet russe. Les représentants des intérêts des grandes armées pourraient consentir à reconnaître comme belligérante une population qui prendrait les armes en territoire non occupé sans autre condition que celle de se conformer aux lois et coutumes de la guerre. Les autres conditions et restrictions que l'intérêt militaire croit devoir ajouter à cette reconnaissance ne sont effectivement ni nécessaires ni même utiles au point de vue militaire, si ce n'est qu'elles rendent pratiquement illusoire toute tentative d'une levée en masse que l'on vient d'admettre en principe.

M. le baron Jomini fait remarquer que dans cette hypothèse on n'aura plus de garanties quant à l'organisation de ces troupes improvisées.

M. le général de Voigts-Rhetz insiste sur la nécessité d'exiger que les populations armées portent un signe distinctif. C'est, au sentiment de M. le Délégué d'Allemagne, le seul moyen pratique de reconnaître si elles sont ou non organisées, et si elles doivent être considérées comme des ennemis loyaux ou de simples affûteurs. A ce signe quelconque porté en évidence, l'ennemi verra qu'il a devant lui des volontaires armés pour la défense de la patrie, des citoyens appelés par la levée en masse, etc... Il les combattra et les traitera en belligérants. Mais si l'on n'astreint pas les populations à cette mesure toute de prudence, et qu'on leur dise simplement de respecter les lois et coutumes de la guerre, on les met à la merci de l'ennemi qui pourra toujours déclarer qu'elles ne se sont pas conduites honnêtement et loyalement. Il en résultera, dans la continuation de la guerre, des épisodes sauvages suivis de cruelles et sanglantes représailles.

M. le colonel Staaff dit qu'il est évident que tout ce qui est de nature à organiser la défense ne peut qu'être au profit de l'humanité. M. le Delégué de Suède et Norvége estime que son collègue de Suisse en a donné la preuve en disant que cette organisation ne profite pas à l'envahisseur lui-même et n'est pas dans son intérêt. Il est donc logique que, pour autant qu'on puisse l'obtenir, elle serve l'intérêt des populations. Il semble, au reste, à M. le colonel Staaff qu'il est temps de rentrer plus directement dans la question.

On est en présence des nécessités de la guerre et des exigences de l'humanité. La Conférence doit être satisfaite de ce qu'on renonce à toute formule à l'égard des premières, en exemptant des rigueurs ordinaires ceux qui sans cela n'y échapperaient pas toujours. Ces transactions, selon M. le Délégué de Suède et Norvége, n'ont rien de contraire au point de vue pratique de la guerre puisqu'il est évident que l'occupant prendra inévitablement des mesures pour réprimer les insurrections dirigées contre son pouvoir dès qu'il sera solidement et effectivement établi. M. le colonel Staaff se rallie en conséquence à la proposition faite en vue de supprimer les rigueurs de l'article 46 et de maintenir la protection accordée par l'article 45 à l'initiative du patriotisme.

M. le baron Jomini ne peut pas partager l'avis de M. le colonel Hammer disant que l'ennemi n'a pas d'intérêt à avoir devant lui des forces organisées. Il croit, au contraire, que tout commandant en chef d'armée préférera avoir affaire à des forces organisées parce que celles-ci permettent de faire une guerre régulière. Des forces non organisées, sans commandement supérieur, sans direction, sans règles, entraînées par le seul élan patriotique, ne pourront pas observer les lois et coutumes de la guerre qu'elles ne connaîtront pas. Elles les violeront et par là provoqueront et justifieront des mesures de rigueur extrêmes. Or, personne ne contestera qu'une armée qui se respecte n'use qu'avec un sentiment des plus pénibles des rigueurs que les lois de la guerre nécessitent parfois, par motif de sécurité, à l'égard de populations qui ne sont coupables que d'un patriotisme mal entendu. Tout militaire préférera pouvoir s'en dispenser. Or, une défense organisée est une garantie contre ces actes de patriotique imprudence qui, en définitive, causent le malheur et la ruine du pays.

C'est pourquoi, à son avis, tout Etat belligérant est le premier intéressé à ce que la défense soit organisée. L'intérêt et l'humanité sont ici parfaitement d'accord. M. le Président est d'avis enfin que la Commission pourrait s'en tenir provisoirement à la rédaction qu'il lui a soumise, vu que l'admission définitive reste toujours subordonnée à l'assentiment des Gouvernements.

La Commission adhère à cette proposition.

MM. le colonel Manos, le duc de Tetuan et le général Palmeirim déclarent réserver leurs observations pour la deuxième lecture.

Le § 46 est supprimé.

Au § 47, M. le général de Voigts-Rhetz demande quelle est la portée des termes: *ne satisfaisant pas en général aux conditions*, etc... M. le Délégué d'Allemagne voudrait une rédaction plus nette; alors même que les individus dont il est parlé à l'article 46 possèdent toutes les conditions exigées à l'article 9, s'ils ne prennent point part à la guerre d'une manière continue, ils ne peuvent être considérés comme belligérants.

M. le baron Lambermont propose de retrancher le § 47 qui donne lieu à des doutes. Cet article punit l'individu qui fait la guerre d'une manière intermittente. Il y a sans doute des cas où cela doit être réprouvé: tel est celui de l'affûteur qui, après avoir fait le coup de feu dans l'ombre, retourne à sa charrue, etc... Mais le seul fait de ne pas faire la guerre d'une manière interrompue peut il toujours être transformé en crime ou en délit? Toutes les forces d'un pays ne sont pas constamment actives. En Belgique, la garde civique est organisée dans les villes et, quant à une partie des cadres, dans les campagnes.

En temps de guerre, des gardes prennent part à une expédition, puis rentrent dans leurs foyers, sauf à recommencer s'ils en reçoivent l'ordre. Le cas se présenterait plus souvent encore s'il s'agissait d'une levée en masse. Ces hommes agiront avec une entière bonne foi. — L'article a une portée vague qui inquiète M. le Délégué de Belgique.

M. le général de Leer dit qu'il est nécessaire de faire une distinction entre la population *pacifique* et celle qui ne l'est pas, soit continuellement, soit par intermittences.

M. de Lansberge demande si cela ne rentre pas dans les dispositions de l'article 9. Du moment que les populations n'ont pas de chef responsable, elles ne peuvent être considérées, d'après l'article 9, comme des belligérants. M. le Délégué des Pays-Bas a demandé, lors de la discussion de l'article précité, ce qu'il arrivera de l'individu qui se trouve dans des conditions analogues à celles prévues à l'article qui occupe actuellement la Commission. Il lui fut répondu alors que le cas n'était pas prévu. M. de Lansberge renouvelle ici sa demande et il lui paraît que si l'on s'accorde à laisser cet individu en dehors de la loi écrite, il est préférable de supprimer l'article 47.

La Commission, partageant cette manière de voir, adopte la suppression proposée et aborde la discussion de l'article 48.

M. le directeur Vedel désirerait que l'on dit: „actes personnels".

M. le général de Voigts-Rhetz croit qu'on ferait bien d'admettre la première rédaction russe, de finir l'article par les mots: „contre son Gouvernement légal" et de retrancher le reste. En effet, l'article 52 porte: „Tous les habitants doivent contribuer, etc., ... qui sont de nature." L'article 13 contient une clause analogue. Selon M. le Délégué d'Allemagne, on ferait donc bien de supprimer la dernière partie de l'article en discussion; cette suppression ne préjudicierait en rien au principe. Il désirerait, en outre, voir substituer le mot „territoire" à celui de „province" et dire: „prendre une part active" au lieu de „prendre part."

M. le colonel comte Lanza partage l'avis de M. le général de Voigts-Rhetz et appuie la suppression de la dernière partie de l'article 48. Aucun Gouvernement ne pourrait s'engager, dit M. le Délégué d'Italie, à ne pas requérir de guides, à ne pas faire travailler des ouvriers du pays aux voies de communication, à ne pas imposer à des voituriers des transports de subsistances et autres services semblables.

La substitution du mot „territoire" au mot „province" est adoptée.

Quant au dernier changement indiqué par M. le général de Voigts-Rhetz, M. le baron Lambermont dit qu'il pourrait offrir du danger. On s'en prévaudrait pour justifier tous les actes qui ne rentreraient pas dans la qualification proposée. M. le Délégué de Belgique croit, en outre, qu'il convient de conserver la fin de l'article, parce que sa suppression serait contraire au but humanitaire que l'on poursuit.

La Commission partage la manière de voir de M. le baron Lambermont relativement aux mots „part active", mais elle se prononce pour la suppression de la partie finale de l'article 48. Elle décide aussi, sur la proposition de M. le colonel Staaff, qu'on ajoutera les mots: „contre son propre pays."

La' rédaction nouvelle du § 48 est donc conçue comme suit: „La popu-„lation d'un territoire occupé ne peut être forcée à prendre part aux „opérations militaires contre son propre pays." -

M. le baron Jomini propose, à l'article 49, de substituer le mot „terri-toire" à celui de „province" comme cela a déjà eu lieu dans des cas analogues.

M. de Lansberge voudrait qu'au lieu de „serment de sujétion" on se servit de l'expression générique „aucun serment."

M. le baron Jomini propose les termes: „prêter serment."

La rédaction du § 49 est arrêtée ainsi: „La population d'un territoire „occupé ne peut être contrainte à prêter „serment à la puissance ennemie." -

On aborde ensuite la discussion du § 50.

M. le colonel comte Lanza demande d'y ajouter „famille."

M. le général de Voigts-Rhetz rappelle qu'on a supprimé dans un autre chapitre le mot „honneur" employé dans des conditions analogues; il pose la question de savoir s'il ne serait pas convenable d'agir de même ici.

M. le général de Schoenfeld propose de retrancher les mots „pacifique" et „par l'armée ennemie."

La Commission en maintenant le mot „honneur" déclare que son inten-tion est de consacrer l'obligation de respecter l'honneur des familles.

M. le colonel comte Lanza dit que, dans le premier Projet russe, il y avait un article qui formulait une restriction nécessaire apportée au res-pect absolu de la propriété privée. M. le Délégué d'Italie demande que cette exception soit rétablie afin de ne pas empêcher, en cas de nécessité, l'occupation d'une maison, d'un champ..., etc.

M. le baron Lambermont fait observer que l'article actuel pose le principe du respect de la propriété privée d'une manière générale; les restrictions sont traitées dans l'article relatif aux réquisitions et dans celui qui traite des moyens de guerre permis et interdits.

Le § 50 est modifié de la manière suivante: „Les convictions religieuses, „l'honneur et les droits de la famille, la vie et la propriété de la popu-„lation doivent être respectés."

Au § 51, M. le colonel fédéral Hammer déclare qu'il est chargé par son Gouvernement de proposer l'emploi du mot „pillage" en place de „butin" et de „est" au lieu de „doit être."

M. le général de Voigts-Rhetz se rallie à la première observation de M. le Délégué suisse.

M. le baron Baude désire que l'on dise: „incendie et pillage."

M. le Délégué d'Allemagne fait observer que „l'incendie" rentre dans l'idée de destruction, qui a sa place ailleurs.

Le § 51 est modifié comme suit: „Le pillage est formellement interdit."

M. le colonel fédéral Hammer demande que l'article 45 soit placé éventuellement comme ajoute après le § 9 du chapitre II de la section Ire.
Il sera statué sur cette demande en seconde lecture.

Protocole N°. XV.

(SÉANCE DU 19 AOUT 1874.)

M. le général baron de Schoenfeld fait savoir à la Commission que M. le comte Chotek et lui ont reçu de leur Gouvernement l'autorisation de discuter le projet relatif aux blessés et aux prisonniers de guerre transportés en temps de guerre chez les neutres.

MM. les Délégués d'Italie, de Suède et d'Espagne ont reçu la même autorisation.

La Commission est saisie de plusieurs Projets de rédaction nouvelle pour les §§ 52, 53 et 54. Elle donne la priorité au Projet présenté par M. le général de Voigts-Rhetz.

M. le Délégué d'Allemagne propose de rédiger comme suit l'article 52:

„La propriété privée devant être respectée, l'ennemi ne demandera aux „communes ou aux habitants que des prestations et services qui ne soient „pas contraires à l'article 48 et de nature à servir au but de la guerre."

M. le général de Voigts-Rhetz ajoute qu'en Allemagne on a réglé, il y a un an, tout ce qu'une armée en campagne a le droit de réclamer des habitants de son propre pays; il reste à régler maintenant ce que les armées peuvent exiger en pays ennemi.

M. le baron Jomini propose d'ajouter à la rédaction présentée par M. le Délégué d'Allemagne les mots: „réglés par les lois militaires."

M. le général de Voigts-Rhetz fait observer que toutes les armées n'ont peut-être pas de règles positives à cet égard.

M. le colonel fédéral Hammer est personnellement d'avis qu'on pourrait mettre les populations occupées sur la même ligne que celles de l'Etat occupant et rendre les prestations uniformes. L'article se terminerait de la manière suivante „...services qu'il pourrait demander à ses propres populations." M. le Délégué de Suisse voit dans la reconnaissance de ce principe un double avantage: la limitation des services que l'armée occupante peut exiger, et la consécration du droit à l'indemnité en faveur de la population occupée, si ce droit existe pour les citoyens dans la législation du pays occupant.

M. le directeur Vedel déclare qu'il ne peut admettre le principe développé par M. le Délégué de Suisse. Ce principe ne tend à rien moins qu'à reconnaître à l'occupant le droit d'introduire sa propre législation dans un territoire provisoirement occupé. Car il ne s'agit pas ici d'un règlement militaire, mais d'une loi fiscale, les services dus par la population constituant de véritables impôts. M. le Délégué de Danemark ajoute que si l'on donne une indemnité à l'occupé, ce n'est point parce qu'on le considère comme régi par les lois de l'occupant, mais parce que cette indemnité est de droit.

M. le général de Voigts-Rhetz croit que l'on pourrait décider que l'occupant remettra à l'occupé dont il a exigé des prestations, un reçu payable à la fin de la guerre.

C'est, au sentiment de M. le Délégué d'Allemagne, le seul moyen pratique d'indemniser les populations, puisqu'il est impossible de leur donner de l'argent comptant. Quant à la nature des services réclamés, M. le général de Voigts-Rhetz dit qu'ils peuvent être en relation directe avec la guerre, et servir à ce but. On peut réclamer des habitants de la nourriture, des habillements, des voitures, des chevaux, etc..., ou les grever de logements militaires, toutes choses qui servent au but de la guerre.

M. le colonel fédéral Hammer ne voit que deux règles à suivre pour la fixation des services que l'occupant peut réclamer: ou il s'en référera en cette matière aux principes admis dans son pays, ou il consultera les lois du pays occupé. M. le Délégué de Suisse trouve que le premier système serait préférable.

En effet, comme l'a fait observer M. le général de Voigts-Rhetz, il pourrait arriver que l'occupé n'eut point de règlements sur la question. De plus, si le second système venait à prévaloir, chaque pays aurait intérêt à diminuer les charges à réclamer, afin que l'ennemi ne pût rien exiger; il serait donc possible de rendre le droit de réquisition illusoire.

M. de Lansberge adhère aux observations développées par M. le Délégué de Suisse. Il fait observer qu'il ne s'agit pas ici, comme semble le croire M. le directeur Vedel, de déclarer valable dans le pays occupé une législation étrangère, mais d'obtenir de l'ennemi qu'il limite des prestations à exiger des populations occupées à ce qu'il serait en droit de demander aux habitants de son propre pays. M. le Délégué des Pays-Bas croit qu'on arriverait ainsi à obtenir un traitement plus favorable pour les habitants du territoire envahi.

M. le colonel Staaff rend hommage à la pensée humanitaire qui a dicté la proposition de M. le colonel Hammer, mais il craint que l'application de ce principe ne rencontre parfois de sérieuses difficultés. Il arrive en effet qu'un Gouvernement exige de ses sujets, dans un moment d'extrême détresse, des sacrifices illimités. Il s'adresse alors au patriotisme des populations et son appel est entendu. Pourrait-on mesurer le droit du vainqueur à l'étendue de ces sacrifices extraordinaires que l'Etat peut, dans un cas donné, réclamer de ses sujets? M. le Délégué de Suède et Norvége conclut en disant que la rédaction proposée n'offre plus pour l'occupé la garantie que l'on a eue surtout en vue, et que, par conséquent, il préférerait qu'on s'en tînt au Projet primitif russe.

M. le baron Jomini estime qu'il serait mieux de laisser la décision en suspens.

M. le général de Leer dit que les difficultés de rédaction proviennent du caractère du § 52 exposant un principe sous la forme d'une formule générale. Cet article tout théorique a été mis en tête du chapitre II afin de servir de point de départ, pour entrer en matière, dans l'exposé des cas particuliers résultant de l'application de ce principe. Vu le caractère essentiellement *pratique* du Projet, on pourrait le supprimer complètement sans nuire au but du travail.

M. le général de Voigts-Rhetz dit que, en abordant l'examen d'une question aussi importante que celle que l'on traite actuellement, on a le droit d'exiger d'abord l'énoncé du principe. Il importe donc de l'exprimer à l'article 52, en se réservant toutefois d'en modifier les termes, si la nécessité s'en faisait sentir dans la suite de la discussion. Quand on veut fixer un principe, dit M. le Délégué d'Allemagne, il faut être large dans l'expression.

Cherchant ensuite à dégager la notion fondamentale des termes dans lesquels elle est contenue, M. le général de Voigts-Rhetz se demande ce qu'on peut et ce qu'on ne peut pas exiger des populations occupées. Ce qu'on ne peut réclamer, selon lui, ce sont des services que réprouverait l'article 48 comme contraires au patriotisme et à l'honneur; ce qu'on peut demander, ce sont toutes les autres choses nécessaires à l'occupant et dans les limites du respect dû à la propriété privée. Voilà le sens véritable de la rédaction proposée. M. le Délégué d'Allemagne ajoute qu'il a cherché en outre à adoucir autant que possible l'expression de ce principe équitable. Il fait remarquer à cet effet l'emploi des termes: „il demandera" et non „il a le droit de demander." Enfin, M. le général de Voigts-Rhetz est d'avis qu'il n'y a rien dans la rédaction qui soit défavorable aux particuliers ou contraire aux droits de l'occupé.

M. le général baron de Schoenfeld trouve qu'il serait plus simple de rédiger un article complet que de s'en référer à l'article 48 pour savoir ce qu'on ne peut pas exiger des populations occupées. M. le Délégué d'Autriche-Hongrie trouve que ces renvois à des dispositions antérieures nuisent à la lucidité du texte.

M. le colonel fédéral Hammer, pour répondre à une objection qui lui a été posée, croit qu'il serait utile de distinguer entre les prestations ordinaires qu'un Etat est en droit de réclamer de ses sujets et les prestations extra-ordinaires exigées pendant la guerre. Cette distinction servirait de base pour fixer les droits de l'occupant. M. le Délégué de Suisse pense que si l'on adopte la proposition de M. le général de Voigts-Rhetz, on comprend toutes les requisitions dans l'article 52 et l'on n'a ainsi qu'un même principe pour les prestations réglementaires et les prestations extraordinaires. M. le colonel fédéral Hammer aurait préféré qu'on se fût occupé d'abord des prestations régulières et ensuite des prestations exceptionnelles.

M. le général de Leer répond que l'article 52 donne toutes les explications désirables et qu'il fixe nettement ce à quoi l'ennemi devra limiter ses exigences.

M. le baron Lambermont demande à dire quelques mots avant qu'on arrête une formule. — Le nouveau texte ne définit pas ce qu'on entend par prestations et services. On a probablement en vue des prestations en nature, telles que le logement, l'usage des magasins, la fourniture d'attelages et de voitures de transport, etc. Il serait désirable qu'on s'expliquât clairement à ce sujet.

— En second lieu, il serait utile de savoir dans quelle limite la faculté de réclamer des prestations devra se renfermer. Le Projet russe, première édition, en posait une: l'ennemi ne pouvait exiger d'autres prestations que celles auxquelles avait droit l'armée nationale. M. le Délégué de Suisse en a indiqué une autre: l'armée ennemie ne pouvait demander que ce qu'elle aurait été en droit de réclamer de ses propres populations. Enfin, et dernière combinaison, les prestations seront en rapport avec les nécessités de la guerre. Les deux premiers modes de limitation ont donné lieu à des observations; mais il est évident que la dernière combinaison va plus loin que les deux autres. — En terminant, M. le Délégué de Belgique fait remarquer que la rédaction actuellement proposée se tait sur le point de savoir s'il sera accordé un dédommagement ou une indemnité aux populations qui auront fourni les prestations.

M. le général de Leer dit que ce point est traité au § 53.

M. le colonel fédéral Hammer est chargé de faire connaître les vues de son Gouvernement sur cette matière. Il propose la rédaction suivante:

„§ 52. — L'ennemi pourra exiger de la population locale les *prestations*
„*militaires réglementaires* en nature et en argent, auxquelles auraient droit
„les armées du Gouvernement légal.

„§ 53. — Quand l'armée d'occupation, par des nécessités de guerre,
„exige de la population locale des objets d'approvisionnement, d'habillement,
„de chaussures et autres, nécessaires à son entretien, elle est tenue, ou
„d'indemniser les personnes qui lui cèdent leur propriété, ou de leur
„délivrer des quittances.

„ § 54. — Des contributions pécuniaires ne peuvent être prélevées sur
„ les populations des territoires occupés, que:

„ 1°. A titre d'amende pour des actes d'hostilité dont les populations
„ entières pourraient être jugées responsables;

„ 2°. A titre d'emprunt forcé dans le cas de nécessité absolue et indispensable;

„ Mais dans l'un comme dans l'autre cas, seulement en vertu d'une
„ décision du commandant en chef et contre quittance, tout en respectant
„ les principes consacrés par l'article 50.

„ § 54*bis*. — Les valeurs et sommes d'argent prélevées sur la population
„ à titre de réquisitions et contributions, sauf celles imposées dûment à
„ titre d'amende, seront envisagées comme des emprunts forcés. En tant
„ qu'elles n'ont point été restituées, le remboursement en sera réglé par
„ le traité de paix."

M. le baron Jomini dit qu'avant de discuter des propositions nouvelles,
il serait utile de finir le § 52. On se trouve en présence de systèmes très
opposés. Il est nécessaire, avant d'aller plus loin, de se mettre d'accord
sur un principe.

M. le général de Voigts-Rhetz propose, pour sortir de la difficulté, de renvoyer l'examen du § 52 à la fin du chapitre et de discuter les cas spéciaux.
De cette discussion sortira nettement le principe qu'il s'agit de formuler.

La Commission, se rangeant à cet avis, passe au § 53.

M. le baron Jomini propose de modifier le texte primitif de la manière
suivante:

„ Quand l'armée d'occupation, par des nécessités de guerre, exige de
„ la population locale des objets d'approvisionnement, d'habillement, de
„ chaussures et autres, nécessaires à son entretien, elle est tenue ou d'in-
„ demniser les personnes qui lui cèdent leur propriété, ou de leur délivrer
„ des quittances. "

M. le baron Lambermont désirerait être éclairé sur la valeur réelle de
ce qu'on désigne sous le nom de *quittances*. Il ne veut pas dissimuler que
ce genre de papier est fort discrédité dans l'opinion publique. Il serait bon
de dire par qui les quittances devront être acquittées.

M. le baron Jomini dit que cette question pourra, comme d'autres, être
réglée lors de la conclusion de la paix.

M. le général de Voigts-Rhetz fait observer qu'en parlant de différentes
choses nécessaires à l'entretien de l'armée on a ajouté: „ et autres",
expression qui donne des droits illimités. M. le Délégué d'Allemagne
pense qu'avant de passer aux prestations, il faut discuter les réquisitions
et contributions et est persuadé que, pour arriver facilement à une entente,
il faut rester dans les généralités. Si l'on veut réglementer les cas spéciaux,
on s'apercevra toujours qu'il y en a qu'on n'a pas prévus, et cette omission
pourra, dans la pratique, donner lieu à des difficultés, sinon à des abus.

Il suffit de dire que l'ennemi ne peut pas faire telle et telle chose; mais que, s'il le fait, il doit respecter tel et tel principe. On n'évitera jamais entièrement les abus; mais on en diminuera le nombre en traçant des règles générales et en s'abstenant d'entrer dans les détails. Afin de faire mieux comprendre sa pensée, M. le Délégué d'Allemagne donne lecture des articles suivants qu'il a rédigés et qu'il soumet à l'examen de la Commission:

„§ 53. — L'ennemi prélevant des contributions soit comme équivalent
„pour des impôts (*voir* article 5) ou pour des prestations qui devraient
„être faites en nature, soit à titre d'amende, n'y procédera, autant que
„cela dépend de lui, que d'après les règles de la distribution des impôts
„en vigueur dans le territoire occupé. Les autorités civiles du Gouvernement
„legal y prêteront leur assistance en cas qu'elles soient restées en fonctions.

„§ 54. — Les réquisitions ne doivent se faire qu'avec l'autorisation du
„commandant en chef de la localité occupée; les contributions, que sur
„l'ordre du général en chef ou de l'autorité civile supérieure établie par
„l'ennemi dans le territoire occupé.

„§ 55. — Pour toute contribution, un reçu sera donné au contribuable.
„Pour toute réquisition, indemnité sera accordée ou reçu sera délivré
„pourvu qu'il y ait quelqu'un pour le recevoir."

M. de Lansberge demande si cette énumération comprend tous les cas qui peuvent se présenter.

M. le général de Voigts-Rhetz répond qu'il n'en connait pas d'autres.

M. le colonel Staaff désirerait être fixé sur le sens du mot „en vigueur" employé dans le § 53.

M. le général de Voigts-Rhetz dit qu'il a trait à la manière dont se fait la répartition, et qui est tout à l'avantage du territoire occupé si les employés du Gouvernement légal sont restés à leur poste. C'est le meilleur moyen pour prévenir la contribution sauvage (*Raubcontribution*). Avec des règles précises, on évite les injustices et les abus.

M. le colonel fédéral Hammer trouve, à première vue, que le projet de rédaction de M. le Délégué d'Allemagne contient des choses acceptables; mais qu'il y en a d'autres qui ont besoin d'être expliquées.

Protocole N° XVI.

(SÉANCE DU 20 AOUT 1874.)

M. le Président communique à l'Assemblée une pétition adressée à la

Conférence par des vétérinaires belges tendant à obtenir que le bénéfice de la neutralité, assuré aux médecins par la Convention de Genève, soit étendu aux vétérinaires.

M. le général de Voigts-Rhetz fait observer que, d'après le principe admis dès le début, la Conférence n'a pas à s'occuper de propositions qui n'émanent pas d'un Gouvernement.

M. le général baron de Schoenfeld ajoute qu'il n'est pas autorisé à discuter ces sortes de questions.

M. le baron Lambermont explique à quel point de vue spécial les vétérinaires se sont placés.

La Commission décide que la question soulevée par les vétérinaires se rattachant à la Convention de Genève, c'est à la future Conférence appelée à s'occuper de la révision de cette Convention que les intéressés devront adresser leur requête.

On reprend la discussion du § 52 modifié par M. le général de Voigts-Rhetz.

M. le directeur Vedel dit que ses instructions se rapportent au Projet russe et qu'il réserve le droit de son Gouvernement de se prononcer ultérieurement sur les modifications qui y auront été introduites.

M. le colonel fédéral Hammer fait une déclaration analogue; ce qu'il dira sera purement personnel.

M. le baron Jomini propose d'ajouter après le mot „services" cette phrase: „en rapport avec les nécessités de la guerre et en proportion avec les ressources du pays."

M. le colonel comte Lanza fait remarquer que les mots: „de nature à servir au but de la guerre," ou bien „en rapport avec le but de la guerre" imposent une restriction insuffisante. M. le Délégué d'Italie trouve qu'il serait préférable d'établir que l'occupant ne peut rien exiger qui ne lui soit réellement nécessaire; il propose en conséquence à la Commission d'examiner si les mots: „exigés par les besoins de la guerre" ne répondraient pas mieux à l'idée qu'elle entend formuler.

M. de Lansberge propose la rédaction suivante:

„La propriété privée et la liberté des habitants devant être respectées, „l'ennemi ne demandera aux communes ou aux habitants que les presta-„tions et services d'usage accordés aux armées en campagne et ce en „respectant les prescriptions de l'article 48." Les prestations pouvant être personnelles, le mot „propriété privée", dit M. de Lansberge, n'y est pas applicable. Il faut donc aussi mentionner le devoir de respecter la liberté des habitants. Comme c'est surtout le vague de la rédaction de M. le général de Voigts-Rhetz qui a fait naître des scrupules, M. le Délégué des Pays-Bas croit qu'en limitant les prestations à celles qui sont généralement en usage, soit qu'elles soient gratuites ou non, on pourra calmer les inquiétudes tout en obviant aux inconvénients signalés par M. le Délégué d'Allemagne.

M. le général de Voigts-Rhetz trouve qu'il serait utile de s'assurer si chaque armée possède des lois ou des règlements en vue de la mobilisation ou de l'entrée en campagne. Dans les pays constitutionnels, en effet, *l'usage* ne suffit pas: il faut nécessairement une loi, dût-elle être portée au moment d'entrer en campagne, comme cela eut lieu en 1859 lors de la mobilisation de l'armée prussienne. A cette époque, la Prusse n'avait pas de lois sur la matière; la lacune fut bientôt comblée et l'on mit les nouvelles dispositions en vigueur sous la réserve de l'approbation des Chambres. M. le Délégué d'Allemagne ajoute qu'il ne lui paraît pas possible d'appliquer d'autres lois que celles de l'armée occupante.

M. le duc de Tetuan fait remarquer qu'en Espagne il existe une loi semblable.

M. le général de Voigts-Rhetz croit qu'en employant les termes: „exigés par les besoins de la guerre" on exprime suffisamment le principe; M. le Délégué d'Allemagne ajoute que cela suffit pour résoudre tous les cas qui peuvent se présenter: ainsi, dit-il, si votre attelage est mis hors de service, vous prenez le premier qui vous tombe sous la main, sauf à en donner reçu.

M. le baron Lambermont demande une explication sur le mot „services" qui a un caractère plus personnel que le mot „prestations."

M. le général de Voigts-Rhetz dit que par cette expression on entend les offices rendus par les conducteurs de voitures, les maréchaux, les serruriers, les charpentiers et en général tous les ouvriers, à quelque métier qu'ils appartiennent. M. le Délégué d'Allemagne croit utile de conserver ce terme pour qu'on ne conteste pas plus tard le droit de réclamer ces genres d'offices. Il fait observer, en outre, qu'ils ne peuvent être contraires à l'article 48.

M. le directeur Vedel constate que, d'après la proposition nouvelle, aucune limite n'a été assignée aux services que l'armée occupante peut exiger. Elle peut demander tout service, à moins qu'il ne rentre dans la catégorie de ceux mentionnés à l'article 48, et elle peut l'exiger de la manière la plus étendue. Le Projet russe avait fixé une limite en restreignant les services à ceux auxquels a droit l'armée nationale. On a, dit M. Vedel, élevé deux objections contre cette définition.

On a dit: Il y a des pays où des services considérables sont imposés à la population en faveur de l'armée nationale; il y en a d'autres où ces services sont bien moins grands. Il en résulte une inégalité entre les différents pays. En occupant tel territoire, une armée ne peut demander des services à la population que dans une mesure bien plus restreinte que si elle en occupe un autre. Or cette inégalité est injuste. On a dit encore: Il y a des pays où les services dus à l'armée nationale ne sont pas réglementés ou définis, et quand même ils le seraient, l'armée occupante ne les connaît pas et l'on ne peut pas demander qu'elle se mette à les étudier. A la première objection, M. le Délégué de Danemark répond que l'inégalité dont on parle existe aussi pour les impôts proprement dits, et la Commission a néanmoins adopté l'article 5 qui ne reconnaît à l'armée occupante que le droit de prélever les impôts en vigueur dans le pays. Ici il s'agit d'une loi analogue et il est nécessaire de suivre le même principe.

Du reste, la mesure dans laquelle des services en faveur de l'armée occupante sont imposés à un pays, est probablement en proportion avec ses ressources, et la prétendue inégalité est donc parfaitement juste, tandis que l'égalité serait souverainement injuste. Quant à la seconde objection, M. Vedel croit que, dans la plupart des pays, les services imposés en faveur de l'armée nationale sont bien précisés par la loi, et il n'est pas plus difficile de se conformer à cette législation, pour ce qui concerne les services, qu'il ne l'est pour les impôts de l'article 5. Et s'il y a un pays où de tels règlements n'existent pas, c'est-à-dire où l'armée nationale peut sans restriction demander des services à la population, il s'ensuivra, d'après le Projet russe, pour l'armée occupante la même latitude et la même faculté.

En terminant, M. le Délégué de Danemark constate que le nouveau Projet n'établit aucune limite quelconque, que le Projet russe est juste, n'offre aucune difficulté insurmontable dans l'application et est parfaitement conforme à ce qui a été adopté à l'article 5 pour les impôts proprement dits.

M. le colonel fédéral Hammer conçoit qu'en se plaçant seulement au point de vue militaire on admette le § 52. Cet article résume toute la matière et les articles suivants ne font qu'organiser le mode de perception. Mais, à son avis, il faudrait ajouter au § 48 les dispositions du § 50. On mettrait ainsi les restrictions à la fin.

M. le baron Lambermont rappelle qu'à la demande de M. le Délégué d'Allemagne, on a réservé le § 52 pour être repris après la discussion des articles suivants. M. le Délégué de Belgique pense qu'il ne sera pas inutile d'avoir une vue d'ensemble avant de fixer la rédaction de l'article 52.

M. le général de Voigts-Rhetz explique les motifs qui l'avaient porté à proposer ce renvoi, motifs qui n'existent plus. Il croit que le Projet soumis à la Commission renferme des restrictions de nature à donner satisfaction à M. le Délégué de Suisse.

M. le baron Jomini dit que, puisqu'on n'atteint pas le but que l'on poursuit, celui de sortir de ce vague qui inspire tant d'inquiétude, il n'y a pas de motifs pour ne pas aborder la discussion des paragraphes suivants.

M. le Délégué d'Allemagne trouve la suppression de l'article 52 impossible. Il estime que le vague qui en résulterait serait bien plus grand que celui que l'on reproche à la rédaction actuelle. Il n'y aurait plus alors de limites posées aux exigences de l'occupant.

Les populations ont incontestablement le droit de demander, puisque l'on maintient les contributions et réquisitions de guerre, qu'il soit apporté à l'exercice de ces droits toutes les restrictions que peuvent autoriser les nécessités de la guerre.

M. le baron Lambermont constate que personne n'a mis en doute la nécessité, pour une armée en campagne, de réclamer des prestations. A côté de ce fait on a placé le respect de la propriété privée. La difficulté naît quand il s'agit de tracer entre ces deux intérêts une délimitation exacte. M. le Délégué de Belgique demande si l'on ne pourrait fixer cette limite à l'aide d'un autre principe d'après lequel chaque belligérant est tenu de pourvoir à ses propres nécessités. Une armée qui se prépare à la guerre s'assure d'abord, et à ses frais, les moyens d'entrer en campagne. Arrivée sur le territoire ennemi, elle se trouve dans le cas de chercher les moyens de subsistance qu'elle n'a pu amener avec elle; mais ces moyens nouveaux, elle doit se les procurer de la même manière que les premiers, c'est-à-dire en les payant. C'est dans cette obligation de payer les prestations que l'on rencontrerait peut-être la limitation cherchée. M. le Délégué de Belgique a de justes égards pour l'expérience et l'entente des choses de la guerre qui distinguent l'auteur de la rédaction proposée. Cette rédaction proclame, en principe, le respect de la propriété privée; elle reconnaît le droit à l'indemnité, mais elle mesure les prestations sur les nécessités de la guerre et elle admet les quittances comme mode de payement. Or, cette formule des „nécessités de la guerre," qui se retrouvait dans beaucoup d'articles du Projet russe primitif, a été l'une des causes qui ont d'abord fait accueillir celui-ci avec une sorte de défiance ou d'inquiétude. On se rassurerait jusqu'à un certain point si elle avait un correctif dans l'obligation d'un payement effectif, soit en numéraire, soit, du moins, à l'aide d'une quittance obligeant celui-là même qui fait la réquisition. M. le baron Lambermont désire savoir si le Projet proposé peut être entendu en ce sens.

M. le général de Voigts-Rhetz dit que cette question relative à la valeur des quittances est réglée par l'usage. Celui qui sera vainqueur, comme celui qui sera vaincu, aura le devoir d'indemniser ceux de ses sujets qui auront en leur possession des quittances délivrées en temps de guerre. M. le Délégué d'Allemagne déclare qu'il ne connaît pas, pour sa part, de guerre où l'acquittement des obligations ainsi contractées ait fait surgir de sérieuses difficultés. On convient, en effet, à la conclusion de la paix, des dispositions à prendre à cet égard. Généralement le vaincu sera chargé d'indemniser lui-même les habitants du pays vainqueur et ceux de son propre pays.

Mais il n'appartient pas au Congrès d'entrer dans l'examen de ces conventions admises dans la pratique; son devoir est de discuter la théorie, et de rechercher le droit des parties sans s'inquiéter des dérogations qu'elles pourront y apporter d'un commun accord.

M. de Lansberge croit qu'il y a encore un autre point de vue, d'après lequel il y aurait de l'utilité à stipuler le payement des reçus délivrés pour les réquisitions. Le sort des armes est sujet à des fluctuations. Il se pourrait qu'une armée victorieuse fût plus tard vaincue et qu'elle eût à payer les frais de la guerre. Devant cette perspective, les officiers qui ordonnanceraient les réquisitions que leur Gouvernement pourrait être appelé à solder à la paix, trouveraient dans la clause proposée un avertissement salutaire à la modération.

M. le général de Voigts-Rhetz ne peut pas attribuer un résultat aussi considérable à la prévoyance des chefs d'armée. Il ne croit pas possible d'admettre qu'un officier préoccupé du soin de procurer à son bataillon tout ce dont il a besoin s'arrête à la pensée des suites onéreuses que pourra entraîner pour son pays l'acquittement des obligations qu'il contracte. M. le Délégué d'Allemagne n'a jamais rencontré cet idéal de l'officier. Il croit, du reste, que la question que soulèverait la mesure proposée par M. de Lansberge est du domaine du droit des gens et ne pourrait être réglée par la Conférence de Bruxelles.

M. le baron Lambermont dit qu'il a émis l'idée d'attacher une valeur réelle aux quittances en vue de diminuer ce qu'il y a d'inquiétant dans la formule „des nécessités de la guerre." La question est sans doute très difficile à résoudre en fait. Après chaque guerre, les fournisseurs ne manquent pas de s'adresser aux Gouvernements. Ceux-ci, au nom de l'équité, répartissent une certaine somme entre les territoires qui ont souffert de la guerre; mais cela ne va pas plus loin. M. le Délégué de Belgique ne veut pas prolonger cet échange d'idées; il a posé une question avec le désir qu'elle fût éclaircie. Si la clause reste telle qu'elle est, il faut prévoir qu'elle ne sera pas favorablement accueillie.

M. le baron Jomini dit que toutes les garanties à établir n'aboutiront qu'à aggraver la position du vaincu. Vous stipulez que toutes les quittances doivent être acquittées. Mais le Gouvernement qui doit payer l'indemnité de guerre est seul juge du point de savoir comment il doit faire la répartition entre les provinces qui ont été occupées et les autres. Chaque Gouvernement doit avoir la latitude de répartir l'indemnité d'après les malheurs de la population et les ressources dont il dispose. L'obliger à rembourser en détail est lui imposer une charge de plus.

M. le colonel Staaff trouve que si l'on tient compte des divers éléments qui composent le projet de M. le Délégué d'Allemagne, on s'apercevra que les difficultés ne sont pas dans l'expression „contributions," limitées qu'elles sont par l'article 5. Les réquisitions ne créeront aucune difficulté non plus, dès qu'elles seront remboursables sur place, ni les amendes légalement encourues, pénalités trop naturelles pour que personne puisse y contredire. La véritable difficulté de la question se résume dans les mots: „prestations et services." Si le mot „prestations" laisse entier le droit de la propriété privée, comme cela lui semble résulter de la discussion, en ce sens qu'une compensation soit donnée tôt ou tard au fournisseur, il semble à M. le Délégué de Suède et Norvége que le terme est acceptable.

Mais il comprend toute l'importance que M. le baron Lambermont attache à ce que les quittances délivrées pendant l'occupation soient aussi rassurantes que possible pour les détenteurs. Bien que la Conférence n'ait pas pour mission de prendre une résolution définitive à cet égard, il est néanmoins incontestable que le vœu contenu pour ainsi dire dans son appréciation exercera une grande influence sur l'esprit des Gouvernements appelés à juger en dernier ressort. M. le colonel Staaff conclut en disant que si l'on donne au mot „prestations" le sens „d'avances remboursables", il pourra accepter le terme.

M. le colonel Manos dit qu'à son sens, pour être vraiment humanitaire, il faut ou ne pas prendre ou prendre en payant.

M. le duc de Tetuan croit que toute la difficulté provient de trois articles. Avant de pouvoir accepter ce qui s'y trouve formulé, il faut poser de sages limites à l'exercice des droits de l'occupant. Le texte russe avait compris cette nécessité. Les Gouvernements savaient à quoi ils s'engageaient. Dans la rédaction nouvelle, au contraire, on n'a d'autres limites que les nécessités de la guerre. On dira que cela est naturel, que les besoins de la guerre doivent être satisfaits; M. le Délégué d'Espagne le reconnait, mais par le fait même que les besoins sont si étendus, le droit que l'on consacre ne peut être que vague et non défini, et un général ne se trouvera, dans la pratique, arrêté devant aucune limite.

M. le baron Lambermont dit que la limite existerait si l'on stipulait que l'armée occupante doit se suffire, en d'autres termes, qu'elle doit payer soit immédiatement, soit ultérieurement, ce qu'elle exige: ce serait un véritable frein. M. le Délégué de Suède et Norvége a suggéré l'idée d'émettre, à cet égard, un vœu qui serait consigné au protocole, mais les populations seraient sans doute bien aises d'avoir quelque assurance plus positive.

M. le baron Jomini dit que si l'on admettait les principes développés par M. baron Lambermont, on arriverait fatalement à augmenter la contribution de guerre du vaincu. Il vaut mieux, suivant M. le Président, que le Gouvernement puisse rembourser, en vertu d'une répartition équitable, les habitants qui ont souffert d'une guerre malheureuse, que d'augmenter ses frais de guerre sans profit pour les habitants.

M. le colonel Staaff croit néanmoins que les habitants doivent avoir un dédommagement de quelque valeur pour être rassurés. On peut objecter que le Gouvernement se dédommagera à son tour par de nouveaux impôts, de sorte que cela revient au même. Tel n'en est pourtant pas le cas; car le Gouvernement, en indemnisant les détenteurs des quittances, se dédommagera „sur tout son territoire."

M. le baron Lambermont revient sur ce qu'a dit M. le Président. D'une part, l'habitant qui a titre recouvrable intégralement sur l'un des belligérants n'est pas dans la même condition que celui qui ne peut prétendre qu'à une part plus ou moins illusoire dans une répartition générale. D'autre part, le belligérant qui fait une réquisition et qui s'engage à la payer alors qu'il ne sait pas encore quelles seront les conditions du traité de paix, doit trouver là une raison de modérer ses exigences.

M. le général de Voigts-Rhetz déclare qu'il ne sait si l'on se trouve dans le droit des gens ou le droit public interne. Selon lui, c'est à l'État qu'il appartient d'indemniser les habitants des prestations qu'ils ont dû fournir et dont ils ont des quittances.

Répondant ensuite aux observations de M. le duc de Tetuan, M. le Délégué d'Allemagne fait remarquer que le § 53 du Projet russe est purement énonciatif et qu'il n'assigne aucune limite aux droit de l'armée occupante. Le § 54 présente le même caractère, du moins quant à sa première partie. M. le général de Voigts-Rhetz dit que le Projet qu'il soumet à l'Assemblée exige, au contraire, qu'il y ait dans tous les cas une nécessité inévitable. Poursuivant la critique du même article 54, il montre ensuite que la partie finale ne condamne même pas d'une manière absolue la ruine de la population et qu'elle ne fait que rendre possible dans certains cas la restitution des sommes d'argent prélevées sur les habitants. Il conclut enfin en disant que le Projet russe consacre des restrictions plus grandes au droit de la propriété privée que le Projet qu'il a lui-même soumis à la Commission.

M. le général de Leer dit que dans le Projet russe la limitation est tracée: le droit de l'occupant ne va pas au delà des besoins de l'entretien de son armée.

M. le général de Voigts-Rhetz répond que les „besoins nécessités par l'entretien de l'armée" ne seraient pas des termes assez larges. Mais il croit comprendre, d'après les paroles de M. le général de Leer, que son idée répond à celle qu'il se forme lui-même sur la matière.

M. le duc de Tetuan, tout en parlant avec réserve de l'article 53, comprend le principe général du chapitre II; il est inscrit à l'article 52 du Projet russe, conçu en ces termes: „L'ennemi peut exiger de la population locale tous les impôts, services et redevances, en nature ou en „argent, auxquels ont droit les armées du Gouvernement légal."

M. le baron Lambermont estime que la Commission est plus à l'aise depuis qu'il est entendu qu'elle ne fait que préparer des matériaux pour un édifice futur. Puisque ce sont les Gouvernements, éclairés par ses délibérations, qui auront à prononcer et qu'elle-même ne contracte aucun engagement, elle peut, semble-t-il, continuer sans inconvénient l'examen des propositions qui lui sont faites. M. le Délégué de Belgique signale le passage du § 53 qui concerne les *amendes*. C'est encore un des points à l'égard desquels les esprits auraient besoin d'être rassurés.

M. le colonel comte Lanza dit que, selon lui, les amendes devraient constituer le seul moyen formellement reconnu pour punir les violations des lois et coutumes de la guerre. Il ne se dissimule pas que d'autres peines seront, en fait, infligées sous forme de représailles; mais il est permis d'espérer que si l'on ne peut pas empêcher d'une manière absolue le recours à ces autres mesures de rigueur, la Conférence ne voudra consacrer en principe que le moyen de châtiment proposé, lequel n'est pas repoussé par le sentiment public. Le silence serait préférable.

M. le colonel fédéral Hammer dit que, sans vouloir rentrer dans la discussion, il se borne à renouveler la proposition de son Gouvernement. Pour tenir compte de ce que M. le colonel comte Lanza a dit des raisons pour lesquelles on peut imposer des amendes, il faut nécessairement des garanties. Si un paysan tue un soldat qui menace l'honneur de sa famille, il est à présumer que l'ennemi dira que cet acte est un meurtre, un guet-apens et l'on imposera des contributions à la population pour la punir. Dans ce cas, il n'y aura pas de justice. C'est pour ce motif que le Gouvernement suisse propose que les contributions à titre d'amendes ne soient admissibles que pour des actes d'hostilités dont la population entière pourrait être rendue responsable.

M. de Lansberge croit que ce qui empêche d'accepter la rédaction de M. le général de Voigts-Rhetz, c'est la faculté de remplacer les prestations dont il s'agit, par des prestations en argent. Si cette dernière faculté, qui pourrait donner lieu à une extension démesurée des réquisitions ou à des abus graves, disparaissait, il croit que l'article offrirait moins d'inconvénients.

M. le général de Voigts-Rhetz dit qu'il ferait mieux comprendre sa thèse par un exemple : une armée arrive dans une ville riche et demande un certain nombre de bœufs pour sa nourriture. La ville répond qu'elle n'en a pas. L'armée serait donc obligée de s'adresser à des villages souvent pauvres où elle prendrait ce qu'il lui faut. Ce serait une injustice flagrante. Le pauvre payerait pour le riche. Il n'y a donc d'autre expédient que d'admettre l'équivalent en argent. C'est, du reste, le mode que les habitants préfèrent. D'ailleurs il n'est pas admissible qu'une ville qui ne peut pas payer en nature soit dispensée de payer en argent.

M. de Lansberge demande si la ville elle-même ne pourrait pas faire la réquisition nécessaire.

M. le général de Voigts-Rhetz répond que, dans la pratique, c'est matériellement impossible. Une armée arrive dans la nuit pour partir le lendemain. Elle doit être nourrie; la ville ne peut pas le faire; l'occupant, avec l'argent qu'il perçoit en hâte, ira dans les campagnes environnantes prendre ce qu'il faut et payera au moyen des sommes fournies par la ville.

A la paix, la ville présentera son reçu; elle dira: J'ai payé autant pour telle chose, c'est une avance que j'ai faite. — Voilà la marche régulière; pas un officier n'en voudrait suivre un autre et s'exposer à être jugé pour avoir laissé manquer l'armée des choses indispensables à sa subsistance.

M. de Lansberge objecte qu'il pourra arriver que l'on fasse payer les villes et qu'on n'en réquisitionne pas moins dans les villages.

M. le général de Voigts-Rhetz dit que ce serait là un abus, un vol manifeste, punissable d'après les codes militaires de tous les pays. M. le Délégué d'Allemagne ajoute que, pour faciliter une entente, il propose de dire: „réquisitions en nature et en argent" au lieu de „prestations."

M. le colonel Manos est d'avis que tout se réduit à savoir s'il faut *laisser prendre* ou donner le *droit de prendre*.

M. le général de Voigts-Rhetz n'admet pas que la question puisse être posée en ces termes. On ne donne pas le *droit*, on constate seulement que le *fait* existe, que personne ne peut l'empêcher de se produire dans la pratique et qu'il est bon qu'il soit restreint à des cas d'inévitable nécessité.

M. le colonel fédéral Hammer fait l'éloge du Projet de M. le Délégué d'Allemagne, lequel lui semble parfait au point de vue d'un chef d'armée qui doit, en temps de guerre, pourvoir aux besoins de ses troupes en pays ennemi. Mais la Conférence ne peut pas avoir égard à cette seule considération. Elle ne doit pas oublier que l'œuvre qu'elle élabore sera soumise aux Gouvernements, aux Assemblées législatives des divers pays, à l'opinion publique. Si les propositions faites au sujet des réquisitions et contributions sont adoptées par la Conférence dans le sens absolu de la logique militaire, l'opinion publique en sera péniblement frappée.

Elle qui croyait que la réunion de Bruxelles était destinée à adoucir les terribles rigueurs de la guerre, elle verrait avec regret que, sur un des points les plus importants, on se serait borné à codifier les usages et peut-être les abus traditionnels. Ayons égard à la pensée généreuse qui a donné naissance à nos travaux et à l'opinion générale de l'Europe qui s'attend à voir sortir de nos délibérations des idées nouvelles, libérales et civilisatrices. Si nous nous limitions à sanctionner ce qui existe déjà, nous ferions défaut à une partie essentielle de notre tâche. Le Gouvernement helvétique, s'inspirant de l'idée qu'il importe de concilier le plus possible les exigences impitoyables de la guerre avec les droits des individus, des familles, des populations, entend que les réquisitions et contributions impliquent un dédommagement. Ce sont des emprunts forcés qui appellent une restitution ultérieure. Là serait la thèse qui concilie les deux points de vue.

Il faut que la quittance délivrée pour des contributions ou réquisitions ait une valeur réelle et ne soit pas une illusion. Les „quittances d'usage" n'engagent en rien ceux qui les délivrent. Ce serait un grand point d'acquis si les familles n'avaient plus à regarder l'entretien des troupes comme une cause certaine de ruine pour elles et si elles pouvaient être assurées que le traité de paix réglerait la restitution de leurs avances. On pourrait donc admettre le principe de l'emprunt forcé; cela tranquilliserait les populations, cela ôterait l'amertume à tous ces procédés violents, diminuerait les sentiments de vengeance et mettrait un frein salutaire à l'arbitraire. M. le Délégué de Suisse termine en disant que la Convention aura d'autant plus de valeur qu'elle répondra aussi aux vœux de ceux qui ne sont en général que les victimes de la guerre. Si la Conférence ne croit pas devoir entrer dans la voie qu'il indique, il pense qu'il vaut mieux passer la question sous silence.

M. le général de Voigts-Rhetz dit que la thèse de M. le colonel fédéral n'est pas appliquable aux pays où fonctionne le régime constitutionnel. Dans ces pays, les emprunts forcés ne peuvent pas avoir cours sans l'autorisation des Chambres. Si vous accordez cette faculté à l'ennemi et que le Gouvernement vaincu soit obligé d'en tenir compte, c'est donner le droit à l'ennemi d'imposer ses lois dans un pays étranger. Dans un autre ordre d'idées, si la quittance n'a pas de valeur, c'est que le Gouvernement du pays occupé ne lui en donne pas. Or, si vous exigez qu'elle soit remboursée, vous obligez ce Gouvernement à reconnaître un emprunt forcé auquel il est étranger. Il est admis que pas une armée ne peut vivre en campagne des ressources de ses magasins; elle est obligée de les prendre là où elle les trouve. Qui pourra discerner une quittance vraie d'une quittance fausse?

Les reçus sont le plus souvent écrits à la hâte et au crayon: il est impossible d'astreindre un Gouvernement à les reconnaître tous. Il appartient aux Gouvernements, aux représentants du pays, d'apprécier la meilleure manière d'indemniser ceux qui ont souffert de la guerre; mais dire à ces Gouvernements: Vous payerez toutes les quittances qui vous seront présentées, cela est impossible. En résumé, dit M. le Délégué d'Allemagne, nous nous trouvons devant un fait; il ne dépend pas de nous que ce fait n'existe pas et, quoi que nous fassions, nous ne l'empêcherons pas de se produire dans toutes les guerres.

Tout le monde a émis ses doutes et ses scrupules; il serait temps de passer à la discussion des articles sur les réquisitions et les contributions. Aime-t-on mieux ne pas discuter? Ce ne sont pas les populations qui y gagneront. Ne perdons pas de vue que c'est, en dernière analyse, aux Gouvernements de se prononcer sur le travail que nous soumettrons à leur jugement.

M. le baron Lambermont est d'accord avec M. le général de Voigts-Rhetz que la matière en discussion est une de celles qui présentent les plus sérieuses difficultés. Quant à l'observation faite par un autre délégué, à savoir que les Gouvernements seraient exposés à solder des quittances dont le montant serait frauduleusement exagéré, M. le Délégué de Belgique fait remarquer que celui qui délivre une quittance l'obligeant lui-même et qui ignore, à ce moment, de quelle manière se fera la paix, est le premier intéressé à empêcher qu'on ne le trompe sur le prix ou sur les quantités.

Après l'échange d'explications et de vues qui a eu lieu, il semble à M. le baron Lambermont que la discussion continuerait sans grande chance d'aboutir. Les objections ont été émises, les doutes sont connus, le protocole les constatera. M. le Délégué de Belgique croit donc le moment venu de préciser la position qui sera celle de son Gouvernement à l'égard des stipulations dont il s'agit. La Belgique, dit-il, est un vieux pays de guerre et c'est sur son sol que de siècle en siècle les nations étrangères sont venues vider leurs querelles. Le pays a gardé le souvenir des épreuves par lesquelles il a passé et l'on ne s'étonnera pas que les esprits s'émeuvent de tout ce qui touche aux réquisitions et aux contributions de guerre.

En conséquence, sans dénier leur valeur aux considérations développées par des hommes qui ont la pratique de la guerre, et sans méconnaître l'utilité de règles qui concilieraient les exigences des armées avec le respect de la propriété privée, M. le baron Lambermont croit devoir réserver l'appréciation de son Gouvernement quant aux stipulations proposées. C'est libre d'engagements à cet égard que le Cabinet de Bruxelles se présentera soit devant les Chambres, soit devant l'opinion publique. Lorsque l'opinion du pays se sera manifestée, le Gouvernement pourra reconnaître à quelle combinaison il lui sera possible de se rallier.

M. le baron Jomini dit qu'il n'y a qu'un moyen de finir la discussion, c'est de reprendre le Projet article par article. Chacun fera telle réserve que de conseil.

La Commission adhère à l'avis de M le Président.

Avant qu'elle aborde à nouveau l'examen de l'article 52, M. le colonel fédéral Hammer demande à préciser le sens de la déclaration qu'il a faite tout à l'heure. Son Gouvernement ne propose pas de dire que les réquisitions *sont* des emprunts forcés, mais *seront envisagées* comme tels; cela revient à dire que les habitants ont donné quelque chose sans le vouloir, malgré eux, mais sous réserve de restitution ou de dédommagement. C'est un prêt auquel on ne peut pas se soustraire. Il ne suit pas de là qu'il faudrait l'assentiment des Etats en cause ou que des valeurs non reçues devraient être restituées. M. le Délégué de Suisse aurait préféré discuter le Projet russe, auquel s'appliquent ses instructions plutôt que celui de M. le général de Voigts-Rhetz au sujet duquel il ne pourra émettre qu'une opinion personnelle, mais dans lequel il trouve en partie des idées admissibles.

M. le baron Jomini donne lecture du § 52 légèrement modifié et ainsi conçu:

„La propriété privée devant être respectée, l'ennemi ne demandera aux

„commuues ou aux habitants que des prestations et des services en rap-
„port avec les nécessités de guerre généralement reconnues, en proportion
„avec les ressources du pays et qui n'impliquent pas pour les populations
„l'obligation de prendre part aux opérations de guerre contre l'ennemi."

Le § 53 porte ce qui suit:

„L'ennemi qui prélèvera des contributions soit comme équivalent pour
„des impôts (*voir* art. 5) ou pour des prestations qui devraient être faites
„en nature, soit à titre d'amende, n'y procédera, autant que cela dépend
„de lui, que d'après les règles de la répartition et de l'assiette des impôts
„en vigueur dans le territoire occupé.

„Les autorités civiles du Gouvernement légal y prêteront leur assistance
„si elles sont restées en fonction.

„Les contributions ne pourront être imposées que sur l'ordre et sous la
„responsabilité du général en chef ou de l'autorité civile supérieure établie
„par l'ennemi dans le territoire occupé.

„Pour toute contribution un reçu sera donné aux contribuables."

M. de Lansberge demande la suppression des mots „à titre d'amende"
qui figurent au premier alinéa du § 53. Ou bien, dit M. le Délégué des
Pays-Bas, une amende sera le résultat d'une infraction prévue par le droit
pénal, et alors il est inutile de mentionner spécialement ce cas isolé, ou
bien ce sera une représaille, et alors il paraît désirable de ne plus indiquer
ce cas de représaille que les autres mesures excessives et dures qui peuvent être la conséquence de la guerre, mais que tout le monde répugne à
sanctionner.

M. le général de Voigts-Rhetz dit que les règlements en vigueur dans
l'armée allemande ne prévoient pas ce dernier cas; il juge la suppression
des mots: „à titre d'amende" absolument impossible.

M. le colonel federal Hammer est d'avis, comme M. le Délégué des
Pays-Bas, que la clause concernant l'amende est exorbitante si elle n'est
pas atténuée par un correctif. Il faut que les chefs ne puissent imposer des
amendes que sous certaines conditions.

M. le directeur Vedel, en vertu des instructions de son Gouvernement,
demande également que le mot „amende" soit retranché.

M. le baron Jomini fait observer que supprimer le mot n'est pas supprimer la chose.

La Commission décide que les mots seront conservées, les réserves qui
ont été faites constatant suffisamment les opinions des délégués. Le protocole mentionnera que MM. de Lansberge et Vedel ont proposé la suppression des mots: „à titre d'amende;" que MM. le colonel federal Hammer
et le colonel comte Lanza ont demandé que cette pénalité fût restreinte à la
violation des lois et coutumes de la guerre; que M. le baron Lambermont a
fait des réserves générales sur le chapitre des *Réquisitions et contributions*.

Le § 54 est conçu comme suit:

„Les réquisitions ne seront faites qu'avec l'autorisation du commandant dans la localité occupée.

„Pour toute réquisition, il sera accordé une indemnité ou délivré une „quittance, pourvu qu'il y ait quelqu'un pour la recevoir."

A la demande de M. le colonel fédéral Hammer, on efface les mots: „pourvu qu'il y ait quelqu'un pour la recevoir."

M. de Lansberge demande la parole et s'exprime en ces termes:
„J'ai examiné le Projet de M. le général de Voigts-Rhetz consciencieu-„sement et avec le désir de conciliation dont nous sommes tous animés. „J'ai suivi également avec le plus grand intérêt la discussion d'aujour-„d'hui et les développements donnés par M. le Délégué d'Allemagne aux „idées sur lesquelles se base son Projet; mais, malgré toute la bonne „volonté que j'y ai mise, je n'ai pas pu parvenir à faire taire les scru-„pules qui me font hésiter à m'y rallier. Je ne saurais partager la crainte „de ceux qui croient que l'opinion publique ne verra pas de progrès dans „le résultat de nos délibérations. Je crois, au contraire, que nous avons „pleinement répondu aux intentions généreuses de l'Auguste Monarque à „l'invitation duquel nous sommes réunis, en nous mettant d'accord sur „un grand nombre de points qui constituent des progrès réels et dont „l'application contribuera véritablement à diminuer les maux de la guerre. „Mais lorsque je considère le chapitre que nous venons de discuter, je „ne sais si je puis prononcer le même jugement à son égard.

„L'ancien adage: *la guerre nourrit la guerre*, a été remplacé par la „maxime: *il faut que la propriété privée soit respectée*. Je considère ce „fait comme une des plus belles conquêtes de la civilisation moderne. Eh „bien, dans les articles dont nous nous sommes occupés aujourd'hui, „je crois voir un danger pour le maintien de ce principe. Je m'empresse „d'ajouter que je suis persuadé que ce résultat serait bien loin des inten-„tions de son auteur; mais en comparant les articles 52 et 53 et sans „parler de la mention des contributions à titre d'amende, je vois dans „le premier une disposition élastique et dans le second une extension de „cette disposition qui me semble pouvoir conduire à des conséquences „inquiétantes. La Commission, en autorisant l'insertion de ces articles „dans le Projet, ne les a pas faits siens; il a été entendu que le protocole „constaterait toutes les observations, toutes les réserves, tous les scrupules „qui se sont manifestés et que la rédaction serait, dans ces conditions, „soumise aux divers Gouvernements, qui auront à statuer.

„Je crois devoir, Messieurs, pour ma responsabilité, m'associer expres-„sément aux réserves de mes collègues. J'espère que M. le Délégué „d'Allemagne ne m'en voudra pas de la franchise avec laquelle j'ai „exprimé mon opinion, que je prie, du reste, la Commission de considérer „comme purement personnelle et n'engageant nullement mon Gouvernement."

M. le baron Jomini propose d'examiner le chapitre des *Représailles*, mais de substituer à ce titre celui-ci : *Des violations des lois et coutumes de la guerre.*

Le texte est conçu comme suit :

„Les violations des lois et coutumes de la guerre par l'une des parties „belligérantes dispensant l'autre partie de leur observation, la justice et „l'humanité exigent qu'il soit mis des limites aux représailles.

„Celles-ci ne seront admises que comme moyen de faire cesser une „violation de droit commise par l'ennemi et jamais à titre de vengeance.

„Elles ne devront jamais dépasser l'infraction commise.

„Elles n'autoriseront jamais le recours à des peines plus sévères que „celles admises dans la législation pénale de l'armée qui les inflige.

„Elles n'auront jamais lieu que sur l'ordre formel du commandant en „chef de l'armée et sous sa responsabilité."

M. le colonel comte Lanza désire qu'on retranche l'article par les raisons qu'il a déjà indiquées en parlant des amendes. Toutefois, si la Commission croit devoir le discuter sous un autre titre que celui de *représailles*, il fait observer que la violation des lois de la guerre par l'une des parties ne peut pas dispenser l'autre de les observer et, en conséquence, il croit qu'on doit tout au moins modifier, à cet égard, le premier alinéa du nouveau projet présenté par M. le Président.

M. le général de Voigts-Rhetz propose une rédaction différente de celle de M. le Président. Il faut, dit M. le Délégué d'Allemagne, appliquer les peines prévues par les Codes militaires, sans cela on tombe dans les abus les plus graves.

M. le général baron de Schoenfeld est d'avis que le chapitre des *Représailles* appartient strictement au droit des gens et en partie au droit maritime. Il s'abstiendra en conséquence de prendre part à une discussion qu'il regarde d'ailleurs comme inopportune.

M. le baron Lambermont pense que, quelques soins que l'on se donne pour restreindre, pour adoucir la rédaction de l'article, le principe sera toujours au fond. Or, le principe des représailles a par lui-même un caractère odieux. On ne peut d'ailleurs conserver l'article sans résoudre la question des otages. Pourquoi, comme la Commission l'a décidé pour d'autres cas sur lesquels on n'a pu se mettre d'accord, ne laissera-t-on pas cette matière dans le domaine du droit non écrit, sous la sanction de la conscience publique, en attendant que les progrès de la science et de la civilisation apportent une solution complètement satisfaisante ? M. le Délégué de Belgique propose de sacrifier l'article tel qu'il est sur l'autel de l'humanité.

La Commission ratifie à l'unanimité cette proposition.

M. le baron Jomini constate que tout le monde est d'accord pour supprimer le chapitre des *Représailles*. On l'effacera donc du Projet ; mais

M. le Président tient à déclarer qu'en l'y insérant l'intention du Gouvernement russe a été de limiter les représailles, non de les consacrer. Si la Conférence aime mieux les laisser sans limites précises, il ne s'y oppose pas. „Je regrette, ajoute M. le Délégué de Russie, de voir rester dans le „vague du silence une des plus dures nécessités de la guerre. Si l'on „supprimait la chose en s'abstenant de prononcer le mot, je ne pourrais „qu'y applaudir; mais si la chose doit rester dans les nécessités de la „guerre, je crains que ce silence et cette obscurité n'en effacent les limites.

„Toutefois, je crois que la constatation même dans nos protocoles du „fait que la Commission, après avoir cherché à régler, à adoucir, à res-„treindre les représailles, a reculé devant sa tâche et devant la répugnance „universelle qu'inspire ce droit extrême de la guerre, je crois que cette „constatation aura une portée morale des plus sérieuses. C'est peut-être „la meilleure limite que nous ayons pu tracer à l'exercice de ce droit et „surtout à l'usage qui en pourra être fait à l'avenir."

MM. les Délégués de Russie proposent également de supprimer les articles concernant les *guides*.

La Commission adhère à cette proposition.

Protocole N° XVII.

(SÉANCE DU 21 AOUT 1874.)

Caratheodory-Effendi demande la parole et s'exprime en ces termes:

„Messieurs, au moment même où va commencer la seconde lecture du „Projet soumis à vos délibérations, nous manquerions à nos devoirs si „nous n'exposions pas, en toute franchise, le point de vue auquel nous „nous plaçons dans ces debats; si nous ne l'avons pas fait jusqu'à pré-„sent, c'est uniquement à cause de l'obligation où nous nous trouvions „de nous mettre au courant de ce qui s'était passé jusqu'au jour de notre „arrivée.

„S. M. le Sultan et son Gouvernement apprécient hautement l'idée „noble et généreuse qui provoque la réunion de ce Congrès, idée due à „l'initiative de S. M. l'Empereur de toutes les Russes, l'illustre Souve-„rain qui, après avoir tant fait pour son propre pays, vient encore de „donner, par cette proposition, au monde entier un gage public éclatant „de ses vues civilisatrices, humanitaires et pacifiques, tendant non à „abolir entièrement la guerre, idéal rêvé et encore longtemps irréalisable, „mais du moins à la civiliser et à en mitiger les terribles conséquences. „S. M. le Sultan et son Gouvernement ne pouvaient qu'applaudir de grand „cœur à une si noble tentative. L'Empire ottoman ne peut qu'en profiter;

„ il y voit une nouvelle garantie pour la marche paisible et pacifique qu'il
„ poursuit vers un développement non interrompu de toutes ses ressources
„ tant intellectuelles que matérielles.

„ La mission dont nous avons l'honneur d'être chargés consiste, Mes-
„ sieurs, à prêter notre coöpération aux délibérations qui ont pour objet
„ d'établir d'un commun accord et d'une manière précise les lois et usages
„ admissibles en temps de guerre et obligatoires pour les Gouvernements
„ et leurs armées, sur la base d'une parfaite réciprocité.

„ Tout ce qui est de nature à humaniser la guerre, à en mitiger les
„ désastreuses et terribles conséquences, jouit d'avance de toutes les sym-
„ pathies du Gouvernement que nous avons l'honneur de représenter, et
„ nous sommes autorisés à vous en donner, dès à présent, l'assurance la
„ plus formelle.

„ Cependant, nos instructions ne nous permettent pas d'engager en quoi
„ que ce soit la Sublime Porte quant à la teneur elle-même du Projet
„ et de tous les détails qu'il pourrait contenir. Notre rôle consiste
„ simplement à assister et à prendre part aux délibérations de cette Con-
„ férence, à exprimer, s'il y a lieu, une opinion qui n'est que purement
„ personnelle et à n'accepter qu'*ad referendum*, en réservant formellement
„ et expressément l'adhésion et la sanction de notre Gouvernement, le
„ travail qui sera le fruit de ces débats, travail que nous nous ferons un
„ devoir de placer sous ses yeux et sur lequel la Sublime Porte aura seule
„ à statuer en dernier ressort.

„ Cette attitude nous est tracée tant par les limites de la mission qui
„ nous est confiée que par la force même des choses. Le Gouvernement
„ ottoman, en fixant les instructions dont il a muni ses Délégués, avait
„ sous les yeux le texte du Projet élaboré par le Cabinet de Saint-Peters-
„ bourg. Le texte du Projet soumis à la haute Assemblée en ce moment,
„ en seconde lecture, diffère essentiellement, sinon par le fond, du moins
„ par la forme, du Projet primitif du Gouvernement impérial de Russie.
„ Il y aurait une perte de temps considérable, voire une impossibilité
„ matérielle pour nous à vouloir attendre l'acquiescement de notre Gou-
„ vernement à toutes les modifications qu'a déjà subies le Projet primitif.

„ Il est, par conséquent, entendu que nous réservons à la Sublime Porte
„ l'entière liberté de statuer sur l'ensemble du Projet qui sortira de ces
„ délibérations. Nous aurons, en attendant, l'honneur de présenter, d'ordre
„ de notre Gouvernement, quelques amendements peu importants aux articles
„ du texte modifié correspondant à ceux du Projet primitif du Cabinet de
„ Saint-Pétersbourg, au fur et à mesure qu'ils seront mis en discussion.

„ Ces amendements, sans rien changer au but humanitaire poursuivi par
„ la Conférence, paraissent à la Sublime Porte de nature à rendre le sens
„ du Projet plus clair et à le mieux approprier aux exigences spéciales de
„ la situation de l'Empire ottoman.

„ Il y a cependant un point que nous voudrions tout d'abord établir.

„C'est celui de la limitation éventuelle de la défense nationale. La situa-
„tion de l'Empire ottoman étant analogue à celle des Etats qui ont déjà
„formulé leurs réserves à cet égard, nous nous associons entièrement aux
„vues exprimées principalement par MM. les Délégués de Belgique, de
„Suisse, d'Espagne et de Portugal. Je prends la liberté de prier M. le
„Président, au nom de mon collègue et au mien, de vouloir bien faire
„insérer au protocole la déclaration suivante, déclaration dont je demande
„la permission de donner lecture:
„Les soussignés, Délégués de Turquie au Congrès de Bruxelles, ont
„l'honneur de déclarer qu'ils réservent spécialement et formellement les
„décisions de leur Gouvernement au sujet de toute clause du Projet
„soumis aux délibérations de la Conférence et qui aurait pour but de
„limiter ou d'affaiblir, dans une mesure quelconque, les droits de la
„défense nationale, en cas de guerre.
„Bruxelles, le 21 août 1874."

(*S.*) CARATHEODORY.
(*S.*) EDHEM.

M. le baron Jomini répond à M. le premier Délégué de Turquie qu'il
sera pris acte, au protocole, de sa déclaration.

La Commission procède à l'examen, en seconde lecture, et dans l'ordre
suivi pour la première, du Projet de Convention modifié.

M. le baron Baude demande que dans l'intitulé le mot de „Déclaration"
soit substitué à celui de „Convention."

M. le baron Jomini dit que cette question sera réglée ultérieurement et
que rien n'est préjugé quant au titre qui servira à caractériser le résultat
des délibérations.

M. le maréchal de camp Servert déclare, en son nom et au nom de ses
collègues, que les instructions qu'ils ont reçues en vue de la Conférence
se rapportaient au texte russe primitif et non aux modifications qui y ont
été introduites. Les représentants de l'Espagne n'ayant pas encore reçu
les nouvelles instructions qu'ils ont demandées à leur Gouvernement, M. le
maréchal de camp Servert exprime le désir qu'il soit constaté, au moment
où va commencer la seconde lecture, que leur participation aux discussions ne préjuge en rien l'opinion définitive de leur Gouvernement, et
n'infirme point les réserves qu'ils ont faites au début de la discussion.

M. le Président demande si le § 11 ne soulève aucune observation.

M. le colonel comte Lanza objecte que l'article 11 combiné avec l'article
12 semble indiquer que les seules limites imposées aux pouvoirs des
belligérants sont celles signalées dans le second de ces articles. Il croit
qu'il serait préférable de poser comme principe général qu'il y a des moyens
que la civilisation réprouve, puis d'indiquer quels sont *notamment* les moyens
interdits aujourd'hui.

Afin de changer le moins possible le texte adopté, M. le Délégué d'Italie demande qu'il soit dit: „Les lois de la guerre et de la *civilisation* ne „reconnaissent.... etc. „et, au paragraphe suivant: „D'après ce principe „sont *notamment* interdits...."

M. le baron Jomini fait observer qu'on a étrangement abusé du mot de „civilisation" et que c'est une expression vague qu'il faut éviter d'employer sans nécessité.

M. le baron Lambermont appuie l'insertion du mot „notamment." On pourrait croire, sans cela, que tout ce qui n'est pas compris dans l'énumération est licite.

Cette addition est admise.

L'article 11 est conservé sans autre modification.

M. le colonel comte Lanza propose d'ajouter au litt. *A.* de l'article 12: „...les matières de nature à développer dans le pays des maladies conta- „gieuses." Ce serait, à son avis, une garantie de plus pour empêcher la propagation des maladies de cette nature et une obligation pour les belligérants de prendre de sérieuses précautions pour que la contagion ne puisse pas s'étendre.

M. le colonel Manos appuie cette motion.

M. le général de Voigts-Rhetz répond qu'il faudrait indiquer un de ces moyens pour pouvoir le discuter et qu'il rentre, au besoin, dans le cas de meurtre par trahison.

M. le baron Lambermont émet l'opinion que ce cas est plutôt du ressort d'un congrès sanitaire que de la Conférence actuelle.

Au litt. *B*, M. le général de Voigts-Rhetz propose de dire: „appartenant *à la nation ou* à l'armée ennemie."

L'Assemblée admet cette addition.

Caratheodory-Effendi pense qu'il serait utile de remplacer le mot „trahison" par celui de „perfidie." Il lui paraît que le terme „trahison" ne saurait être appliqué à un ennemi.

M. le général de Voigts-Rhetz répond que cette expression: „meurtre par trahison" correspond à l'expression allemande *Meuchelmord* que la Commission a eu l'intention de conserver et qui ne peut donner prise à aucune équivoque.

M. le maréchal de camp Servert dit, au litt. *C*, qu'il y a lieu de faire une différence entre la *déclaration* et le *fait.* Il demande que cette seconde idée soit exprimée comme la première.

MM. le général de Voigts-Rhetz et de Lansberge sont d'avis que la „déclaration" implique à fortiori que le „fait" est interdit.

Au litt. *E*, M. le colonel Brun demande la suppression des mots: „verre pilé."

Après une courte discussion, le paragraphe est modifié comme suit: „l'emploi d'armes, de projectiles ou de matières propres à causer des maux „superflus ainsi que l'usage des projectiles prohibés par la déclaration de „Saint-Pétersbourg de 1868."

Au litt. *F*, on supprime les mots: „dans le but de le tromper," parce que l'idée est suffisamment exprimée par le mot „abus" et l'on ajoute ceux-ci: „ainsi que des signes distinctifs de la Convention de Genève."

Au litt. *G*, M. de Lansberge propose de dire: „toute destruction de la „propriété ennemie qui ne serait pas impérieusement commandée par les „nécessités de la guerre." M. le Délégué des Pays-Bas pense que la saisie étant déjà prévue dans d'autres parties du Projet, il est inutile de la mentionner ici. Quant au reste du texte, la portée lui en semble difficile à saisir. Il serait donc utile de remplacer la rédaction primitive par une formule courte et compréhensible pour tout le monde.

M. le baron Lambermont ajoute que la rédaction proposée en première lecture lui avait laissé des doutes sérieux parce que le sens exact était difficile à comprendre; il croit qu'il faut restreindre la clause autant que possible.

M. le colonel Manos est d'avis qu'il serait plus simple de dire: „tout ce „qui est indispensable à l'ennemi pour la conduite de la guerre."

La Commission est d'avis que, comme la mention du mot „saisie" a trait à une prohibition, il n'est pas inutile de la renouveler, quand même elle ferait double emploi.

Elle se rallie à la rédaction suivante:

„Toute destruction ou saisie de propriétés ennemies qui ne serait pas „impérieusement commandée par les nécessités de guerre."

M. le colonel comte Lanza propose que l'article 13 soit supprimé; il lui paraît impraticable de faire une énumération satisfaisante des moyens *permis;* tout ce qu'on pouvait faire était d'énoncer les principaux moyens *interdits.*

M. le baron Lambermont rappelle que, lors de la première discussion, M. le Délégué de Suisse avait demandé une explication à cet égard. On n'entend sans doute pas autoriser des moyens immoraux ou criminels.

M. le Président constate que c'est pour faire droit à l'observation de M. le colonel fédéral Hammer que l'article vise le § 48 (ancien).

A l'article 14, M. le colonel Brun énonce l'avis qu'on pourrait supprimer le mot „attaquées" parce qu'on ne peut pas *attaquer* ce qui n'est pas *défendu.*

M. le général de Voigts-Rhetz fait observer que l'article a pour but d'interdire des démonstrations militaires contre des populations pacifiques.

M. le baron Lambermont demande si, à l'article 15, on ne pourrait stipuler un délai entre l'avertissement et l'attaque.

M. le baron Jomini répond que l'avertissement, par sa nature même, implique l'idée qu'il pourra être utilisé.

M. le colonel Brun fait observer que ce n'est pas toujours le *commandant de l'armée* qui attaque telle ou telle place; il serait plus correct d'employer une expression moins générale.

M. le colonel Staaff propose de dire: „le commandant des troupes assaillantes."

Il est fait droit à cette observation.

M. de Lansberge demande si les mots: „sauf attaque de vive force" indiquent qu'il s'agit ici exclusivement du cas de *surprise*.

M. le général de Voigts-Rhetz répond que M. le général Arnaudeau a déjà fait remarquer que cette expression a précisément ce sens pour tous les militaires, et que la Commission s'est ralliée à cette interprétation.

A l'artile 16, M. le général de Voigts-Rhetz, considérant qu'il importe que les *signes visibles spéciaux* soient connus de l'assiégeant, pour qu'il ne contrevienne pas involontairement aux prescriptions de cet article, demande que l'assiégé soit tenu de les lui faire connaître d'une manière certaine.

La Commission juge cette observation fondée et ajoute, à la fin de l'article, les mots: „indiqués d'avance par l'assiégé."

M. le baron Lambermont demande, à l'article 17, s'il ne serait pas plus exact de dire: „ne peut pas" au lieu de: „ne doit pas être livré au pillage."

M. le baron Jomini répond que le mot *doit* est plus péremptoire, qu'il implique une *obligation* formelle.

M. le général de Voigts-Rhetz propose de substituer le mot „localité" à celui de „ville" ainsi que cela a eu lieu à l'article 14.

Sur l'observation que le mot „localité" ne répond pas à l'idée que l'on a en vue; qu'il peut indiquer un endroit quelconque, champ ou terrain non habités, la Commission maintient le mot „ville" en lui donnant le sens générique défini à l'article 14.

M. le baron Lambermont propose d'insérer ici le Projet de déclaration que M. le baron Jomini a rédigé au sujet de la pétition des habitants d'Anvers relative au bombardement.

La Commission adhère à cette proposition.

Voici le texte de ce document légèrement modifié:

„M. le Délégué de S. M. le Roi des Belges a donné communication à la „Commission d'une pétition adressée au Gouvernement du Roi par les „habitants de la ville d'Anvers.

„Elle a pour objet d'exprimer le vœu que la Conférence, réunie à „Bruxelles dans un but d'humanité, veuille bien adopter comme un prin- „cipe à appliquer désormais en cas de guerre, que lorsqu'une ville

„fortifiée sera soumise au bombardement, le feu de l'artillerie ne soit
„dirigé que contre les forts et non contre les habitations privées appar-
„tenant à des citoyens inoffensifs.

„La Commission a pris acte de cette communication. Elle s'est trouvée
„d'accord pour constater que, d'après les principes qui président à ses
„délibérations, les opérations de guerre doivent être dirigées exclusive-
„ment contre les forces et les moyens de guerre de l'Etat ennemi et non
„contre ses sujets tant que ces derniers ne prennent pas eux-mêmes une
„part active à la guerre.

„En outre, un article spécial du Projet soumis à son examen stipule
„expressément que la propriété privée sera respectée et il n'est apporté à
„cette règle d'autres dérogations que celles qui sont strictement justifiées
„par les nécessités absolues de la guerre.

„Ces principes attestent que la Conférence est déjà saisie du vœu huma-
„nitaire exprimé par les citoyens d'Anvers et que ses délibérations ont
„pour but de rechercher tous les moyens pratiques de le réaliser.

„Il est permis d'espérer que ces principes amèneront dans l'avenir la
„réalisation du vœu des citoyens de la ville d'Anvers.

„En attendant, la Commission a la ferme confiance que tout comman-
„dant d'armées civilisées, se conformant aux principes que la Conférence
„de Bruxelles a pour mandat de faire sanctionner par un règlement inter-
„national, considérera toujours comme un devoir sacré d'employer tous
„les moyens qui peuvent dépendre de lui, en cas de siége d'une ville
„fortifiée, afin de respecter la propriété privée, appartenant à des citoyens
„inoffensifs, autant que les circonstances locales et les nécessités de la
„guerre lui en laisseront la possibilité. "

M. de Lansberge ne veut pas renouveler la discussion sur les bombardements; mais il exprime de nouveau le regret que la Commission n'ait
pas cru devoir admettre le principe du respect des habitations qui sont
dans le rayon des forts sans en dépendre.

M. le colonel comte Lanza demande que la forme affirmative dans
laquelle était conçu primitivement l'article 18 soit rétablie. La formule
négative actuelle, dit M. le Délégué d'Italie, exclurait des cas d'espionnage
des faits punis par le code militaire italien et des actes de complicité dont
il ne saurait admettre l'impunité.

M. le général de Voigts-Rhetz appuie la motion de M. le Délégué d'Italie.

M. le colonel Staaff trouve que la rédaction nouvelle, qui a été longuement
débattue, doit être maintenue parce qu'elle définit exactement le principe
que la Commission a voulu établir.

Plusieurs Délégués faisant observer que la forme négative a une portée
plus restrictive que la forme affirmative, on décide que la rédaction actuelle
sera conservée.

M. le baron Lambermont demande quelle nuance distingue les mots: *recueille* et *cherche à recueillir.*

M. le baron Jomini répond que le mot „chercher" indique le commencement de la tentative et l'autre, la réussite.

M. le général de Voigts-Rhetz dit que le général Arnaudeau a proposé cette formule parce que l'intention avec un commencement d'exécution est punissable.

M. le baron Lambermont objecte qu'il est fort difficile de constater l'intention. Il ne faut pas perdre de vue que la tête d'un homme est en jeu, il est difficile qu'une législation aille plus loin en fait de prévention.

M. le général de Voigts-Rhetz croit qu'on n'a déjà eu que trop d'égards pour les espions; il pense que l'article doit être maintenu dans sa teneur actuelle.

L'article est conservé sans changement.

M. le maréchal de camp Servert demande que l'article 19 soit retranché. Il a déjà eu l'occasion d'exposer sa manière de voir à cet égard, lors de la première lecture. Il conviendrait tout au moins, dit-il, d'établir une distinction entre les espions qui agissent par patriotisme et ceux qui ne sont poussés que par l'espoir du lucre. M. le Délégué d'Espagne cite, dans cet ordre d'idées, un passage du protocole n° III. Il termine en exprimant le vœu que la peine de mort soit supprimée pour les espions et qu'on se borne à les interner pendant la durée de la guerre.

La Commission décide que le vœu de M. le Délégué d'Espagne figurera au protocole.

M. le colonel comte Lanza propose la suppression de l'article 19 pour d'autres raisons. Il a l'inconvénient de paraître consacrer un droit de juridiction qu'un Etat ne peut donner à un autre sur ses propres sujets; et s'il ne fait qu'énoncer un fait, il est inutile.

M. de Lansberge est loin de vouloir protéger les espions. La plupart sont des coquins; mais il peut cependant se présenter des cas où des hommes honorables consentent à espionner pour servir leur pays. Il est donc d'avis qu'il est nécessaire d'établir qu'ils ne seront pas punis sans jugement. Mais il désirerait éviter le semblant d'accorder à l'ennemi une espèce d'extradition anticipée ou de lui reconnaître le droit d'exercer sa juridiction sur le territoire occupé. M. le Délégué des Pays-Bas propose de remplacer l'article 19 par la rédaction suivante:

„L'espion pris sur le fait est punissable lors même que son intention „n'aurait pas été définitivement accomplie ou n'aurait pas été couronnée „de succès. En aucun cas, il ne sera puni sans jugement."

M. le général de Voigts-Rhetz ne peut pas accepter cette rédaction, qui tend à ménager les individus que l'on reconnaît être pour la plupart des coquins. L'article actuel est suffisant. L'espion sera traité d'après les lois de l'armée qui l'aura saisi.

M. le baron Baude propose de dire : „sera jugé et traité."

Cette modification est acceptée.

A l'article 21, M. le baron Lambermont estime qu'il serait plus correct de dire „dans la zone d'opérations" au lieu de „dans les limites de la sphère d'opérations."

L'article est modifié en ce sens.

M. le colonel Brun trouve que la fin de l'article n'est pas aussi claire que le Projet russe primitif. Le mot „ouvertement" ne peut s'appliquer qu'aux non-militaires, puisque les militaires sont en uniforme.

La rédaction est en conséquence modifiée comme suit :
„Les militaires (et aussi les non-militaires accomplissant ouvertement „leur mission) chargés de transmettre des dépêches destinées soit à leur „propre armée, soit à l'armée ennemi."

L'*Observation* qui suit l'article 21 formera un troisième alinéa de cet article, qui est modifié ainsi :
„A cette catégorie appartiennent également, s'ils sont capturés, les indi-„vidus envoyés en ballon pour transmettre les dépêches... etc..."

A l'article 43 (troisième alinéa) M. le baron Lambermont propose de dire : „*pendant* un temps déterminé" au lieu de „*pour* un temps déterminé."

Ce changement est accepté.

M. le général de Voigts-Rhetz renouvelle la proposition, qu'il a déjà faite antérieurement, de retrancher l'article 44, qui est de nature à donner lieu à des récriminations de la part des deux parties belligérantes.

La suppression est prononcée.

A l'article 45, M. le baron Lambermont pense qu'il faudrait dire :
„pour provoquer *ou commettre* une trahison."

M. le général de Voigts-Rhetz dit qu'il comprend difficilement la trahison éventuelle du parlementaire qui est toujours observé par celui qui l'a reçu. Toutefois M. le Délégué d'Allemagne ne pense pas que l'article pourrait être supprimé, parce qu'il a une valeur morale. Il est destiné à flétrir celui qui abuserait de sa position privilégiée. Il doit être entendu que celui qui fait ce métier est déshonoré.

M. le baron Lambermont insiste pour l'insertion du mot „commettre" laquelle est également demandée par les jurisconsultes qui font partie de la Conférence. Des cas sont cités où le parlementaire commet lui-même un acte de trahison.

En conséquence la fin de l'article porte „pour provoquer *ou commettre* un acte de trahison."

A l'article 46, M. le colonel comte Lanza fait observer que la rédaction admise en première lecture semble soumettre la validité des capitulations à une condition. Cette condition exprime un sentiment auquel personne ne pourrait ne pas rendre hommage; mais M. le Délégué d'Italie croit que la validité des capitulations ne doit dépendre d'aucune clause conditionnelle. Il propose en conséquence de transporter les mots: „et ne doivent pas être contraires à l'honneur" à la fin de l'article, ou mieux encore d'en faire un article séparé, exprimant ainsi l'obligation morale pour le vainqueur de ne pas imposer au vaincu des conditions contraires à l'honneur; mais il ne faut pas laisser supposer que quelque chose puisse restreindre ou infirmer la validité des capitulations dont les stipulations doivent être sacrées.

M. le maréchal de camp Severt demande que l'on ajoute que les conditions ne peuvent pas être contraires *au devoir militaire.*

Plusieurs délégués font observer que cette clause affaiblirait l'idée qu'il s'agit d'exprimer.

M. le baron Jomini propose de dire: „les conditions sont débattues."

M. le colonel Staaff appuie cette rédaction qui justifie mieux, d'après lui, que la première, le maintien du trosième alinéa, lequel sans cela ne serait qu'une superfétation puisque, du moment qu'il y a convention, on n'a pas besoin de stipuler qu'elle sera observée.

La rédaction est modifiée ainsi:

„Les conditions des capitulations sont débattues entre les parties contractantes."

Les deux autres parties de l'article formeront des alinéas séparés.

Les articles 47 à 52 sont admis sans changements.

Protocole N°. XVIII.

(SÉANCE DU 22 AOUT 1874.)

M. le baron Jomini dit que le protocole est ouvert aux Délégués turcs qui n'ont pu assister qu'à une partie de la séance d'hier.

Caratheodory-Effendi demande la parole sur l'article 16. Cet article ayant pour but d'assurer à tout établissement religieux, en temps de guerre, certaines immunités, M. le premier Délégué de Turquie propose, d'ordre de son Gouvernement, de substituer à l'expression: *les églises* celle plus générale de: *les édifices du culte* ou toute autre équivalente, ou bien d'énumérer, après les églises, les édifices religieux des cultes non chrétiens.

Il est évident que l'Assemblée n'a eu en vue d'exclure ni les mosquées ni autres établissements pieux musulmans, ni les synagogues. M. le Délégué de Turquie prie la Commission de vouloir admettre la même modification dans les divers articles où le mot *églises* se retrouve.

La Commission fait droit à cette observation et la rédaction de l'article est, en conséquence, modifié en ces termes:

„En pareil cas, toutes les mesures nécessaires doivent être prises pour „épargner, autant qu'il est possible, les édifices consacrés aux cultes, „aux arts, aux sciences et à la bienfaisance, à condition qu'ils ne soient „pas employés en même temps à un but militaire. Le devoir des habitants „est de désigner ces édifices par des signes visibles spéciaux à indiquer „d'avance par l'assiégé."

Caratheodory-Effendi demande ensuite que l'article 51 commine une pénalité contre l'auteur de la violation d'un armistice. L'article 67 de l'ancien Projet russe, dit-il, portait: „La violation des clauses de l'armi-„stice par une des parties dégage l'autre de l'obligation de les exécuter „et les opérations de guerre peuvent être immédiatement reprises." Le nouveau texte correspondant de l'article 51 dit: „La violation de l'armistice „par l'une des parties donne à l'autre le droit de le dénoncer." Le Gouvernement ottoman est d'avis que ce n'est pas assez de stipuler que la partie qui n'a pas violé l'armistice peut immédiatement reprendre les hostilités. La conclusion de l'armistice régulier n'a d'autre but que de suspendre pour un certain temps les hostilités entre les armées ou Etats belligérants. La violation de l'armistice est donc un acte hautement condamnable; il serait nécessaire de défendre par une clause spéciale une telle infraction au droit des gens et, subsidiairement, de déterminer, comme garantie, la responsabilité qu'encourt le chef d'armée qui s'en rendrait coupable.

MM. le général de Voigts-Rhetz et le baron Baude répondent que ce cas est prévu dans tous les codes militaires et qu'il est même, dans certaines circonstances, puni de la peine de mort. Il est donc superflu d'en parler à l'article 51.

Caratheodory-Effendi fait observer qu'il ne s'agit dans sa pensée que d'une garantie morale de plus pour les obligations contractées réciproquement par les belligérants lors de la conclusion de l'armistice et que, du moment que le principe de la responsabilité est universellement admis, il n'insiste pas sur sa proposition.

M. le général de Leer croit utile d'ajouter qu'un code international ne doit prévoir que les cas qui concernent les belligérants. Quant au cas spécial de celui qui a violé l'armistice, il regarde la législation intérieure. Le coupable est responsable envers son Gouvernement, qui le punira.

La Commission passe à l'examen de l'article 22.

M. le général baron de Schoenfeld propose d'effacer ces mots: „ne sont „pas des criminels" et de dire: „sont des ennemis légaux et désarmés."

M. le général de Voigts-Rhetz appuie cette proposition, que est admise.

M. le colonel comte Lanza dit qu'il est obligé de revenir sur ce qu'il a exposé lors de la première lecture. Il lui semble absolument nécessaire de faire une distinction entre les véritables prisonniers de guerre et les personnes qui, en vertu de l'article 33, peuvent être faites prisonnières avec les troupes auxquelles elles sont attachées. En privant les personnes de cette seconde catégorie de leur liberté, on n'a pas, le plus souvent, en vue d'affaiblir l'ennemi; c'est une simple mesure de précaution pour empêcher qu'un individu capturé, qui a pu examiner les positions et se rendre compte des forces de l'un des belligérants, ne retourne au camp de l'adversaire. On ne doit leur appliquer aucune mesure excédant celles qui sont nécessaires pour mettre obstacle à leur fuite. Le travail obligatoire, les lois et règlements militaires ne devraient pas leur être appliqués. On pourrait, d'un autre côté, exiger qu'ils continuent à pourvoir eux-mêmes à leur entretien.

Il sera fait mention au protocole du vœu exprimé par M. le Délégué d'Italie.

M. le baron Jomini propose de remplacer le mot *violence* par une expression qui, tout en rendant exactement la pensée qu'il s'agit d'énoncer, soit plus en harmonie avec le principe général de l'article.

M. le baron Baude est du même avis. Il demande si la formule: „ne „peuvent être punis que sauf le cas d'insubordination" ne serait pas suffisante.

M. le baron Lambermont rappelle la discussion qui a eu lieu en première lecture; on avait reconnu, pour certains cas, la nécessité d'armer le commandant de pouvoirs rigoureux.

D'après M. le général de Voigts-Rhetz, la *violence* n'implique pas l'*inhumanité;* on a le droit de forcer le prisonnier à obéir aux ordres qui lui sont donnés.

Caratheodory-Effendi propose la suppression du mot *mais*. Les prisonniers doivent toujours être traités avec humanité: c'est un principe général dont il semblerait, par la rédaction actuelle, qu'on peut se départir.

M. le colonel Staaff propose la rédaction suivante:

„Ils doivent être traités avec humanité; ils ne peuvent être l'objet „d'autres mesures de sévérité que de celles qu'ils provoquent eux-mêmes „par l'insubordination ou l'inconduite."

M. le comte Lanza dit: „mesures *spéciales* de sévérité," rédaction appuyée par M. le colonel Manos.

Après discussion, la Commission donne la préférence au texte suivant:
„Ils doivent être traités avec humanité. Tout acte d'insubordination
„autorise à leur égard les mesures de rigueur nécessaires."

A l'article 24, M. le général Palmeirim demande si les prisonniers peuvent
être *contraints* à coopérer à des travaux publics.

M. le Président répond affirmativement.

M. le maréchal de camp Servert rappelle les observations qu'il a faites
au sujet de cet article lors de la première lecture et, pour ne pas prolonger
la discussion, il se borne à s'y référer.

M. le baron Lambermont interprète le texte en ce sens que les prisonniers
pourront être employés à des travaux de fortification, pourvu que ce ne
soit pas sur le théâtre de la guerre; or, il lui semble que de tels travaux
peuvent toujours avoir un rapport, au moins indirect, avec la guerre
engagée et qu'en conséquence il y aurait lieu d'en dispenser les prisonniers.

A l'article 27, M. le maréchal de camp Servert estime qu'une seule
sommation n'est pas suffisante pour que l'on puisse faire feu sur le prisonnier
qui s'évade. Il pense que trois sommations sont nécessaires, parce qu'il
se pourrait que la sentinelle qui s'aperçoit de l'évasion criât et tirât en
même temps. M. le Délégué d'Espagne fait cette motion, sous la pression
d'une idée d'humanité: il y va de la vie d'un homme.

M. le baron Jomini croit que le vœu de M. le maréchal de camp
Servert pourra être discuté si les Gouvernements adoptent l'assimilation
des pénalités militaires signalée à leur attention par M. le général Arnaudeau.

M. le général de Voigts-Rhetz dit que la question dépend des usages
des armées. C'est une mesure d'ordre intérieur. M. le Délégué d'Allemagne
pense que trois sommations serviront à favoriser la fuite des prisonniers.

M. le colonel comte Lanza prend texte de cet incident pour demander
que la Commission veuille bien exprimer le vœu que toutes les parties
des règlements militaires intéressant les deux belligérants soient, par un
accord entre les Gouvernements, soumis à un travail d'unification.
Bien des inconvénients seraient évités si tout ce qui concerne les prisonniers de guerre, la manière de recevoir et de traiter les parlementaires,
de répondre aux signaux de reddition, etc., était régi par une réglementation identique et bien connue de tous les militaires.

M. le baron Jomini répond que cette question se rattache à celle soulevée
par M. le général Arnaudeau et qu'il serait désirable que les Gouvernements pussent arriver à une entente sur ce point.

M. le colonel fédéral Hammer propose de remplacer, dans le premier
alinéa, les mots: *Etat belligérant* par „*partie belligérante* auprès de
„laquelle ils se trouvent" ainsi que cela a déjà été admis ailleurs, parce
qu'il peut y avoir des belligérants qui ne soient pas des Etats.

La fin de l'article 28 est modifiée ainsi: „...avantages *accordés* aux pri-
„sonniers de sa catégorie."

Le deuxième alinéa de l'article 30 portera ce qui suit: „Dans le même
„cas, leur propre Gouvernement ne doit ni exiger ni accepter d'eux, etc..."

L'article 31 est légèrement modifié: „...de même le Gouvernement
„ennemi n'est pas obligé..."

Les mots *de nouveau* sont effacés de l'article 32.

La Commission reprend l'examen du chapitre concernant l'autorité militaire sur le territoire de l'État ennemi.

M. le maréchal de camp Servert cède sa place à M. le duc de Tetuan et
M. le colonel Brun la sienne à M. le directeur Vedel.

M. de Lansberge, n'ayant pas encore reçu des instructions nouvelles
relatives aux modifications apportées au Projet primitif, croit devoir renouveler les réserves qu'il a faites antérieurement.

M. le baron Jomini dit que tous les Délégués sont dans le même cas et
que le protocole le constatera.

La discussion est ensuite reprise sur le chapitre Ier de la section I.

M. le baron Lambermont propose de supprimer, comme inutiles, les mots:
„de l'un des belligérants" à l'article 1er, suppression qui est prononcée.

On décide que l'article 2 se terminera ainsi: „ l'ordre et la vie *publique*."

Caratheodory-Effendi est chargé par son Gouvernement de demander
qu'une clause spéciale soit ajoutée à l'article 3 portant que les habitants
du pays occupé ne seront nullement gênés dans l'accomplissement de leurs
devoirs religieux et que les édifices du culte seront constamment respectés
et protégés.

M. le baron Jomini répond que l'article 37 prévoit ce cas.

Caratheodory-Effendi fait remarquer que l'article 37 ne parle que des
convictions religieuses; que l'amendement qu'il a en vue concerne d'une
manière plus spéciale l'*exercice du culte*.

La Commission fait droit à la remarque de M. le premier Délégué de
Turquie et modifie l'article 37 en ce sens:

„L'honneur et les droits de la famille, la vie et la propriété des indi-
„vidus ainsi que leurs convictions religieuses et l'exercice de leur culte
„doivent être respectés."

M. le colonel fédéral Hammer est chargé par son Gouvernement de
demander que l'article 3 reçoive l'addition suivante: „le Gouvernement
„légal n'est pas obligé de reconnaître de pareils changements dans les
„lois." Pour le cas où la Conférence n'adhérerait pas à cette proposition,
M. le Délégué de Suisse proposerait de retrancher la dernière partie de
l'article: „...et ne les modifiera...que s'il y a nécessité."

M. le directeur Vedel fait observer que la demande principale de M. le colonel fédéral Hammer a une grande portée, en tant qu'elle semble impliquer que des procès, portés devant les tribunaux après la cessation de l'occupation, mais ayant pour base des actes passés pendant l'occupation, ne seraient pas décidés d'après les lois qui étaient alors de fait en vigueur, mais d'après les lois antérieures, que l'occupant avait supendues. Cela serait une injustice contre les habitants qui avaient été forcés à respecter les lois en vigueur de fait. Du reste, la question doit plutôt être regardée comme intérieure que comme ayant un caractère international.

M. le colonel comte Lanza demande, de son côté, qu'il reste bien établi, ainsi que l'avait constaté M. le Delégué belge, que les lois civiles et pénales sont maintenues en vigueur pendant l'occupation, et que les lois politiques et administratives peuvent seules être modifiées.

M. le colonel Manos est chargé d'appuyer toute motion faite en ce sens.

La Commission décide que telle est l'interprétation à donner à l'article 3, comme il résulte de la discussion faite en première lecture et relatée au protocole.

M. le colonel fédéral Hammer fait observer à ce propos que les protocoles n'ont qu'une valeur restreinte et ne servent qu'à contribuer à l'interprétation d'articles douteux et que ce sont justement les articles adoptés et non douteux qui font foi sans qu'ils nécessitent une interprétation par les protocoles.

M. le général de Voigts-Rhetz ne peut point partager cette opinion. Les protocoles sont absolument nécessaires pour l'interprétation des articles. Quand le travail de la Conférence sera terminé, les Gouvernements devront le faire connaître à leurs populations par une déclaration conforme aux protocoles qui sont les commentaires de la loi.

Les mots „services publics" sont retranchés de l'article 4 comme superflus, l'article s'appliquant aux employés et fonctionnaires *de tout ordre.*

A l'article 5, M. le colonel comte Lanza demande qu'après les mots: „déjà établis," on ajoute: „au profit de l'Etat," expression qui indiquerait mieux le principe que l'on a en vue.

M. de Lansberge croit que cette addition pourrait être utile pour exclure les impôts provinciaux et communaux.

M. le baron Lambermont appuie cet avis.

La Commission adopte les mots proposés par M. le Délégué d'Italie et supprime „par le Gouvernement légal du pays."

L'*Observation* formera le second alinéa de l'article 6.

M. le baron Lambermont demande la permission de faire, au sujet de cet article, deux réflexions: — Dans certains pays, les chemins de fer ou du moins les réseaux les plus importants sont entre les mains de l'Etat, soit comme propriété, soit comme exploitation. Dans d'autres, les voies ferrées appartiennent à des Compagnies. D'après l'article 6, second alinéa, le matériel est restitué et les indemnités sont réglées au moment de la paix, mais le bénéfice de cette stipulation ne s'applique qu'aux Sociétés. De là une différence sérieuse, déjà signalée par M. le baron Baude, entre les positions de deux pays dont l'un a gardé pour lui-même et dont l'autre a laissé à l'industrie privée la propriété ou l'exploitation des chemins de fer.

— D'un autre côté, quand il s'agit du matériel des chemins de fer, du moins de celui qui appartient aux Compagnies, on prévoit la restitution et l'indemnité; mais on ne s'engage à rien de semblable au profit des propriétaires ou des fabricants dont les armes ou les munitions auraient été saisies, et cependant celles-ci sont également des propriétés privées. M. le Délégué de Belgique n'ignore pas les considérations d'ordre militaire que l'on a fait valoir pour expliquer ces différences de traitement et il ne veut pas rouvrir un débat à ce sujet; mais comme le Projet discuté par la Commission sera soumis à l'examen de tous les Gouvernements, il a cru opportun de signaler à leur attention la portée, à ce double point de vue, de l'article dont il est question.

M. le baron Jomini fait observer que, dans l'hypothèse posée par M. le baron Lambermont, les armes et les munitions sont de la contrebande de guerre.

M. le baron Lambermont répond qu'on ne peut assimiler la contrebande de guerre sur terre à la contrebande de guerre sur mer.

M. le colonel Staaff propose d'ajouter „par l'armée d'occupation" pour qu'il ne puisse y avoir aucune méprise sur le sens.

La phrase commençant par les mots: „sont également..." est finalement conçue dans les termes suivants: „... sont également des moyens de „nature à servir au but de la guerre et qui peuvent ne pas être laissés, „par l'armée d'occupation, à la disposition de l'ennemi."

M. le général baron de Schoenfeld déclare que la différence entre l'exploitation argricole et celle des forêts n'étant pas assez clairement définie par la rédaction actuelle de l'article 7, M. le comte Chotek et lui, ainsi qu'ils l'ont fait observer en première lecture, ne peuvent y adhérer.

Il est donné acte à M. le Délégué d'Autriche-Hongrie de cette déclaration.

A l'article 8, M. le baron Lambermont prie la Commission de vouloir bien disposer de quelques instants en faveur d'un intérêt qui a toutes les sympathies de ses membres. Le Projet russe primitif contenait une clause protectrice des richesses artistiques, clause qui avait été très favorablement accueillie par l'opinion publique. Elle a fait place, depuis, à l'article 8 du Projet actuel. L'intention était excellente. Après avoir statué sur les cas où les propriétés officielles, et exceptionnellement quelques propriétés privées, passent sous le pouvoir ou l'administration de l'armée d'occupation, on a voulu faire une situation meilleure aux monuments, à certains établissements, aux œuvres d'art, en leur appliquant la garantie du principe qui consacre, en termes généraux, le respect de la propriété privée.

Toutefois, à ce moment, on ne s'était pas encore occupé des restrictions que pourrait subir ultérieurement ce principe du chef des prestations et réquisitions. M. le Délégué de Belgique pense qu'on pourrait aujourd'hui reprendre la rédaction russe, en tenant compte des besoins militaires; il propose de la formuler dans les termes suivants:

„L'armée d'occupation ne peut prendre possession des églises, hôpitaux, „établissements de charité ou d'instruction, à moins qu'ils ne soient „indispensables pour l'installation des malades et des blessés, non plus „que des musées, des bibliothèques ou des établissements renfermant des „collections scientifiques ou artistiques.

„Toute destruction ou dégradation intentionnelle des établissements „ci-dessus énumérés, de leur mobilier, des œuvres d'art ou de science, „ainsi que des monuments publics ou historiques doit être poursuivie par „l'autorité compétente."

M. le baron Lambermont, en appelant la sollicitude de ses collègues sur ce point, croit se conformer aux intentions de l'Auguste Souverain dont la Commission cherche à seconder les vues élevées; il se permet d'ajouter que la Conférence ne croirait sans doute pas avoir assez fait pour le patrimoine de la religion, de l'instruction, des arts et des sciences, en l'assimilant, comme le stipule l'article 8, aux choses d'intérêt purement privé.

M. le colonel comte Lanza appuie cette motion et demande une sanction pénale pour la destruction ou la détérioration intentionnelle des objets d'art appartenant à l'Etat, aux communes ou aux particuliers. Quoique cette idée soit impliquée dans les articles du Projet, il serait bon, dit M. le Délégué d'Italie, de la traduire dans une clause explicite qui ne laisserait aucun doute sur les intentions de la Conférence.

M. le colonel Manos l'appuie également. Il dit qu'il y a des objets d'art qui sont en dehors des musées et des bâtiments: aucune clause ne les protége. Il serait bon qu'il y en eût une.

M. le baron Lambermont ajoute que l'article 8 parle des *biens* des églises. Cette expression ne lui paraît pas traduire exactement la pensée qui a guidé la Commission.

M. le général de Voigts-Rhetz ne peut pas accepter la rédaction de M. le Délégué de Belgique. Il y a, dit-il, dans une armée des besoins urgents auxquels il doit être satisfait sans délai. On ne pourrait pas, en hiver ou en cas de disette, renoncer à loger les troupes dans une église ou à prendre ce qu'il faut pour leur nourriture, même aux biens des établissements ecclésiastiques.

M. le baron Lambermont assure qu'il est loin de refuser aux considérations militaires la part d'influence qui leur revient. La rédaction qu'il a proposée permet, par exemple, d'installer des malades ou des blessés dans les églises, les établissements de charité ou d'instruction. Ce qu'il faut chercher, c'est une formule qui concilie les nécessités militaires avec d'autres intérêts que tous les membres de la Commission ont, sans nul doute, à cœur de sauvegarder.

M. le général de Voigts-Rhetz croit que le principe établi à l'article 8 ne peut être changé. On pourrait ajouter à cet article une clause tendant à faire respecter spécialement les monuments artistiques.

· Après quelques observations échangées entre divers Délégués, on convient d'insérer la disposition suivante à la suite de l'article 8:

„Toute saisie, destruction ou dégradation intentionnelle de semblables „établissements, de monuments historiques, des œuvres d'art ou de science, „doit être poursuivie par les autorités compétentes."

Caratheodory-Effendi demande qu'au lieu „d'églises" on se serve, à l'article 8, de l'expression: „édifices consacrés aux cultes" qui a été adoptée pour l'article 16.

La Commission satisfait au désir exprimé par M. le Délégué de Turquie et arrête que la première partie de l'article 8 (§ 1er) sera rédigée dans les termes suivants:

„Les biens des communes, ceux des établissements consacrés aux „cultes, à la charité et à l'instruction, aux arts et aux sciences, même „appartenant à l'Etat, seront traités comme la propriété privée."

A l'article 9, M. le duc de Tetuan demande si les réserves faites en première lecture restent debout pour la seconde. — Il y est répondu affirmativement.

Le mot *certain* est effacé du 2°.

M. de Lansberge croit que l'on pourrait sans inconvénient supprimer l'*Observation* qui fait suite à l'article 9. En effet, dit M. le Délégué des Pays-Bas, le projet a parfaitement bien énuméré les différentes catégories de belligérants en se servant des mots suivants: „armée", expression qui comprend également dans certains pays les forces appelées la „milice", comme cela a lieu en Suisse, en Belgique et dans les Pays-Bas; „milice", dénomination qui s'applique à tous les corps régulièrement organisés en dehors de l'armée, tels que la garde nationale ou civique, la gendarmerie, les gardes communales, etc.; et enfin „volontaires", catégorie à laquelle appartiennent les corps francs, *riflemen*, etc. Si l'on accepte cette interprétation, il ne peut y avoir aucune méprise et l'*Observation* devient inutile.

M. le baron Jomini trouve que rien ne s'oppose à ce qu'on la maintienne, elle n'infirme en rien la portée de l'article 9.

M. le colonel fédéral Hammer rappelle qu'il était chargé par son Gouvernement de demander la suppression du mot „milices." Du moment que cette expression est maintenue, l'*Observation* doit être conservée également, sauf à l'ajouter, comme alinéa final, à l'article 9.

Caratheodory-Effendi se réfère à la déclaration qu'il a eu l'honneur de faire, conjointement avec son collègue, dans la dernière séance. Il ajoute que son Gouvernement se réserve une liberté entière à l'égard de toute clause tendant de près ou de loin à limiter ou à affaiblir la défense nationale. M. le Délégué de Turquie désire qu'il soit constaté que le mot „milices", employée dans l'*Observation*, comprend tous corps équivalents se conformant aux règles établies dans l'article 9. En Turquie, il n'y a pas de milice proprement dite, mais des corps analogues; il ne serait donc pas juste d'impliquer les *milices* seules dans le sens restreint du mot *armée*.

L'observation de M. le Délégué ottoman sera mentionnée au protocole.

M. le général Palmeirim juge qu'il serait préférable de dire: „ forces militaires" au lieu de „ armée." M. le Délégué de Portugal ajoute que par des considérations diverses dérivant de l'organisation militaire de son pays et qui lui sont communes avec d'autres, il propose que l'article 9 soit rédigé ainsi:

„ Les lois, les droits et les devoirs de la guerre ne s'appliquent pas „ seulement à l'armée, mais encore aux *forces* ou *troupes* réunissant les „ conditions suivantes: (1º ... 2º ... 3º ... 4º) "

Il demande en outre que l'*Observation* qui suit l'article 9 soit retranchée et que le protocole contienne la déclaration suivante:

„ Bien qu'il ait déjà formulé des réserves au nom de son Gouverne- „ ment et constaté l'adhésion qu'il a donnée aux réserves de MM. les „ Délégués de Belgique, d'Espagne, des Pays-Bas et de Suisse, M. le „ Délégué de Portugal ne peut accepter qu'*ad referendum* les articles qui „ ont été admis. "

Après discussion, le texte de l'*Observation* est ajouté à l'article 9; le mot est supprimé.

M. le colonel fédéral Hammer rappelle que, lors de la première lecture, il avait demandé que l'article 34 fût combiné avec l'article 9. M. le Délégué de Suisse exprime le désir que la Commission veuille bien examiner cette question. Il donne lecture de l'article 34 (35) conçu comme suit:

„ La population d'une localité non occupée qui, à l'approche de l'en- „ nemi, prend spontanément les armes pour combattre les troupes d'in- „ vasion, sans avoir eu le temps de s'organiser, conformément à l'article 9, „ sera considérée comme belligérante si elle respecte les lois et coutumes „ de la guerre."

M. le colonel fédéral fait observer que cet article renferme trop de restrictions. Pour s'organiser, dit-il, il ne faut pas seulement du *temps*, il faut des moyens, des ressources. Or, il peut arriver qu'un Gouvernement ne soit pas dans le cas de pouvoir envoyer ses troupes sur un point déterminé; les volontaires accourent; ils ont un commandement quelconque, mais ne sont pas organisés. Il y aurait donc lieu d'abandonner cette condition.

On exige ensuite, ajoute M. le Délégué de Suisse, que les volontaires se lèvent *spontanément*: l'ordre du Gouvernement les priverait-il du bénéfice de la clause? Il faudrait retrancher encore le mot „spontanément" ou y ajouter: „ou sur l'ordre du Gouvernement."

M. le baron Jomini fait observer que le mot „spontanément" indique une concession, une tolérance. C'est moins demander que si l'on exigeait un ordre du Gouvernement lequel, dans plus d'un cas, pourrait ne pas arriver jusqu'aux volontaires.

M. le colonel fédéral Hammer trouve enfin que le mot „localité," au commencement de l'article, est insuffisant. Citons, par exemple, dit-il, le cas de territoires contenant un certain nombre de villes et de villages (localités), de vallées qui ne sont accessibles que par des défilés étroits ou des cols très élevés. D'après la rédaction proposée, on pourrait supposer que ces différentes localités, villes ou villages, devraient se faire attaquer les unes après les autres, que les unes ne pourraient pas porter secours aux autres, que toutes enfin ne pourraient pas se réunir en vue d'une action commune et pour utiliser les avantages de terrains qui n'appartiennent qu'au territoire ou à la vallée. Des clauses de ce genre rendent illusoire, dans la pratique, le principe de la levée en masse. Il faudrait mettre du moins: „territoire" au lieu de „localité."

M. le général baron de Schoenfeld appuie les observations de M. le Délégué de Suisse.

M. le général de Voigts-Rhetz répète, ainsi qu'il a déjà eu l'occasion de le dire à plusieurs reprises, que l'organisation doit être la règle; il importe, et cela n'est pas difficile, que les volontaires aient à leur tête une personne responsable pour les conduire; qu'ils portent les armes ostensiblement et qu'un signe fixe et reconnaissable permette de distinguer leur caractère. S'ils n'ont pas songé à mettre un brassard, qu'ils prennent au moins un morceau d'étoffe quelconque et se l'attachent comme signe distinctif. A ces conditions, bien faciles à remplir, on les traitera en belligérants. Par ces motifs, M. le Délégué d'Allemagne ne saurait admettre que l'article fût modifié.

La Commission décide que le mot *territoire* remplacera celui de *localité* à l'article 10, que l'article 34 prendra la place de l'article 10 actuel et que ce dernier deviendra l'article 11.

Caratheodory-Effendi désire savoir si la fin de l'article 10 du Projet russe primitif, qui faisait mention des *ecclésiastiques*, est sous-entendue dans le même article du Projet modifié. Les Délégués ottomans ont reçu l'ordre de leur Gouvernement de demander que le mot *ecclésiastiques* fût suivi de ceux de *imans* et *rabbins* ou que toute cette catégorie de personnes fût comprise sous la dénomination générique de *ministres du culte* ou d'une autre équivalente.

Il est répondu à M. le Délégué de Turquie que les personnes auxquelles il fait allusion sont couvertes par la Convention de Genève.

Caratheodory-Effendi demande que sa proposition soit consignée au protocole.

M. le baron de Lambermont croit nécessaire de constater l'état dans lequel deux questions sont restées: la première se rapporte à l'article 9. Celui-ci ne traitant que des armées, des milices, des corps de volontaires, en un mot d'êtres collectifs, M. le Délégué de Belgique avait demandé quel serait le sort d'un citoyen qui, agissant isolément, et dans la partie non occupée du pays, ferait des actes de guerre destinés, par exemple, à entraver la marche de l'ennemi. Il lui a été répondu que le projet ne prévoyait pas de tels cas spéciaux.

En conséquence, il est resté entendu que la question de savoir si l'individu, agissant dans les conditions ci-dessus indiquées, doit ou non être considéré comme belligérant, n'est pas tranchée par le Projet et reste dès lors dans le domaine du droit des gens non écrit. La seconde question concerne les soulèvements dans la partie occupée du pays. La première rédaction russe refusait la qualité de belligérantes aux populations se soulevant dans le territoire occupé: la seconde, au contraire, la leur accordait moyennant certaines conditions.

Enfin le Projet d'article préparé par M. le Délégué d'Allemagne ne reconnaissait pas le titre de belligérants aux habitants prenant les armes dans le cas dont il s'agit. Ces formules, après un débat entre divers Délégués, ont successivement disparu et il est demeuré entendu que la question de savoir si et à quelles conditions une population prenant les armes pour combattre l'ennemi dans le territoire occupé, peut revendiquer les droits reconnus aux belligérants, n'a pas été résolue par le Projet et, comme la précédente, reste soumise aux règles du droit des gens non écrit.

M. le colonel fédéral Hammer fait remarquer que c'est dans le sens des idées résumées par M. le Délégué de Belgique qu'il avait proposé ses amendements.

M. de Lansberge fait la même observation que M. le Délégué de Suisse. Il est utile que chacun fasse constater les avis qu'il a exposés.

M. le duc de Tetuan fait également des réserves au sujet de la rédaction du nouvel article 10 auquel il croit que son Gouvernement ne pourrait adhérer.

Caratheodory-Effendi réserve à son tour la liberté d'appréciation de la Sublime Porte sur cet article comme sur tous les autres.

M. le colonel Manos, tout en reconnaissant le but humanitaire que l'on s'est proposé d'atteindre, ne peut prendre, de son côté, aucun engagement pouvant restreindre ou entraver les moyens que son pays croirait devoir employer dans le cas d'une guerre nationale.

M. le baron Jomini dit que le protocole constatera ces vues diverses.

M. le baron Baude, d'ordre de son Gouvernement, demande que la clause suivante soit ajoutée à l'article 37 : „La confiscation de la fortune des habitants ne pourra jamais être prononcée."

MM. les Délégués décident que cette proposition sera examinée dans leur prochaine séance.

Protocole N° XIX.

(SÉANCE DU 24 AOUT 1874.)

M. le Président dit que l'ordre du jour appelle la discussion de la proposition fait dans la dernière séance par M. le baron Baude et demandant que la confiscation de la fortune privée soit interdite.

M. le général de Voigts-Rhetz déclare qu'il n'a pas d'instructions relativement aux matières non contenues dans le Projet russe. Il croit cependant qu'il n'y a aucune difficulté à reconnaître en principe que la confiscation ne doit pas être prononcée; il adhérera donc sous réserve à la proposition faite par M. le baron Baude. M. le Délégué d'Allemagne estime que cette disposition trouverait naturellement sa place à l'article 12, *in fine;* c'est, d'ailleurs, une simple question de forme.

M. le général baron de Schoenfeld ne peut partager cette manière de voir. L'article 12, dont parle M. le général de Voigts-Rhetz, traite des moyens de guerre *interdits;* or, selon M. le Délégué d'Autriche-Hongrie, la confiscation ne peut être rangée parmi les moyens de combattre; il serait donc préférable de placer la diposition qui y est relative au chapitre traitant de la propriété privée.

M. le baron Jomini se prononce pour l'emploi de la formule suivante: „La propriété privée ne peut pas être confisquée."

La Commission adhère à cette rédaction qui est insérée, pour en former le deuxième alinéa, à l'article 37.

A l'article 38, M. le colonel comte Lanza exprime le regret que le mot „butin" employé par le premier Projet ait été remplacé par celui de „pillage."

M. le baron Jomini répond qu'il y a un butin permis sur le champ de bataille: par exemple, celui qui a pour objet les chevaux, les munitions, les canons, etc...; que c'est le butin qui s'exercerait aux dépens de la propriété privée que la Commission entend interdire.

M. le général de Leer ajoute que c'est précisément le butin *non permis* qui s'appelle *pillage.*

M. le comte Lanza demande que ces explications soient insérées au protocole.

M. le Délégué d'Italie présente ensuite quelques observations sur le chapitre des *Contributions et réquisitions*. Dans la séance où cette matière a été examinée en première lecture, M. le Président, dit M. le comte Lanza, a fait savoir à la Commission que plusieurs projets de rédaction lui avaient été soumis et il a donné lecture d'un de ces Projets en demandant de le prendre pour base des débats; mais M. le premier Délégué d'Allemagne ayant, de son côté, présenté une autre rédaction, c'est cette dernière qui, après un échange d'idées, a été mise en discussion.

Le projet lu par M. le Président établissait en principe que l'armée d'occupation pouvait prélever sur les populations toutes les prestations auxquelles peuvent prétendre les troupes du Gouvernement légal. et, sans affirmer en principe le droit de faire des réquisitions et de prélever des contributions, il traçait des règles et des limites pour les unes et les autres au cas où l'armée d'occupation serait obligée, par nécessité de guerre, d'y recourir. Ces idées étaient celles que M. le colonel comte Lanza aurait désiré voir prendre pour bases du débat par la Commission. La rédaction qui est actuellement en discussion ne lui semble pas répondre aux principes généralement admis. Les réquisitions en nature, de même que celles qu'on voudrait établir en argent, comme équivalent des objets de réquisition qui n'ont pu être fournis, ne peuvent pas être confondues avec les impôts.

Il est admis à l'article 5 que l'armée occupante prélève pendant toute la durée de l'occupation, et pour se décharger d'une partie des frais de guerre, les impôts établis par le Gouvernement légal; mais les réquisitions soit en argent, soit en nature, ne paraissent devoir être considérées que comme des expropriations dont les limites sont tracées par la nécessité où peut se trouver l'armée occupante. M. le colonel Lanza aurait voulu également, ainsi qu'il l'avait indiqué en première lecture, qu'on établit des règles pour les amendes en sanctionnant le principe qu'elles seraient le seul moyen reconnu de punir les violations des coutumes et lois de la guerre. M. le colonel Lanza est, du reste, encore sans instructions à cet égard, peu de jours s'étant écoulés depuis que la rédaction actuelle a été proposée, et il exprime le désir que les explications qu'il vient de donner figurent au protocole.

M. le directeur Vedel propose de remplacer les mots: „ contre l'ennemi" à la fin de l'article 39, par ceux-ci: „ contre leur patrie."

Ce changement est admis de même que les deux suivants: „ autant que „ possible " au lieu de „ autant que cela dépend de lui " à l'article 40 et „ délivré un reçu " pour „ délivré une quittance " à l'article 41.

L'examen des modifications apportées au Projet russe primitif étant épuisé, M. le baron Lambermont propose de discuter le chapitre *Des belligérants internés et des blessés soignés chez les neutres* que la Commission a renvoyé à la fin de la discussion générale.

Cette proposition est agréée.

M. le baron Lambermont fait connaître qu'il n'est pas entré dans la pensée du Gouvernement belge d'appeler la Conférence à délibérer sur le code des droits et des devoirs de la neutralité prise dans un sens général.

Ayant remarqué que le Projet élaboré à St-Pétersbourg contenait un chapitre concernant les prisonniers et un autre relatif aux blessés, le Cabinet de Bruxelles a pensé qu'il serait rationnel de suivre les prisonniers et les blessés passant sur le territoire neutre. Les dispositions qu'il soumet à la Conférence sont très simples et en petit nombre. L'expérience en a révélé l'utilité soit pour les neutres qui seraient dispensés d'improviser des solutions dans le flagrant des événements militaires, soit pour les belligérants qui, sachant à l'avance ce qu'ils peuvent attendre des neutres, pourraient prendre leurs mesures en conséquence. L'humanité y trouverait son profit plus encore que la politique.

D'après M. le colonel comte Lanza, rien n'empêche que les articles présentés par M. le Délégué de Belgique fassent partie de l'œuvre de la Conférence. Il lui paraîtrait cependant opportun d'y introduire quelques modifications. L'article 19 (53) pourrait peut-être s'interpréter dans le sens d'une dispense pour l'Etat neutre de l'obligation qui lui incombe d'interdire aux officiers le séjour près de la frontière, lorsque ce séjour, par des motifs divers, est jugé dangereux pour l'un des belligérants. Une mesure de ce genre est appliquée, même en temps de paix, aux étrangers réfugiés dans un pays quand leur présence est jugée dangereuse pour les voisins.

MM. le baron Baude et le baron Lambermont font observer que cette faculté est impliquée dans le mot „peuvent." Il n'y a donc pas d'obligation, pour le Gouvernement neutre, de les laisser sur la frontière; c'est une question d'opportunité que le Gouvernement tranchera suivant les circonstances.

M. le général baron de Schoenfeld croit qu'il faut admettre en principe que les officiers doivent rester avec les soldats et partager, le cas échéant, leurs privations. Il convient, en tout cas, de placer en tête de l'article la *règle* concernant l'internement des sous-officiers et soldats et de faire figurer en seconde ligne l'*exception* qui regarde la liberté laissée aux officiers.

M. le général de Voigts-Rhetz propose de dire: les combattants et les non-combattants qui arrivent chez les neutres.

M. le baron Lambermont répond que cette formule exigerait à son tour une explication.

M. le colonel fédéral Hammer pense qu'il serait préférable de dire: „ l'Etat „neutre qui reçoit sur son territoire des troupes appartenant à l'une des „parties belligérantes, etc."...

La Commission se rallie à là rédaction suivante:

„L'Etat neutre qui reçoit sur son territoire des troupes appartenant aux „armées belligérantes, les internera autant que possible loin du théâtre „de la guerre.

„Il pourra les garder dans les camps et même dans les forteresses ou „dans les lieux appropriés à cet effet.

„Il décidera si les officiers peuvent être laissés libres en prenant l'en- „gagement sur parole de ne pas quitter le territoire neutre sans autori- „sation."

M. de Lansberge rappelle que, lors de la première discussion, il a pro- posé de stipuler que les neutres ont le droit de construire des baraques pour le logement des internés. Il lui a été répondu alors qu'il était inutile de faire reconnaître ce droit, qui ne saurait être mis en question. M. le Délégué des Pays-Bas demande en conséquence que cette explication soit insérée au protocole.

M. le baron Baude cède sa place à M. le général Arnaudeau.

On passe à l'article 20 du Projet belge d'après lequel l'Etat neutre a le droit de mettre en liberté les prisonniers amenés par des troupes belligé- rantes qui se réfugient sur son territoire et qui y sont elles-mêmes désar- mées et internées.

M. le directeur Vedel fait observer que si l'on admet le principe que les prisonniers de guerre, amenés sur le territoire neutre, cessent nonseu- lement d'être prisonniers, mais peuvent même disposer librement de leurs personnes, ce principe établit un devoir pour l'Etat neutre et ne lui donne pas un droit facultatif dont l'exercice dans un sens ou dans l'autre le met- trait d'ailleurs dans une position difficile et fausse qu'il est de son intérêt d'éviter.

M. de Lansberge partage cet avis.

M. le colonel comte Lanza pense que le principe est juste, mais la posi- tion d'un Etat neutre a des exigences qui doivent être respectées. Il faut que les prisonniers n'usent pas de leur liberté d'une manière compromet- tante pour la neutralité du pays dans lequel ils se trouvent. Ils doivent en conséquence se soumettre à l'autorité de ce pays qui doit pouvoir les em- pêcher de retourner à l'armée à laquelle ils appartiennent en traversant directement la frontière qui sépare le territoire neutre du territoire des belligérants.

M. le colonel fédéral Hammer déclare que le principe est incontestable en soi. Mais l'Etat neutre a l'obligation de veiller à ce que son territoire ne serve pas de base d'opérations contre une des parties belligérantes, ou qu'on n'en use pas pour organiser des hostilités. Partant de ce principe, l'Etat neutre exercera la surveillance nécessaire à cet effet et interviendra, par conséquent, vis-à-vis d'entreprises pareilles, qu'elles soient tentées par d'anciens prisonniers de guerre ou par d'autres personnes.

M. le baron Lambermont regarde le principe comme ne pouvant varier selon les circonstances. Sans doute, si les prisonniers délivrés par leur arrivée sur le territoire neutre sont en grand nombre, l'Etat neutre pourra avoir des mesures de précautions à prendre quant à la police, quant à l'itinéraire à assigner et à d'autres points de vue analogues; mais le renvoi dans leur pays ne peut être mis en doute.

M. de Lansberge dit que le poursuivant doit renoncer à son droit de poursuite, mais cette renonciation ne peut pas lui être préjudiciable. S'il avait atteint le corps poursuivi, il aurait délivré ses soldats prisonniers. Ceux-ci doivent être libres de rejoindre leur corps s'ils le désirent comme s'ils avaient été délivrés par lui. En leur permettant de retourner à leur corps, l'Etat neutre ne viole aucunement la neutralité qui lui impose le devoir de ne pas permettre des actes d'hostilité sur son territoire, mais non celui d'empêcher les sujets non armés appartenant aux Etats belligérants de remplir leurs obligations envers leur patrie.

Sur l'observation d'un délégué disant qu'on ne peut permettre aux prisonniers délivrés de repasser la frontière, M. le baron Lambermont déclare persister dans l'opinion qu'il a exprimée. Le cas qui fait l'objet de l'article est celui-ci: une troupe belligérante qui a fait des prisonniers est acculée à la frontière neutre par les opérations de l'ennemi; elle a le choix entre deux alternatives: se rendre à l'ennemi, auquel cas les prisonniers sont immédiatement délivrés, ou passer la frontière neutre avec les prisonniers.

Mais il est évident que, dans cette dernière hypothèse, l'Etat neutre n'est pas obligé de remplir la tâche qu'elle ne peut plus remplir elle-même, c'est-à-dire de garder les prisonniers qu'elle avait faits sur le théâtre de la guerre. L'autre belligérant n'a été empêché de les délivrer que parce que l'Etat neutre l'a arrêté dans sa poursuite.

M. le général de Voigts-Rhetz croit qu'il est nécessaire de préciser la question. Un exemple fera comprendre mieux sa pensée. Si un convoi de prisonniers, conduit par un des belligérants, entre par erreur sur le territoire neutre, les troupes de l'Etat neutre qui le rencontrent doivent-elles le laisser repasser la frontière ou interner les hommes qui le composent? La première alternative n'est pas douteuse.

M. le baron Lambermont dit que le cas de l'entrée par erreur sur le territoire neutre est toujours compris et résolu de la manière qu'indique M. le Délégué d'Allemagne. L'erreur dûment constatée, on ramène à la frontière par le plus court chemin le détachement égaré.

M. le colonel fédéral Hammer estime qu'il y a deux principes engagés dans le débat; les prisonniers amenés ou réfugiés sur le territoire neutre ne sont plus au pouvoir de leur ennemi; mais l'Etat neutre, de son côté, peut les garder ou ne pas les garder. S'il les garde, il a certain droits vis-à-vis d'eux. Quant aux déserteurs, il est incontestable qu'un devoir d'extradition n'existe pas.

M. le baron Jomini dit qu'il importe de réserver le droit des gens que la Conférence s'est formellement interdit de discuter. Afin de concilier toutes choses, M. le Président propose la rédaction suivante:

„Les prisonniers amenés à la frontière de l'Etat neutre par des troupes „belligérantes cessent d'être prisonniers d'après le droit des gens." C'est un avis, dit M. le premier Délégué de Russie, qu'émet la Conférence et qu'elle signale à l'attention des Gouvernements.

M. de Lansberge réclame pour l'Etat neutre une liberté d'action absolue.

La Commission décide que la disposition de l'article 20 du Projet belge, telle que l'a rédigée M. le Président, sera considérée comme appartenant au droit des gens et insérée, à ce titre, dans le protocole.

A l'article 21, M. de Lansberge propose de dire que les internés seront traités sur le même pied que les troupes de l'Etat qui les garde.

M. le général de Voigts-Rhetz ne peut se rallier à cette proposition, parce que, en temps de guerre, les troupes qui doivent marcher et sont exposées aux hasards et aux difficultés de la campagne, ont nécessairement plus de besoins que des internés qui restent sur place et n'ont ni marches à faire ni fatigues à supporter. C'est à l'Etat neutre d'apprécier comment il traitera les internés pour se conformer à ce qu'exige l'humanité.

En conséquence, l'article 21, qui devient l'article 54 du *Projet de Convention*, est rédigé comme suit:

„A défaut de convention spéciale, l'Etat neutre qui reçoit des troupes „belligérantes fournira aux internés les vivres, les habillements et les „secours commandés par l'humanité."

L'article 22 est supprimé.

Le principe de l'article 23 est conservé; il sera formulé dans les termes suivants à la fin de l'article 21:

„Bonification sera faite à la paix des frais occasionnés par l'internement."

A l'article 24, M. le baron Lambermont, pour faire droit à une observation qui lui a été présentée par M. le général Arnaudeau, propose d'ajouter: „sous la réserve que les trains ne transporteront ni personnel ni matériel „de guerre." Par l'expression de *personnel*, on exclut évidemment les combattants; on a en vue le personnel neutralisé, le service sanitaire.

M. le général de Leer dit qu'il faut faire aussi une distinction entre des blessés arrivant isolément et par groupes et des convois entiers de malades et de blessés. Dans ce dernier cas, une des parties belligérantes serait placée dans une position extrêmement favorable en envoyant ses malades et ses blessés par les voies ferrées d'un Etat neutre. Elle conserverait les siennes pour servir aux buts spéciaux de la guerre.

M. le général de Voigts-Rhetz soulève la question de la garde ou escorte qui accompagnerait les blessés ou les malades.

M. de Lansberge fait observer que l'escorte du belligérant pourrait être remplacée à la frontière par celle de l'Etat neutre.

M. le baron Lambermont déclare que, le personnel de guerre étant exclu du passage par la clause proposée ci-dessus, il appartiendra à l'Etat neutre de prendre les mesures nécessaires pour assurer la sûreté des convois et garantir sa propre responsabilité. M. le Délégué de Belgique admettra une disposition dans ce sens.

Quelques observations sont encore échangées et l'article est adopté dans les termes suivants:

„Art. 55. — L'Etat neutre pourra autoriser le passage par son terri-
„toire des blessés ou malades, sous la réserve que les trains qui les
„amèneront, ne transporteront ni personnel ni matériel de guerre.

„En pareil cas, l'Etat neutre est tenu de prendre les mesures de sûreté
„et de contrôle nécessaires à cet effet."

On arrive à l'article 25 du Projet belge.

M. le directeur Vedel demande si cet article s'applique également à des blessés et à des malades sur le territoire neutre par la voie de mer.

La Commission décide que les questions maritimes étant exclues de ses délibérations, elle ne croit pas pouvoir discuter la question posée par M. le premier Délégué de Danemark. Elle est toutefois d'avis que cette question spéciale n'implique pas des principes de droit maritime et que l'humanité demande qu'en pareil cas les malades et les blessés, amenés par mer, soient traités comme ceux qui arrivent par la voie de terre.

M. le colonel comte Lanza dit que l'article 25 du Projet belge ayant en vue les malades et les blessés appartenant aux corps qui combattent sur la frontière, il lui semble que ces malades et ces blessés ne doivent pas être envisagés d'une autre manière que les soldats poursuivis par l'ennemi qui entrent sur le territoire neutre. Les règles qui concernent ces derniers devraient naturellement s'étendre aux premiers. L'Etat qui reçoit des malades et des blessés doit pouvoir appliquer les principes de la Convention de Genève à ceux qui, après guérison, sont reconnus incapables de combattre. M. le Délégué d'Italie propose, par ces motifs, de remplacer l'article 25 par la clause suivante:

„Les règles fixées par la Convention de Genève pour le renvoi dans
„leur pays des malades et des blessés sont applicables aux blessés et
„aux malades internés en territoire neutre."

M. le colonel Staaff appuie la proposition de M. le Délégue d'Italie. Il croit devoir fixer tout particulièrement l'attention de la Conférence sur l'article 6, dernier alinéa, de la Convention de Genève qui assure aux transports de blessés et de malades une neutralité absolue. Cette neutralité, étant *absolue*, doit, suivant M. le Délégué de Suède et Norvége, s'appliquer à plus forte raison au territoire neutre où les difficultés que créent ailleurs les événements militaires n'existent pas. Il va sans dire que quant aux blessés soignés par l'Etat neutre, les règles de la Convention doivent être rigoureusement observées.

M. le baron Lambermont dit que la question dont s'occupe l'article 24 a été discutée, il y a peu d'années, au point de vue de la Convention de Genève, sans aboutir à une solution. L'utilité d'une stipulation formelle reste entière à raison de la situation spéciale de l'Etat neutre.

M. le général de Voigts-Rhetz propose de dire :

„La Convention de Genève s'applique aux malades et aux blessés „internés sur territoire neutre."

M. le baron Lambermont considère cette rédaction comme répondant au but que l'on avait en vue.

Ce texte est admis et il forme l'article 56 (nouveau).

M. de Lansberge propose l'addition de l'article suivant :

„L'Etat neutre n'est tenu à aucune obligation envers les belligérants „par rapport aux prisonniers échappés des mains de l'ennemi et réfugiés „sur son territoire."

M. le général de Voigts-Rhetz fait observer que cette formule est trop large : elle peut s'appliquer, s'il ne s'agit que d'un petit nombre de prisonniers; s'il y en a beaucoup, elle pourrait, dans la pratique, entraîner de graves inconvénients.

M. le colonel comte Lanza pense aussi que la thèse posée par M. de Lansberge est trop générale pour pouvoir trouver place dans une déclaration internationale. Trop de cas différents peuvent se présenter pour qu'il soit possible de les comprendre dans une formule unique. Mieux vaut les abandonner à l'appréciation qu'en feront les Gouvernements dans chaque éventualité particulière.

M. le colonel fédéral Hammer est d'avis que l'article proposé par M. le Délégué des Pays-Bas renferme un principe général du droit des gens tellement incontestable qu'il ne pourrait qu'être affaibli si on le faisait figurer dans le Projet de Convention. M. le Délégué de Suisse ne saurait donc d'aucune maniere s'y rallier.

M. de Lansberge répond que sa proposition était motivée par le désir de son Gouvernement de prévenir certaines difficultés qui peuvent se présenter en temps de guerre. Du moment que M. le Délégué de Suisse est persuadé que l'insertion de l'article pourrait avoir pour conséquence de paraître révoquer en doute le principe qu'il s'agit d'affirmer, M. le Délégué des Pays-Bas retire sa proposition en déclarant que son Gouvernement considère le principe comme incontestable et se réserve de l'appliquer, le cas échéant, de la manière la plus absolue.

MM. les Délégués de Danemark et de Belgique se rallient à cette déclaration.

On décide que le résultat des délibérations de la Conférence portera le titre de *Projet d'une Déclaration internationale concernant les lois et coutumes de la guerre*, au lieu de *Projet de Convention*.

La Commission, ayant épuisé son ordre du jour, considère sa tâche comme terminée.

PROTOCOLES

DES SÉANCES PLÉNIÈRES.

Protocole N° IV.

(SÉANCE DU 26 AOUT 1874.)

M. le Président donne lecture du Rapport qu'il a rédigé pour faire connaître à la Conférence le résultat des travaux de la Commission.

Voici le texte de ce document :

„Messieurs, votre Commission a terminé le travail que vous lui aviez „confié. Elle m'a chargé de vous le soumettre.

„Avant de le présenter, je crois nécessaire de résumer le but qu'elle „s'est proposé, les résultats auxquels elle est arrivés, les obstacles „qu'elle a rencontrés, la marche qu'elle a suivie et l'esprit dans lequel „elle a procédé.

„Elle s'est rendu compte des difficultés de sa tâche.

„La guerre est toujours un fléau contre lequel protestent tous les sen-„timents de l'humanité. Il y a bien longtemps que les meilleurs esprits „se préoccupent des moyens d'en préserver le monde. Le Congrès de „Paris en 1856 a déjà posé comme un vœu, sinon comme une règle, „qu'avant de faire appel à la force des armes, les Etats en conflit recou-„russent à la médiation de Puissances désintéressées.

„En dernier lieu, deux grandes nations ont déféré à l'arbitrage les „différends qui les divisaient et y ont aussi trouvé une solution pacifique.

„Nous savions que l'opinion publique en Europe attendait de la Con-„férence quelque chose qui répondit à ces aspirations générales et, „certes, il n'est pas un de nous qui ne se fût dévoué avec joie à une „œuvre semblable. Mais notre cadre nous était tracé. Il était plus modeste „et plus pratique. — En affaires, il n'y a d'utile que ce qui est pratique.

„En effet, Messieurs, malgré ce désir ardent et universel de la paix,
„la situation des choses s'est plutôt aggravée. D'un côté, les progrès des
„sciences et de la civilisation ont mis à la disposition des États des
„moyens de destruction organisés d'une manière colossale; de l'autre,
„ces mêmes progrès ont rendu plus cruelles les souffrances de la guerre,
„plus sensibles les pertes qu'elle cause.

„Il y a là une contradiction frappante. Il est évident que tel ne doit pas
„être le dernier mot de la science et de l'esprit d'organisation qui de nos
„jours ont accompli tant de miracles. Il est évident que la tâche de
„notre époque est d'appliquer ces deux leviers si puissants à deux buts
„urgents: restreindre la force destructive de la guerre, tout en recon-
„naissant ses inexorables nécessités, — diminuer les souffrances de
„l'humanité, sans méconnaître les devoirs qui lui sont imposés.

„Dans qu'elle mesure ce double but peut-il, doit-il être rempli? Quelle
„part doit être faite aux nécessités indéniables de la guerre? Quelle part
„aux droits imprescriptibles de l'humanité?

„Tel est le problème que votre Commission a eu, sinon à résoudre, du
„moins à étudier.

„Elle a entendu la voix ferme, pratique, expérimentée des délégués
„militaires qu'elle compte dans son sein. Il lui a été impossible d'en
„méconnaître l'autorité. Elle a entendu d'autres voix, des voix honnêtes
„et convaincues, qui, avec une émotion qu'elle a partagée, ont plus exclu-
„sivement plaidé la cause de l'humanité. Elle a également consulté les
„avis de la science du droit international qui ont une valeur théorique
„incontestable.

„Elle a dû chercher à concilier ces courants d'idées souvent contradictoires.

„En outre, d'autres considérations se sont imposées à son attention.

„Parmi les États représentés dans la Conférence, les uns, plus aptes à
„l'initiative de la guerre, ont tenu à en constater les nécessités tout en y
„posant des limites. Les autres, plus naturellement restreints à la défensive,
„ont revendiqué dans toute leur plénitude des droits qui sont en même
„temps des devoirs.

„Quelques-uns se trouvaient privés, par leurs institutions, de la faculté
„de transiger entre le droit et la nécessité.

„Tous ont dû compter avec le sentiment public, dont l'aversion pour
„tout ce qui touche à la guerre est invincible, et, bien que le devoir des
„Gouvernements soit d'éclairer les esprits lorsqu'ils ignorent et de les
„rectifier lorsqu'ils s'égarent, ils ont jugé impossible d'aller à l'encontre
„de ce courant de l'opinion, si puissant de nos jours et si digne d'égards.

„Tels sont les obstacles entre lesquels votre Commission a dû s'ouvrir
„une voie.

„Il lui eût été facile d'éluder ces difficultés en s'abstenant de les aborder.
„Le silence les eût couvertes d'une commode obscurité. La guerre s'est
„faite depuis que le monde existe, elle se fera probablement tant qu'il

„existera. On pouvait l'abandonner à son cours naturel, réglé par les
„mœurs .et les intérêts ou dirigé par les passions de chaque époque.
„L'humanité eût continué à subir, en protestant, les droits et les abus
„de la force.

„Votre Commission n'a pas eu cette faiblesse. Elle a eu le courage
„d'aborder de front les difficultés, de sonder jusqu'au fond cette plaie
„terrible et saignante de la guerre, dans l'espoir de trouver ne fût-ce
„qu'un seul adoucissement aux souffrances qu'elle cause, ne fût-ce qu'une
„chance à sa guérison.

„Cette tâche a été souvent très pénible. Votre Commission croit avoir
„bien mérité de vous en l'accomplissant dans la mesure de ses forces et
„en restant dans les limites du possible.

„Quant à la marche qu'elle a suivie, elle a très sagement débuté par
„les questions qui semblaient devoir provoquer le moins de divergences.
„En affaires, il est bon de se connaître, de s'apprécier. La confiance les
„facilite lorsqu'elle s'établit.

„C'est ainsi que nous avons pu terminer l'examen des chapitres III, IV,
„V, VI, VII de la section I et les chapitres I, II et III de la section III.
„Les articles du Projet en discussion concernant les moyens de guerre,
„les siéges et bombardements, les espions, les prisonniers de guerre, les
„malades et les blessés, les armistices et les capitulations, les parlementaires,
„l'inviolabilité des personnes et de la propriété privées, des établissements
„religieux, scientifiques ou artistiques, etc., ont été l'objet de rédactions
„transactionnelles, destinées à concilier toutes les nuances d'opinions.

„Des principes importants par leurs conséquences pratiques ont été
„définis, fixés, précisés dans le sens des droits de l'humanité et dans la
„mesure qu'ont paru comporter les nécessités de la guerre. Ces résul-
„tats ont une incontestable valeur. Lors même que la Conférence eût du,
„pour le moment, borner là ses travaux, ils ne seraient pas restés stériles.

„Mais nous avons voulu aller jusqu'au bout de notre tâche.

„Après cette première épreuve, nous avons abordé avec une mutuelle
„confiance les questions plus délicates contenues dans les chapitres I et
„II de la section Ire et dans les chapitres I et II de la seconde. Les
„délibérations se sont poursuivies dans le même esprit de conciliation.
„Elles ont mis au jour des opinions diverses, soulevé des questions nou-
„velles d'une grande importance et dont plusieurs échappaient même à
„notre compétence. Nous n'en avons pas moins persévéré dans notre tra-
„vail, convaincus que les difficultés mêmes que nous rencontrions en
„attestaient la grande utilité.

„D'ailleurs, la certitude que nous avions, et que les protocoles consta-
„tent expressément, de n'engager absolument en rien la liberté d'action
„et d'appréciation de nos Gouvernements, nous donnait toute la latitude
„nécessaire pour un échange d'idées. Toutefois, il nous a semblé qu'en
„pareille matière les transactions qui n'auraient pu se faire qu'au prix

„de sacrifices de convictions ou d'artifices de forme, n'auraient pas répondu
„à la vérité et à la réalité des choses. Ces questions nous ont paru trop
„graves pour n'être pas approfondies.

„Nous n'avions pas la resource de recourir au vote. Ce mode de solu-
„tion nous était interdit par la nature même de notre Conférence. D'autre
„part, MM. les Délégués étaient liés par les instructions de leurs Gouver-
„nements, qui eux-mêmes étaient liés par leurs institutions. L'initiative
„de transactions, sous notre responsabilité, nous était donc rendue difficile.

„C'est pourquoi, sans rononcer à chercher des rédactions transaction-
„nelles, nous avons cru devoir nous écarter du principe convenu de ne
„point acter nos divergences. Au contraire, nous avons jugé indispensable
„de consigner toutes les opinions aux protocoles, et de constater avec une
„entière franchise les points de vue quelquefois opposés qui nous divisaient.

„Le Projet sorti de ces débats n'est que la résultante des forces d'im-
„pulsion qui se sont produites parmi nous. Mais ce qui en ressort en tout
„cas, c'est. la lumière. Or, en face de problèmes si obscurs, si ardus, sur
„un terrain hérissé de difficultés, d'obstacles et d'embûches.—porter la lumière,
„c'est déjà beaucoup.

„Notre travail, tel qu'il est complété par les commentaires inscrits aux
„protocoles, a le caractère d'une enquête. Votre Commission croit que,
„sous cet aspect, il peut être présenté avec utilité à nos Gouvernements
„respectifs. Ceux-ci y puiseront une connaissance approfondie de questions
„restées jusqu'ici dans le vague des théories abstraites de la science, des
„usages pratiques très divers des armées, ou des sentiments contradictoires
„des peubles. De là résultaient une incertitude qui aggravait les maux de
„la guerre pendant sa durée et des récriminations qui, même après la
„paix, perpétuaient les ressentiments. Les principes humanitaires qui flot-
„taient dans la conscience publique devaient être précisés dans la mesure
„de ce qui est possible et pratique, de même que les droits de la force—
„ces droits qui se sont toujours exercés et s'exerceront probablement tou-
„jours — devaient être définis afin de pouvoir être renfermés dans de
„certaines limites.

„Certes, Mess eurs, ces définitions ne sont pas le dernier mot de la
„civilisation. Disons plutôt qu'elles en sont le premier, dans l'ordre d'in-
„térêts qui nous occupe. Elles constatent l'état présent des choses, tel
„que le passé nous l'a légué. Mais l'avenir reste ouvert. Le point de
„départ est posé. La route est tracée. Les Gouvernements sauront, d'accord
„avec l'opinion publique, marcher en avant et discerner les améliorations
„pratiques des utopies irréalisables.

„Sous ce rapport, Messieurs, nous croyons que la Conférence de Bruxelles
„aura rendu un service réel. Elle aura contribué à inaugurer une ère nou-
„velle dans les relations internationales, une ère qui, il faut l'espérer, sera
„celle d'un progrès sérieux.

„Elle le devra au zèle consciencieux avec lequel elle a accompli sa tâche,

„à la parfaite harmonie qui n'a pas cessé de présider à ses délibérations et
„au sincère désir de ses Délégués d'unir leurs efforts afin de servir, autant
„qu'il pouvait dépendre d'eux, les intérêts de l'humanité.

„Permettez-moi de terminer cet exposé par quelques considérations per-
„sonnelles, en mon nom et en celui de mes deux Collègues.

„Plusieurs de MM. les Délégués ont cru devoir, à diverses reprises,
„protester des vues exclusivement pacifiques de leurs Gouvernements,
„résultant de la position particulière que la .politique, l'histoire et la géo-
„graphie leur ont faite.

„Nous pouvons, Messieurs, donner les mêmes assurances au nom de
„notre pays. La Russie est une grande Puissance, grande par sa force,
„par son étendue, son unité, son esprit national. Elle n'en est pas moins
„profondément dévouée aux intérêts de la paix. Sa grandeur même l'éloigne
„de toute idée de conquêtes ou de guerres agressives, et sa force défensive
„est telle aujourd'hui, qu'elle n'a à redouter aucune attaque.

„C'est donc avec un entier désintéressement que notre Geuvernement
„a proposé la réunion de cette Conférence et déféré un Projet à ses
„délibérations. Il a pensé qu'il y avait là de graves questions qui deman-
„daient une solution pour le bien de tous. La Russie se sent trop soli-
„daire des intérêts généraux pour se soustraire aux devoirs qui résultent
„pour elle de sa grande et forte position en Europe.

„Je vous l'ai déjà dit, permettez-moi de le répéter, S. M. l'Empereur,
„notre Auguste Souverain, s'est exclusivement inspiré d'une pensée, d'un
„désir d'humanité en signalant ces questions à l'attention des Cabinets,
„en les conviant à une délibération collective et à une entente générale.

„Vous avez tous rendu hommage à cette pensée loyale et élevée. Dans
„notre intime conviction, la Conférence y a dignement répondu par ses
„efforts soit pour arriver à un accord, soit pour élucider les graves
„questions soumises à son examen.

„Nous croyons donc être un écho fidèle des sentiments de notre Gou-
„vernement en lui en exprimant ici nos chaleureux remerciments. Nous
„ignorons quel sera le résultat immédiat de nos travaux; mais ce dont
„nous sommes certains, c'est qu'ils ont jeté une semence que le temps
„fera mûrir et qui ne périra pas.

„Dans quelque mesure qu'il en ressorte un bien, un progrès, un sou-
„lagement quelconque au profit de l'humanité, les vœux de notre Auguste
„Souverain seront remplis."

M. le Président donne lecture des articles qui ont été, sans préjudice
des réserves faites, inscrits dans le travail de la Commission.

A l'article 3, M. le baron Blanc, faisant la déclaration générale qu'il
parle en son nom personnel, comme son collègue, M. le colonel comte
Lanza l'a fait dans la Commission, insiste sur l'utilité qu'il y aurait à
distinguer les lois civiles et pénales, que l'occupation militaire doit laisser

intactes, des lois politiques, administratives et financières que l'autorité occupante pourra exceptionnellement modifier en cas de nécessité. M. le Délégué d'Italie fait observer en outre que l'énonciation dans l'article 3 du fait d'une modification exceptionnelle des lois d'ordre général ne saurait impliquer la reconnaissance, par le pouvoir exécutif d'un Etat, d'un droit quelconque à exercer par l'autorité ennemie sur ses nationaux. Il doit être entendu que l'article vise un fait éventuel pour le limiter et ne préjuge aucune question de souveraineté nationale. M. le baron Blanc fait d'avance et en général cette dernière réserve commandée par le droit public de l'Italie pour les autres articles du Projet auquel elle pourrait s'appliquer.

M. le Président donne acte à M. le Délégué d'Italie de ses réserves qui seront, comme toutes les autres, mentionnées au protocole.

A l'article 4, M. le baron Blanc fait observer que cet article a l'inconvénient de paraître subordonner la protection des fonctionnaires et des employés par l'occupant, à la condition d'une invitation de la part de celui-ci, acceptée par eux. Or, non-seulement les fontionnaires des municipalités et des représentations provinciales, mais des fonctionnaires du Gouvernement attachés à des services d'intérêt social, tels que les magistrats, les professeurs, les employés de l'état civil, des prisons, etc..., peuvent se regarder comme moralement tenus de ne pas abandonner leur poste en présence de l'occupation. Il serait injuste de mettre leur patriotisme en conflit avec le sentiment de leur devoir moral envers la société en établissant qu'ils resteront en charge par une sorte de délégation de l'occupant, c'est-à-dire en vertu de son invitation à laquelle ils se rendent. M. le baron Blanc croit indispensable de faire une réserve à cet égard. Les rapports des fonctionnaires avec l'autorité occupante peuvent se résumer ainsi: faculté du Gouvernement légal qui évacue un territoire d'y laisser tous ses fonctionnaires ou seulement quelques catégories d'entre eux; faculté laissée aux fontionnaires chargés de services d'intérêt social, d'exercer leurs fonctions sans formalités de nature à préjuger leurs devoirs envers leur propre pays; obligation de l'occupant de ne pas désorganiser les services répondant à des intérêts sociaux. Il semble, en outre, devoir être entendu que les obligations auxquelles ces fonctionnaires et ces employés ne doivent pas manquer et les pénalités qu'ils pourront encourir s'ils y manquent seront déterminées d'après les lois et la juridiction communes. M. le Délégué d'Italie n'entend pas soulever actuellement une discussion à cet égard et demande seulement que ses observations soient insérées au protocole.

M. le baron Jomini répond que pour les fonctionnaires restant en fonctions, les mots: „qui consentiraient," impliquent qu'il n'y aura aucune contrainte. Les fonctionnaires sont toujours libres de s'y refuser, mais tant qu'ils restent en fonctions, leur responsabilité subsiste.

La fin de l'article 5 est modifiée ainsi: „elle les emploiera à pourvoir

„aux frais de l'administration du pays dans la mesure où le Gouvernement „légal y était tenu."

A l'article 6, M. Martens demande à présenter quelques observations. D'après cet article, dit-il, l'armée d'occupation a le droit de saisir le numéraire, les fonds et les valeurs exigibles appartenant en propre à l'Etat. Cette disposition trouve un commentaire dans le protocole n°. XI où il est dit: „En d'autres termes, tout ce qui est prouvé être à l'Etat peut être saisi."

M. Martens trouve cette disposition un peu trop restreinte et trop sévère, parce qu'il y a dans chaque pays des capitaux qui, bien qu'appartenant à l'Etat ou au Gouvernement, ont cependant une destination entièrement *humanitaire et pacifique* et, pour cette raison, ne doivent pas être soumis à la saisie. Tels sont les fonds ou caises des invalides, les caises de pension pour les fonctionnaires publics, les fonds qui ont pour but exclusif d'atténuer les maux et les souffrances de la population, occasionnés par un malheur quelconque. Les fonds qui ont une telle destination doivent, de l'avis de M. le Délégué de Russie, être déclarés insaisissables, parce que si l'on admet qu'ils puissent être considérés comme butin, on s'expose à priver de leurs dernières ressources des hommes dignes à tous égards de la commisération universelle.

Cette proposition que formule M. Martens est, du reste, tout à fait conforme au texte et à l'esprit de l'article 8 qui déclare que les biens des communes et des établissements consacrés aux cultes, à la charité et à l'instruction, même appartenant à l'Etat, sont traités comme la propriété privée. Toutefois les capitaux susmentionnés appartenant généralement à l'Etat, mais n'étant attachés à aucun établissement de charité, ne se trouvent pas, selon M. le Délégué de Russie, compris dans l'article 8 et pourraient, par conséquent, comme biens appartenant „en propre à l'Etat," être confisqués par l'ennemi.

M. le baron Lambermont dit que l'Etat peut bien gérer les capitaux dont a parlé M. Martens, mais qu'il n'en a pas la propriété. C'est ainsi qu'en Belgique le service des pensions des veuves ou des enfants des fonctionnaires est fait par le Gouvernement, mais le capital ne lui en appartient pas. Il en est de même des fonds déposés à la caisse des consignations.

M. Faider pense que les expressions *appartenant en propre* à l'Etat excluent les fonds et les valeurs appartenant à des institutions régies sous la surveillance de l'Etat, en vertu de lois particulières, telles que, en Belgique, la caisse des consignations et les caisses des pensions des veuves et des orphelins des fonctionnaires.

M. le baron Jomini dit que l'on pourra émettre au protocole le vœu que les Gouvernements dirigent leur attention sur le but des institutions dont il s'agit.

M. le colonel Mockel propose de dire: „en toute propriété" au lieu de: „appartenant en propre."

La Commission est d'avis que les deux expressions ont une valeur équivalente.

M. le baron Jomini fait observer que les mots: „de nature à servir au but de la guerre" pourraient être avantageusement remplacés par ceux-ci: „aux opérations de la guerre."

M. le colonel fédéral Hammer fait observer que le changement peut avoir son utilité, mais que le mot *but* exprime plus clairement ce qui sert *directement* à faire la guerre.

MM. le baron Jomini et le général de Leer ajoutent qu'on a aussi en vue ce qui sert *indirectement*.

M. le Délégué de Suisse rappelle que la Commission a longuement débattu ce point. On a admis que tout ce qui peut être converti en argent peut servir au but de la guerre. C'est par ce motif qu'on a dit: „ qui par leur nature, etc."

M. le baron Jomini répond que le changement proposé restreint la portée de la clause au lieu de l'étendre et que partant il répond aux intentions de M. Hammer.

La modification est adoptée.

M. Vedel demande à dire quelques mots sur le second alinéa de l'article 6. Il rappelle que, lors de la première discussion de cet article, il avait réservé à son Gouvernement le droit de présenter un amendement tendant à faire participer, dans une certaine mesure, les câbles transmarins, lorsqu'ils sont une propriété privée, à la protection que l'article accorde aux télégraphes de terre privés. Les instructions nécessaires à ce sujet sont parvenues à MM. les Délégués de Danemark; mais ils croient que le moment n'est plus opportun pour discuter cette question.

M. le directeur Vedel se borne, par conséquent, à indiquer dès à présent la motion, pour qu'elle soit insérée au protocole, en ajoutant que son gouvernement en fera plus tard l'objet d'une correspondance avec les autres Gouvernements. Ce que le Cabinet danois propose, c'est d'ajouter après „télégraphes de terre" ces mots: „ y compris les cables d'atterrissage." Comme on le voit, il s'abstient de parler des cables sous-marins eux-mêmes, question qui a été soulevée déjà par un autre Gouvernement et qui présente de très grandes difficultés. La motion 1.o se rapporte qu'aux câbles d'atterrissage (c'est-à-dire aux câbles qui relient les câbles sous-marins aux fils télégraphiques de terre) et ces câbles paraissent pouvoir être admis sans aucun inconvénient à jouir de la même protection restreinte que les télégraphes de terre proprement dits.

L'article 6 soulève une objection de la part de M. le baron Blanc. L'expression *valeurs exigibles* est, selon lui, trop large. On ne saurait admettre que l'occupant puisse avoir des droits sur les créances de toute espèce du Gouvernement ennemi; par exemple, pour certaines catégories de créances, le payement forcé qui lui en serait fait pourrait laisser subsister l'obligation légale du débiteur de payer aux mains du créancier véritable.

M. Bluntschli admet que cette question peut être en effet une cause de difficultés, mais moins en principe que dans l'application. A son avis, il ne s'agit pas de créances d'un Etat envers des débiteurs privés, par exemple de créances hypothécaires. Toutefois, si l'occupant les saisissait, il serait tenu, à la paix, d'indemniser ou de libérer les débiteurs.

M. le baron Jomini répond que la difficulté cesse d'en être une puisque les indemnités doivent être réglées à la paix.

A l'article 7, M. le comte Chotek rappelle la motion qu'il a eu l'occasion de faire en Commission au sujet de l'exploitation forestière par l'occupant. Il croit que la Conférence serait entrée plus avant dans les vues de l'Auguste Promoteur de la Conférence en décidant que l'occupant ne peut pas se considérer comme usufruitier des forêts, bien qu'il ait le droit de s'en servir pour les opérations de guerre. M. le Délégué d'Autriche-Hongrie se réfère, au surplus, quant à ce point, aux observations et aux réserves que son collègue et lui ont faites antérieurement.

M. le baron Blanc pense qu'aux monuments historiques, aux œuvres d'art et de science dont il est question à l'article 8, on pourrait ajouter les „archives publiques et les actes de l'état civil."

M. Faider fait remarquer qu'aucune armée n'a intérêt à détruire les archives et les actes dont parle M. le baron Blanc. On devrait, pour être conséquent, désigner également les bureaux d'enregistrement et d'hypothèques, les dépôts de contrats privés, des protocoles notariaux et autres établissements analogues. Cela n'a pas besoin d'être détaillé. Le respect de ces établissements s'entend de soi-même.

M. le colonel Mockel signale le danger des énumérations incomplètes. Si l'on mentionne les archives, il faudra dire: archives civiles, car les archives militaires ne seront jamais respectées.

M. Bluntschli ajoute qu'il y a des archives qu'on ne peut pas soustraire à l'ennemi, par exemple celles dont l'occupant peut avoir besoin pour établir les impots, faire les réquisitions, etc.

M. le baron Blanc, afin de faire droit aux observations présentées, propose de dire: „des archives publiques et des actes constatant les droits „des citoyens en matière civile."

M. Bluntschli pense que cette formule serait préférable.

M. le général de Voigts-Rhetz fait remarquer que, puisqu'il a été admis que tous les établissements mentionnés à l'article 8 doivent être regardés comme propriété privée, et respectés autant que possible, il est superflu de faire une énumération qui sera nécessairement incomplète. M. le Délégué d'Allemagne ajoute que l'occupant a toujours le droit de s'emparer des plans militaires qui sont de nature à servir au but de la guerre, mais il doit en délivrer un reçu.

La Conférence partage cet avis.

M. le baron Blanc déclare qu'il lui suffit que sa proposition soit insérée au protocole avec les explications de M. le général de Voigts-Rhetz.

M. le premier Délégué d'Italie est d'avis que l'article 9 ne doit pas être considéré comme excluant, en principe, tout cas qui ne rentrerait pas dans les conditions qui sont énumérées dans cet article. Il fixe seulement, selon lui, les conditions qui rendent absolu et indubitable le caractère de belligérant; en d'autres termes, les conditions qui établissent toujours la présomption *juris et de jure* que le combattant est un véritable belligérant. Mais ce caractère peut être acquis et constaté autrement; tel est le cas que l'on a cherché à définir dans l'article 10. Les devoirs de la défense nationale sont réservés une fois pour toutes par M. le baron Blanc et son Collègue à propos de cet article et des autres articles analogues du Projet.

M. le baron Jomini et MM. les Délégués d'Autriche, de France, de Suisse, de Belgique et des Pays-Bas déclarent qu'ils interprètent l'article dans le même sens, comme cela ressort, du reste, des protocoles.

A l'article 10, M. le baron Blanc croit qu'il n'entre pas dans la pensée de la Conférence d'établir qu'en dehors des conditions déterminées dans cet article la résistance des populations serait illégitime; une telle appréciation dépasserait son mandat. Limiter à des cas absolument définis le droit du citoyen de prendre les armes pour la défense de son pays, serait injuste et impraticable; mais, d'autre part, il serait funeste de reconnaître à chacun le droit de combattre à sa guise, de manière que l'envahisseur pût considérer chaque habitant comme un ennemi.

On n'a pas formulé jusqu'ici de *criterium* exact pour déterminer la limite respective des droits des citoyens et des droits des armées, et, selon M. le Délégué d'Italie, il convient d'éviter, au point de vue des uns et des autres, des définitions trop absolues. M. le baron Blanc persiste à préférer au texte actuel de l'article 10 le texte proposé par M. le colonel comte Lanza dans la 14e séance de la Commission. En tout cas il établit, comme réserve expresse, que le principe *inclusio unius est exclusio alterius* ne saurait s'appliquer au contenu de cet article et des autres semblables, quelle qu'en soit la rédaction.

M. le général de Leer s'exprime, au sujet de cet article, dans les termes suivants:

„Jusqu'à présent la tâche des Délégués de Russie était de laisser se „produire les différentes opinions, et de chercher à les concilier. C'est „pourquoi j'ai évité de formuler des avis spéciaux, sous le couvert de „mon Gouvernement, sur les divers articles qui ont été discutés. Toutefois, „comme plusieurs Délégués ont fait insérer aux protocoles des réserves et

„ des opinions qu'ils déclaraient être purement personnelles, notamment
„ sur la question la plus importante, je crois qu'il est nécessaire que je
„ complète le travail d'enquête auquel la Commission s'est livrée, en énon-
„ çant la manière de voir de mon Gouvernement sur cette même question.
„ J'adhère complètement à la rédaction transactionnelle du Projet, mais je
„ tiens à en préciser le sens selon les vues de mon Gouvernement.

„ Voici quels sont, à mon avis, les droits, les devoirs et les intérêts
„ respectifs de l'Etat attaqué et de l'Etat attaquant vis-à-vis de la levée en
„ masse. L'*attaqué* a le *droit* incontestable de défense sans aucune restriction.
„ C'est là un droit sacré que notre Gouvernement n'a jamais eu l'idée de
„ restreindre d'une manière quelconque. Il me suffit de m'en rapporter sur
„ ce point aux déclarations plusieurs fois formulées par M. le Président.
„ Mais à côté de ce droit, l'attaqué a le *devoir* de se conformer aux lois
„ et coutumes de la guerre pour éviter que la lutte ne devienne sauvage
„ et barbare. J'ajouterai que son *intérêt* bien entendu lui commande d'or-
„ ganiser la défense tant en vue de la sécurité intérieure, que de l'efficacité
„ même de la défense et dans le but de pouvoir exiger de l'agresseur qu'il
„ se conforme lui-même aux lois et coutumes de la guerre.

„ L'*attaquant* a le *devoir* de respecter la défense nationale aussi long-
„ temps qu'elle se conforme aux lois de la guerre, et il a *intérêt* à ce que
„ la défense soit régulière, afin de s'épargner à lui-même les mesures rigou-
„ reuses qu'amènerait inévitablement la violation de ces lois. Si toutefois
„ la défense manque à ses devoirs, l'agresseur a, par le fait même, le
„ *droit* de s'affranchir de l'observation des lois de la guerre dans la mesure
„ exigée par sa sécurité. Tel est, selon les vues de mon Gouvernement, le
„ sens de la dernière rédaction du Projet et je me permettrai d'ajouter que
„ sur ce terrain, les diverses opinions qui se sont produites pourraient, j'en
„ suis convaincu, arriver à une parfaite conciliation."

M. le colonel fédéral Hammer pense que toutes les réserves faites antérieurement sont tacitement renouvelées pour la séance actuelle.

Sur la réponse affirmative de M. le Président, M. le Délégué de Suisse
exprime le désir que sa demande figure au protocole.

M. de Lansberge ne veut pas rentrer dans une discussion qu'il considère
comme épuisée; mais il tient à constater au protocole que, dans l'opinion
de son Gouvernement, l'observation des lois de la guerre n'implique pas
le besoin d'une organisation quelconque à exiger par l'attaquant de l'attaqué
sous peine de ne pas le reconnaître comme belligérant.

M. le général de Leer dit qu'il est de l'intérêt de l'attaqué d'être organisé préalablement, mais que ce n'est pas une obligation.

M. le baron Lambermont dit qu'il a été itérativement entendu que toutes
les réserves antérieures sont maintenues; il ajoute qu'au surplus le protocole final contient des réserves générales suffisantes pour tous les cas sur
lesquels des divergences de vues se sont manifestées.

M. le baron Baude demande la permission de pouvoir présenter encore une observation sur l'article 6; son Gouvernement vient de le charger de faire remarquer que l'expression: „en dehors des cas régis par la loi maritime" ne lui paraît pas préciser suffisamment les garanties que la Conférence a voulu donner au commerce maritime des ports de mer situés sur de grands cours d'eau. Il entend cette expression: „en dehors des cas „régis par la loi maritime" dans le sens le plus large et le plus absolu, et, si des doutes existaient à cet égard, il se réserverait de rechercher par voie diplomatique à arriver à une interprétation conforme au sens qu'il attribue à la formule adoptée dans le Projet de déclaration.

M. le baron Lambermont répond que son opinion est complètement d'accord avec l'interprétation que vient de donner M. le Délégué de France.

M. le baron Jomini propose, à l'article 13, de supprimer les mots: „ à merci."

M. le général de Voigts-Rhetz ne peut pas se rallier à la suppression demandée parce que celui qui a été reçu à *merci* peut reprendre les armes et recommencer le combat. Dans la discussion qui a eu lieu à ce sujet au sein de la Commission, on a adopté l'expression „ à merci" comme étant celle qui rend le mieux la pensée qu'il s'agissait d'exprimer. Voici le cas que l'on a eu en vue: un soldat se défend ou met bas les armes; s'il les reprend, recommence le combat et est pris, il n'est pas traité comme belligérant.

M. le colonel Mockel fait observer que le mot „à merci" veut dire „à discrétion." Le soldat qui est dans cette situation accepte tout, même la mort. Il faudrait donc dire, pour être logique: „qui s'est rendu *même* à merci."

M. le colonel Staaff désire aussi éviter le terme „à merci," qui n'est plus dans l'esprit de l'époque actuelle. L'expression „ s'est rendu" suffit. Au moment même où le vaincu se rend, il est, de droit comme de fait, prisonnier de guerre; si alors, selon l'exemple donné tout à l'heure, il reprend les armes, il tombe sous le coup des mesures réservées aux prisonniers qui se livrent à des actes d'insubordination ou d'insurrection.

M. le baron Lambermont croit qu'il n'y a pas d'inconvénient à conserver l'expression parce que les protocoles expliquent suffisamment dans quel sens on l'a employée.

M. d'Antas pense, au contraire, qu'elle implique l'idée que si le prisonnier ne se rend pas à merci, on peut le tuer. Or, il a été décidé qu'on ne peut pas déclarer qu'on ne fera pas de quartier. Le mot n'est donc pas conforme à l'idée à définir.

M. le général de Voigts-Rhetz juge utile de revenir sur ce qu'il a dit pour mieux faire comprendre sa pensée. Il faut, avant tout, se rendre compte de la situation où se trouve le soldat qui va se rendre „à merci."

13

L'homme qui porte les armes est au moment de recevoir un coup de sabre ou d'être percé par une baïonnette; pour éviter la mort, il demande pardon à celui qui va le frapper; il lui dit: Faites-moi grâce de la vie; je me rends à vous, je me constitue votre prisonnier. Son adversaire s'arrête, l'homme est sauvé. Cet homme se rend donc réellement à merci, dans le sens littéral du mot; mais ce mot n'implique en soi aucune contradiction, puisqu'il est entendu qu'on ne peut pas refuser de faire quartier. Ainsi dans le moment où cet homme est en présence de la mort, il dit: Donnez-moi la vie. Voilà l'idée que la clause veut exprimer. Mais les opérations se poursuivent; une charge a lieu; on ne peut pas garder étroitement les prisonniers. Il y en a qui, ayant mis bas les armes, les reprennent et retournent pour combattre ceux qui les ont désarmés. C'est pour punir cette sorte de trahison qu'on s'est servi du mot „à merci": il est rendu en allemand par le terme *auf Gnade od(Ungnade*.

La Commission décide que le mot ⟨ merci" sera remplacé par celui de „à discrétion" qui rend la même pensée et est plus en harmonie avec le langage moderne.

M. le baron Baude propose de dire au litt. *a* du même article 13: „armes ou matières empoisonnées".

M. le baron Blanc s'associe à cette proposition et exprime le désir qu'elle soit complétée par l'adjonction des mots: „ou de nature à développer, dans „le pays occupé, des maladies contagieuses".

M. Bluntschli constate que l'on doit interpréter le texte du litt. *a*, en comprenant parmi les moyens de guerre interdits l'usage de toutes les matières qui sont de nature à répandre dans le pays occupé une contagion quelconque.

M. le baron Jomini dit que l'armée occupante a le plus grand intérêt à prendre toutes les mesures de précaution possibles pour que ses propres soldats échappent aux maladies contagieuses.

En présence de ces explications, M. le baron Blanc se déclare satisfait. Il prend acte de l'interprétation qui vient d'être énoncée et d'après laquelle l'armée occupante ne peut se dispenser, soit intentionnellement, soit par négligence, d'observer les règles sanitaires d'usage.

Sur la proposition de M. le baron Jomini, la dernière phrase de l'article 14 est modifiée ainsi: „sont considérés comme licites."

A l'article 17, M. le Président, sur l'observation que lui a faite un Délégué, propose de remplacer le mot „épargner" par celui de „préserver."

M. le général Arnaudeau fait remarquer que les deux mots n'ont pas une signification identique. C'est aux assiégés de *préserver* leurs édifices, et aux assiégeants de les *épargner* dans la limite du possible.

Le mot „épargner" est conservé.

La rédaction de l'article 22 fait naître un doute dans l'esprit de M. le colonel fédéral Hammer. M. le Délégué de Suisse pense que les mots: „ s'il „ a été possible de reconnaître leur qualité de militaires" n'ont un sens réel que si l'on ajoute: *extérieurement*. En effet, un militaire peut ne pas être en uniforme, mais avoir sur lui son livre de comptes, un passe-port militaire, feuille de route, ou toute autre pièce de légitimation, etc.

M. le baron Jomini dit que les mots: „ s'il a été possible" répondent à cette observation.

M. le colonel fédéral Hammer pense que, dans la pratique, la rédaction actuelle pourrait faire naître des équivoques et donner lieu à des chicanes. Le militaire qui, comme tel, fait de l'espionnage n'est pas un espion; il ne prend ce caractère que s'il est déguisé.

M. le colonel Mockel croit que toute difficulté serait évitée si l'on disait: „ les militaires *non déguisés*."

M. le colonel Staaff croit, s'il a bien compris la portée de l'alinéa tel qu'il a été rédigé après les deux lectures faites en Commission, qu'il contient la pensée trop généreuse peut-être de déclarer prisonniers de guerre et de préserver ainsi du sort réservé aux espions ceux qui ont agi, non par de vils motifs mais par devoir. Selon M. le Délégué de Suède et Norvége, tout semble concourir pour faire admettre cette interprétation du texte primitif. En effet, s'il s'agissait de soldats portant l'uniforme ou de patrouilles, pourquoi la disposition se trouverait-elle dans le chapitre relatif aux espions? Y aurait-il la moindre difficulté à les reconnaître s'ils portaient un uniforme? M. le colonel Staaff se demande donc si l'on n'a pas voulu, au contraire, leur assurer l'avantage d'atténuer leur cas en justifiant de leur qualité de militaires. Si tel était le sens de l'article, la nouvelle rédaction le change entièrement.

M. le colonel Staaff laisse toutefois expressément à d'autres le soin de juger si les exigences de la guerre permettent de pousser l'humanité jusqu'au cas précité. Il tient simplement à faire ressortir que, dans sa nouvelle forme, l'article dit précisément le contraire de ce qui avait été accepté par la Commission.

M. le général de Voigts-Rhetz dit que les militaires qui se placent dans l'hypothèse prévue par M. le colonel Staaff sont considérés comme des patrouilles qui opèrent une reconnaissance licite; mais si, pour la faire, ils empruntent l'uniforme de l'ennemi ou se déguisent de n'importe quelle manière, ils sont considérés et traités comme espions.

La Commission adopte le terme: „ les militaires *non déguisés*" et efface la dernière phrase du premier alinéa.

A l'article 25, sur la proposition de M. le baron Jomini, il sera dit: „ qui ne soient ni exténuants ni humiliants pour leur grade militaire, etc."

M. le baron Blanc pense que le droit de la légitime défense personnelle pourrait être explicitement reconnu à l'habitant paisible qui serait en butte a une des atteintes interdites par le premier alinéa de l'article 38.

M. le général de Voigts-Rhetz exprime l'opinion que ce droit est suffisamment établi par l'article 10.

M. le baron Blanc répond que l'article 10 vise le cas de la défense du pays et la question de savoir si les populations qui se lèvent pour repousser l'ennemi ont ou non la qualité de belligérants. M. le premier Délégué d'Italie ajoute que la remarque qu'il vient de faire a pour but de distinguer nettement de ce cas, afin de prévenir des malentendus, le cas tout différent de la légitime défense personnelle, en dehors de toute participation aux opérations militaires contre un attentat individuel que les lois militaires et les déclarations proposées par la Conférence auraient interdit.

La question est délicate sans doute, et M. le Délégué d'Italie ne veut y toucher qu'avec mesure; mais il lui semble qu'au point de vue juridique, aussi bien que dans un intérêt d'ordre supérieur commun aux parties belligérantes, il sera toujours à désirer que des attentats isolés ne puissent pas se confondre, aux yeux des populations parfois peu éclairées sur l'étendue de leurs droits, avec les faits qui sont du domaine des opérations militaires. Il importe, pour citer un exemple, que la victime d'une agression individuelle ne s'imagine pas que son seul moyen de défense personnelle est de prendre les armes contre le corps même auquel l'agresseur appartiendrait.

M. Faider dit que par *légitime défense* on entend le droit qu'a tout homme de défendre sa vie menacée en attentant à la vie de l'agresseur. Ce droit ne s'applique pas aux attentats à la pudeur, contre la propriété, etc.... M. le Délégué de Belgique craint qu'une déclaration expresse stipulant le droit de défense personnelle dans les cas prévus par le premier alinéa de l'article 38 n'excède les dispositions des lois pénales sur la matière.

M. Martens croit que la question soulevée par M. le premier Délégué d'Italie est du ressort du droit pénal de chaque pays. Il n'y aurait pas d'intérêt pratique à insérer une clause spéciale dans le sens indiqué. Aux yeux de M. le Délégué de Russie, l'article 3 prévoit le cas, puisqu'il maintient les lois (pénales) qui étaient en vigueur dans le pays en temps de paix.

La motion de M. le baron Blanc sera reproduite au protocole.

A l'article 40, M. le baron Blanc a l'ordre de son Gouvernement de constater que la rapidité avec laquelle les discussions se sont succédé et le caractère sommaire donné en dernier lieu aux séances plénières de la Conférence, ont empêché les Délégués italiens de recevoir des instructions sur certains articles, pour lesquels des rédactions nouvelles ont été formulées tout récemment.

M. Martens fait remarquer, à propos de l'article 45, que, lors de sa dernière séance, la Commission a cru nécessaire d'adhérer à la proposition de M. le général de Voigts-Rhetz tendant à la suppression entière de cet article, M. le Délégué d'Allemagne a dit que si un parlementaire se présente pendant un combat et est tué, il est naturel qu'on ne puisse en faire un reproche à l'ennemi; c'est un accident qu'on ne peut lui imputer à crime.

Il ajoutait que si on laisse subsister l'article, il 'se produira, de part et d'autre, des récriminations sans fin et des représailles. Il semble à M. le Délégué de Russie qu'il serait préférable de rétablir la clause. Elle a été insérée dans le Projet russe à cause des faits regrettables qui se produisent pendant la guerre lorsqu'un parlementaire est accidentellement tué; l'ennemi croit toujours à une violation volontaire de la personne du parlementaire. En laissant l'article, on coupe court à toutes les récriminations parce que chacun des belligérants saura qu'en envoyant un parlementaire pendant un combat, il l'expose à être tué. Au contraire, si l'on ne dit rien sur cette éventualité, les récriminations se produiront toujours, sans que la partie accusée trouve une seule disposition pour se défendre. Par ces motifs, M. Martens est persuadé qu'en retranchant l'article on ne coupe pas court aux récriminations; on laisse seulement la question indécise.

M. le baron Jomini répond que si l'on a retranché l'article, c'est parce qu'il a été reconnu qu'il est presque impossible de prouver s'il y a ou non accident. De cette incertitude naitraient des récriminations qu'il est sans nécessité de provoquer.

A l'article 54, M. le baron Lambermont propose la suppression des mots: „... qui reçoit des troupes belligérantes," puisqu'il figurent déjà à l'article précédent, et que, par conséquent, aucun doute n'est possible sur la pensée qu'il s'agit d'exprimer.

La suppression est prononcée.

M. le colonel fédéral Hammer estime qu'on pourrait retrancher le deuxième alinéa de l'article 55. Il semble à M. le Délégué de Suisse que l'Etat qui autorise le passage des trains *sous la réserve qu'ils ne transporteront ni personnel ni matériel de guerre* paraît prendre les précautions nécessaires.

M. le général de Voigts-Rhetz ne peut partager cet avis; il trouve à la suppression proposée des inconvénients sérieux. Le deuxième alinéa, en effet, mettrait obstacle à une demande que formulerait l'escorte des malades et des blessés pour entrer avec eux sur le territoire neutre.

M. le colonel fédéral Hammer demande que, si l'on maintient l'alinéa, on substitue au moins les mots: „est autorisé à prendre" à ceux de la rédaction actuelle: „est tenu de prendre."

Plusieurs Délégués font observer à M. le colonel Hammer que ces mesures de sûreté et de contrôle constituent un devoir rigoureux pour le neutre, et que celui-ci ne pourrait s'en départir sans violer la neutralité.

M. le baron Lambermont dit que cette disposition a été introduite dans le Projet belge en parfaite connaissance de cause. M. le général de Voigts-Rhetz avait demandé si une garde ou escorte fournie par l'un des belligérants accompagnerait le convoi. M. le Délégué de Belgique répondit négativement; il ajouta que l'Etat neutre prendrait les mesures de sûreté et de controle nécessaires; c'est à lui qu'il appartient de faire la police de son territoire et il ne la laisserait pas faire par d'autres.

M. le général de Voigts-Rhetz fait remarquer que le neutre ne pourrait pas se prétendre irresponsable. Il a le devoir d'empêcher sur son territoire le passage du personnel et du matériel de guerre.

M. le colonel fédéral Hammer dit qu'il admet ce principe et n'entend pas restreindre le devoir du neutre; mais il croit que l'alinéa premier suffit à le formuler. Il propose donc subsidiairement d'employer les termes suivants: „ il prendra les mesures nécessaires. "

La Commission se prononce pour le maintien de la rédaction actuelle.

M. le baron Lambermont tient à répéter que la disposition n'a pas seulement en vue de charger le neutre de prendre les mesures nécessaires ; elle implique aussi que c'est pour lui un *droit*, dont l'exercice ne peut compromettre sa neutralité, et auquel il est seul en position de prétendre. C'est lui qui veille à la sécurité des trains et prend des mesures de précaution pour qu'aucun des belligérants n'abuse de sa neutralité.

M. Faider fait une observation sur la rédaction générale: elle est relative à l'emploi des temps. Tantôt, dit M. le Délégué belge, on emploie la forme du présent, tantôt celle du futur. Il estime qu'il serait préférable de mettre plus d'harmonie entre les différents articles et d'adopter le futur comme temps uniforme; ce mode convient mieux pour formuler des dispositions impératives.

Il est tenu compte de l'observation de M. le second Délégué de Belgique.

Pour le texte définitif du *Projet de déclaration*, *voir* Annexe, n° XVIII.

M. le Président accorde la parole à M. le général Arnaudeau, qui donne lecture de la motion suivante:

„Messieurs, nous nous sommes efforcés de définir les devoirs de la guerre, „d'en limiter les droits et de condamner l'abus de ses nécessités, sans avoir „trouvé d'autre répression des excès commis que la réprobation publique.

„Si proche qu'il puisse être, le moment n'est pas venu où, par l'effet „d'une sanction supérieure, on verra s'étendre aux rapports des nations „cette maxime fondamentale des rapports des individus: *Ne fais pas à* „*autrui ce que tu ne voudrais pas qu'il te fût fait.*

„Souvent, dans le cours de nos travaux, nous nous sommes arrêtés

„devant ces mots: *sera livré à la justice*. Mais quelle sera cette justice,
„quels seront ces juges? — Tel acte attirera-t-il sur le coupable, ici la
„peine de mort, ailleurs la simple détention?

„Un pas nouveau dans le sens de la répression uniforme et efficace a
„paru possible à plusieurs d'entre nous, et, c'est en vue de ce progrès,
„que récemment nous émettions l'espoir que, dans un avenir prochain, les
„modes de répression en usage dans les diverses nations ayant été mis en
„concordance, il deviendrait possible d'étudier un code pénal commun pour
„les crimes, délits ou contraventions commis en violation du droit inter-
„national.

„Même dès à présent, il serait à désirer que les Etats pussent s'engager
„à inscrire dans leurs codes des peines analogues pour les cas suivants:
„pillage en bande et isolément; vol au préjudice de l'habitant; violences
„envers un blessé; violation de la parole donnée par un prisonnier de
„guerre; espionnage; prolongation des hostilités au delà du délai convenu;
„attaque à main armée; hostilités en territoire neutre ou allié.

„Les autres cas seraient étudiés plus tard dans le but de restreindre
„progressivement la catégorie des actes permis à la guerre.

„Nous avons donc l'honneur, messieurs, de vous proposer l'adoption du
„vœu suivant:

„Les Puissances représentées à la Conférence s'entendront à l'effet d'éta-
„blir la concordance des modes de répression actuellement prescrits par
„leurs codes militaires. Elles donneront une portée plus grande à cette
„première amélioration en recherchant ensuite les bases d'un accord en
„vue d'unifier les pénalités applicables aux crimes, délits et contraventions
„commis en violation du droit international."

MM. les Délégués de Russie sont autorisés à appuyer le vœu que vient
de formuler M. le général Arnaudeau, en ce sens que les Gouvernements
veuillent s'entendre pour nommer une Commission chargée d'établir la concordance des modes de répression actuellement prescrits par leurs codes
militaires.

M. Faider déclare qu'il a partagé l'idée développée par M. le général
Arnaudeau dès le début de la Conférence. Si les divers Gouvernements se
livrent à des études de législation comparée, il serait utile d'y comprendre
tout ce qui concerne les informations judiciaires, les juridictions, etc. Le
code comprendrait le droit pénal au point de vue de la qualification des
actes coupables et de l'application des peines.

M. le baron Jomini dit que l'appréciation de cette question appartient
aux Gouvernements. Il ne faut pas donner trop d'extension au rôle de la
Conférence.

M. le général Arnaudeau déclare qu'il n'a entendu formuler qu'un
simple vœu.

La plupart des Délégués appuient la motion de leurs collègues de France. M. le comte Chotek et M. le baron Blanc ajoutent qu'ils ont l'intention de la recommander à l'examen de leurs Gouvernements.

M. de Lansberge trouve qu'il y a, dans les propositions qui viennent d'être formulées, des pensées à la fois très heureuses et très pratiques. Mais, comme les Délégués néerlandais n'ont reçu aucune instruction sur cette matière nouvelle, il demande que le vœu soit présenté seulement au nom de la France et non du Congrès.

Une autre proposition est déposée par M. le Président. M. le baron Jomini demande que, pour assurer l'observation des lois et coutumes de la guerre prop. ées par la Conférence, les Gouvernements, s'ils acceptent ces principes et en font l'objet d'une Déclaration, prennent les mesures nécessaires afin que ces règles fassent partie de l'instruction militaire dans leurs armées _ respectives.

M. le baron Blanc demande que la Conférence s'associe à la motion qu'il a chargé M. le colonel Lanza de présenter dans la séance de la Commission du 22 août et qui a obtenu l'adhésion de M. le baron Jomini. Il la formule de nouveau en ces termes:

„La Conférence exprime le vœu que toutes les parties des règlements „militaires intéressant les rapports des belligérants entre eux soient, par „une entente des Gouvernements, soumises à un travail d'unification qui „augmenterait l'efficacité pratique des déclarations sur lesquelles elle a „eu à se prononcer."

M. le comte Chotek partage complètement les vues de M. le Délégué d'Italie.

M. le baron Blanc demande si sa proposition est simplement insérée au protocole ou si elle est admise par la Conférence.

M. le baron Jomini répond qu'elle est admise, la Conférence étant d'accord sur ce point.

M. le colonel fédéral Hammer demande une explication sur la portée que l'assemblée entend donner au texte de l'article 55. Il peut arriver qu'un convoi de malades et de blessés contienne des soldats des deux parties belligérantes. M le Délégué de Suissse pose la question de savoir si les soldats appartenant à l'armée du pays d'où vient le convoi seraient conduits en captivité dans le pays vers lequel il se dirige. Il est vrai qu'il a été décidé que des prisonniers de guerre amenés par des troupes belligérantes à la frontière d'un pays neutre acquièrent leur liberté par le fait seul de l'entrée sur ce territoire; mais il s'agit de savoir si la Conférence applique par analogie le même principe aux blessés et aux malades. M. le colonel fédéral Hammer ne veut pas émettre d'opinion; il désire seulement provoquer une réponse formelle de la Conférence, afin que le neutre ait une base certaine d'après laquelle il puisse à l'occasion régler sa conduite.

M. le colonel Staaff, répondant à M. le Délégué de Suisse, émet l'avis que tant qu'il s'agit de faire évacuer les blessés et les malades, le droit de neutralité est absolu. Quant aux blessés que l'Etat neutre consent à garder et à soigner, le cas est régi par la Convention de Genève, sauf les modifications qu'elle est appelée à subir dans l'avenir par suite d'un accord des Gouvernements entre eux.

M. de Lansberge dit qu'il ne peut pas être question de changer la situation existante.

M. le général Arnaudeau fait remarquer qu'il ne s'agit que d'un simple transit.

M. le baron Jomini demande que la Conférence décide quand elle clôturera ses débats, et signera le protocole final.

L'Assemblée se prononcera sur ce point dans la séance de demain.

Protocole N°. V.

(SÉANCE PLÉNIÈRE DU 27 AOUT 1874.)

M. le baron Lambermont, reprenant la question posée par M. le colonel fédéral Hammer à la fin de la dernière séance, exprime l'avis que la solution n'en peut être douteuse. L'article 55 n'impose pas à l'Etat neutre *l'obligation* de permettre le passage par son territoire des blessés ou des malades. Si l'autorisation lui est demandée par l'une des armées belligérantes, il l'accordera volontiers pour les blessés de cette armée: s'il s'agit d'expédier par le même train des blessés de l'autre armée, mais prisonniers, le Gouvernement neutre se trouvera, quant à ces derniers, en présence de la règle inscrite dans le dernier protocole et portant que les prisonniers amenés sur le territoire neutre sont libres d'après le droit des gens.

M. le colonel fédéral Hammer déclare que sa manière de voir est conforme à celle de M. le Délégué de Belgique.

M. le général de Voigts-Rhetz demande un éclaircissement. S'il a bien compris, quant un convoi se présente à la frontière du neutre, celui-ci a le droit de reconnaître la nationalité des blessés avant de les admettre, afin de s'assurer s'ils appartiement à l'armée qui a demandé l'entrée du territoire neutre.

M. le baron Lambermont répond que le belligérant n'a pas de plein droit la faculté de faire passer des blessés ou des malades par le territoire neutre. Il doit demander et obtenir le consentement de l'Etat neutre. Son intérêt le plus pressant est que ses propres blessés soient transportés le plus tôt possible. Il est satisfait à cet intérêt par l'article 55. Quant aux blessés prisonniers, le neutre en permettra aussi le passage, mais à condition qu'ils soient libres après guérison.

M. le général de Voigts-Rhetz estime que les belligérants et les neutres devraient faire entre eux un autre arrangement. Le neutre pourrait convenir de laisser transporter telle quantité de soldats appartenant à une des deux armées et telle quantité de soldats de l'autre armée.

M. le baron Lambermont répond que l'Etat neutre pourrait accorder le passage aux uns et aux autres, mais toujours sous la réserve que les blessés prisonniers seraient libres par le fait de leur passage.

M. le général de Voigts-Rhetz ne peut admettre cette théorie. Quand des blessés de deux armées sont reçus dans le même hôpital, on doit avoir le droit de les transporter tous par le même convoi dans le pays de celui qui les expédie. Il n'est pas possible d'exiger que tous les blessés restent dans une localité malsaine ou soient renvoyés directement dans leur patrie. Il y a là une lacune. Aussi M. le Délégué d'Allemagne est d'avis que l'on doit, ou dénier au neutre le droit d'accorder le passage sur son territoire, ou le contraindre à recevoir tous ceux qui se présentent.

M. le baron Lambermont trouve que satisfaction entière est donnée aux considérations d'humanité par le système qu'il soutient. Le neutre, en présence d'une situation telle que celle que dépeint M. le général de Voigts-Rhetz, ne refusera pas le passage et l'on pourra toujours évacuer les localités malsaines. On objecte, il est vrai, que les blessés affranchis par leur passage sur le territoire neutre pourraient, après guérison, reprendre les armes, mais alors ce n'est plus l'intérêt de l'humanité qui est en jeu, c'est l'intérêt militaire.

M. le général de Voigts-Rhetz croit que c'est au belligérant qui fait le transport de décider s'ils restent prisonniers ou non.

M. le docteur Bluntschli pense qu'il faut établir une distinction. Si les malades et les blessés sont retenus sur le territoire neutre, ils perdent évidemment leur caractère de prisonniers de guerre; mais si le neutre permet qu'on les transporte à travers son territoire dans le pays ennemi, ils suivent le droit des belligérants et restent prisonniers de guerre. Il est vrai qu'aussi longtemps qu'ils sont sur le sol neutre, ils sont libres; mais ils cessent de l'être sitôt qu'ils ont mis le pied en pays ennemi.

D'après M. le baron Lambermont, il résulterait de là que le même homme deviendrait prisonnier sur le champ de bataille, perdrait cette qualité en traversant le territoire neutre et la reprendrait en arrivant sur le territoire ennemi. M. le Délégué de Belgique rappelle ce qui s'est passé durant la dernière guerre. Des blessés ont été traités en Belgique et ont ensuite été internés. Pourquoi ont-ils conservé leur qualité de pri-

sonniers même sur le territoire neutre? Parce qu'on avait été les chercher sur le territoire belligérant où ces blessés étaient prisonniers et qu'on
avait accepté de les soigner en leur conservant cette qualité; mais le cas
actuel est tout différent; ce n'est plus le neutre qui va chercher les blessés
chez le belligérant, c'est le belligérant qui demande à faire passer les
blessés par le territoire neutre.

Qu'arriverait-il si l'un des belligérants demandait à l'Etat neutre de
laisser passer par son territoirre une colonne de prisonniers bien portants?
Le neutre refuserait le passage ou répondrait que ces prisonniers seraient
libres en passant chez lui. Cela ne fait doute pour personne. Eh bien, le
principe ne change point parce que les prisonniers, au lieu d'être sains,
seraient malades ou blessés.

M. le baron Jomini trouve que l'on sacrifie l'humanité en admettant
cette manière de voir, parce que le belligérant, sachant que ces prisonniers blessés seraient mis en liberté, pourrait préférer de ne pas les
expédier et les laisserait où ils sont, dans des conditions très-fâcheuses.

M. le baron Lambermont ne saurait souscrire à cette conclusion. Ce
n'est pas le neutre qui choisit entre l'intérêt militaire et l'intérêt de
l'humanité; c'est le belligérant qui doit faire ce choix.

M. le baron Jomini dit qu'il vaut mieux laisser la question à résoudre
entre les belligérants et les neutres.

M. le baron Lambermont regretterait qu'il en fût ainsi. Il pense que des
règles sur cette matière sont nécessaires si l'on veut éviter le retour de
malheureux incidents dans lesquels on a vu l'absence de règles convenues
d'avance et les retards dans les décisions occasionner la mort de milliers
de blessés. En effet, l'intérêt principal d'un belligérant est de pouvoir
expédier ses propres blessés par le territoire neutre. Il est probable que
l'envoi de blessés prisonniers aura toujours un caractère exceptionnel.

M. le général de Voigts-Rhetz croit que pour mettre fin à la discussion,
il faudrait s'entendre sur une question de principe. Relativement aux
blessés et aux malades se trouvant sur un territoire belligérant, la convention de Genève pose les règles. Mais, quant au passage des malades et des
blessés prisonniers par le territoire neutre, il doit être réglé entre le
neutre et les belligérants; il faut laisser au neutre le droit d'accorder ou
de refuser l'entrée sur son territoire. M. le Délégué d'Allemagne pense
qu'une telle déclaration insérée au procès-verbal mettrait les Gouvernements en mesure de se diriger en connaissance de cause.

M. le baron Lambermont pense qu'il est maintenant possible de se
mettre d'accord. Le neutre, d'après l'article 56, peut, en se conformant à
la Convention de Genève, traiter les malades ou les blessés internés chez
lui. La question d'humanité est donc entièrement sauve quant à ceux-là.

Reste le cas qui fait l'objet de la discussion actuelle, celui des blessés prisonniers qu'il s'agirait de faire passer par le territoire neutre.

Puisque, en définitive, l'article 55 permet au neutre d'accorder ou de refuser le passage par son territoire, il lui serait toujours possible, s'il avait des doutes sur un cas qui viendrait à se présenter, d'amener une entente avec les belligérants.

La Commission décide que les explications qui précèdent figureront au protocole.

M. de Lansberge demande la parole et s'exprime en ces termes:
„Dans la première séance, nous nous sommes engagés à l'unanimité à „garder le silence sur ce qui se passerait à la Conférence. Je crois que tous, „tant que nous sommes, nous n'avons qu'à nous féliciter d'avoir adopté „ce principe, au moyen duquel il a été imprimé à nos réunions un caractère „d'intimité qui a si puissamment contribué à la bonne harmonie qui n'a „cessé de régner parmi nous. Maintenant que nos travaux sont terminés, „et sans vouloir préjuger les décisions que nos Gouvernements prendront „à cet égard, je crois que nous devons appeler de nos vœux la publicité „la plus complète et la plus prompte. Comme M. le Président l'a dit „dans le protocole final, ce sont toutes les modifications du Projet, réserves, „opinions personnelles, etc... qui forment l'ensemble du travail de la „Conférence. En effet, ce n'est que la confrontation des textes et la „lecture de tous les documents qui pourront mettre le public à même de „juger en parfaite connaissance de cause de la portée et du résultat de „nos travaux. Je me permets donc d'émettre le vœu, auquel j'espère que „mes collègues voudront bien se rallier, que lorsque les Gouvernements „jugeront bon de publier les documents se rapportant à la Conférence, ils „ne sépareront pas les textes modifiés des protocoles."

M. le baron Jomini dit que son Gouvernement appelle la publicité la plus large et la plus complète sur les œuvres de la Conférence.

M. le baron Blanc demande à soumettre une proposition à l'Assemblée. Il rappelle que le protocole final défère l'ensemble des travaux aux Gouvernements comme base d'un échange d'idées ultérieur. M. le Délégué d'Italie propose que, pour consacrer le caractère de ce protocole d'une manière plus évidente et pour exprimer d'une façon plus sensible la haute déférence dont le Congrès est animé envers l'Auguste Souverain qui l'a convoqué, MM. les Délégués veuillent bien ne pas considérer leur tâche comme définitivement terminée. M. le baron Blanc demande, en conséquence, que la Conférence se borne à clore la session sans prononcer sa dissolution, laissant ainsi aux Gouvernements toute décision sur l'opportunité d'une convocation nouvelle.

M. le comte Chotek et d'autres Délégués appuient cette proposition.

M. le baron Jomini déclare qu'il ne peut y avoir de doute sur la complète liberté laissée aux Gouvernements quant à l'opportunité d'une nouvelle réunion de la Conférence.

La Conférence adopte la proposition de M. le premier Délégué d'Italie.

M. le général de Voigts-Rhetz croit qu'il est bon que les décisions de la Conférence restent secrètes jusqu'à ce que les Gouvernements prennent eux-mêmes l'initiative de la publication.

La Conférence se prononce dans le même sens.

M. le comte Chotek se permet de présenter une observation relativement à la note insérée au *Moniteur belge* et demandant au public de suspendre son jugement sur l'œuvre de la Conférence jusqu'à ce qu'il ait sous les yeux les textes complets et officiels. Non-seulement, dit M. le Délégué d'Autriche-Hongrie, la publication faite par un journal étranger a été incomplète, mais elle est incorrecte puisqu'on n'a pas dit la vérité sur l'institution de la Commission.

En ce qui concerne la note du *Moniteur*, M. le baron Lambermont répond que le Gouvernement belge, parlant en son propre nom, n'a pas cru pouvoir s'expliquer davantage; si la Commission juge utile de faire paraître une rectification plus complète, elle en a incontestablement le droit.

M. le président pense que l'on peut considérer cet incident comme clos.

M. le colonel fédéral Hammer croit que le soin de faire publier les décisions de la Conférence appartient aux Gouvernements, qui se régleront d'après leurs convenances politiques et la courtoisie qu'ils se doivent les uns aux autres.

M. le baron Jomini dit qu'il est préférable de s'entendre sur l'opportunité d'une prompte publicité.

Carathéodory-Effendi est d'avis que la publication des protocoles devrait être faite par le pays où la Conférence a reçu l'hospitalité. On centraliserait ainsi l'action et l'on éviterait les difficultés inhérentes à une publication faite séparément par chacun des Gouvernements. M. le premier Délégué de Turquie demande, par conséquent, que MM. les Membres de la Conférence instruisent leurs Gouvernements respectifs du vœu de l'Assemblée relativement à la publication des protocoles. Chaque Etat aurait à faire connaître sa décision à Bruxelles et le Cabinet belge, après avoir recueilli l'assentiment de toutes les Puissances représentées, procéderait à la publication.

Cette proposition est appuyée par M. le Président ainsi que par MM. les Délégués de Portugal et de Suède et Norvége.

M. le général de Voigts-Rhetz croit que la Conférence est incompétente pour prendre une décision sur cet objet. Le devoir de chaque Délégué est de garder le silence et de prier son Gouvernement de faire connaître son avis sur la publicité à donner aux travaux de la Conférence.

La Conférence admet cette manière de voir.

Caratheodory-Effendi constate qu'il est entièrement d'accord avec M. le Délégué d'Allemagne.

M. le baron Lambermont dit que le protocole final ayant été fait et signé en un seul exemplaire, la Conférence, conformément aux précédents, entendra sans doute que l'original reste déposé aux archives du Département des Affaires Etrangères de Belgique et que le Gouvernement de S. M. le Roi des Belges soit chargé d'en faire parvenir officiellement, aux autres Puissances signataires, des expéditions authentiques et certifiées. En second lieu, M. le premier Délégué de Belgique fait connaître que l'impression des protocoles et documents de la Conférence va commencer sans retard et il conclut de ce qui a été dit que les divers Gouvernements, avertis par leurs Délégués, feront connaître au Cabinet de Bruxelles leurs vues quant au moment à choisir pour la publication.

M. le Président constate qu'on est d'accord sur ces points.

ANNEXES.

Nº I.

SECTION I.

CHAPITRE III. — DES MOYENS DE NUIRE A L'ENNEMI.

(Texte modifié dans la séance du 30 juillet. *Voir* prot. nº I.)

§ 11. — Les lois de la guerre ne reconnaissent pas aux belligérants un pouvoir illimité quant au choix des moyens de nuire à l'ennemi.

§ 12. — D'après ce principe, sont interdits:

A. L'emploi du poison ou d'armes empoisonnées;

B. Le meurtre par trahison d'individus appartenant à l'armée ennemie;

C. Le meurtre d'un ennemi qui, ayant mis bas les armes ou n'ayant plus les moyens de se défendre, s'est rendu à merci;

D. La déclaration qu'il ne sera pas fait de quartier;

E. L'emploi d'armes occasionnant des souffrances inutiles, comme les projectiles remplis de verre pilé ou de matières propres à causer des maux superflus, ainsi que l'emploi des projectiles prohibés par la déclaration de Saint-Pétersbourg de 1868;

F. L'abus du pavillon parlementaire, du pavillon national ou des insignes militaires et de l'uniforme de l'ennemi, dans le but de le tromper;

G. La destruction ou la saisi de tout ce qui n'est pas indispensable à l'ennemi pour la conduite de la guerre ou de tout ce qui n'est pas de nature à en entraver les opérations.

§ 13. Les ruses de guerre et l'emploi des moyens nécessaires pour se procurer des renseignements sur l'ennemi et sur le terrain (sauf les dispositions du § 48) sont considérés comme des moyens licites.

Nº II.

SECTION I.

CHAPITRE IV. — DES SIÉGES ET BOMBARDEMENTS.

(Texté modifié dans la séance du 31 juillet. *Voir* prot. nº II.)

§ 14. — Les places fortes peuvent seules être assiégées. Des villes, villages ou agglomérations d'habitations, ouverts, qui ne sont pas défendus ne peuvent être ni attaqués ni bombardés.

§ 15. — Avant tout bombardement en règle, le commandant de l'armée assiégeante doit faire tout ce qui dépend de lui pour en avertir les autorités.

§ 16. — En pareil cas, toutes les mesures nécessaires doivent être prises pour épargner, autant qu'il est possible, les églises, les hôpitaux et lieux de rassemblement de malades et de blessés et les édifices consacrés aux arts, aux sciences et à la bienfaisance, à condition qu'ils ne soient pas employés en même temps à un but militaire.

Le devoir des habitants est de désigner ces édifices par des signes spéciaux.

§ 17. — Une ville prise d'assaut ne doit pas être livrée au pillage des troupes victorieuses.

Dans la séance du 1er août, la rédaction du § 15 a été remaniée comme suit:

„ § 15. — Mais si une ville ou place de guerre, village ou agglomération „d'habitations, est défendue, avant d'entreprendre le bombardement, et „sauf le cas d'attaque de vive force; le commandant de l'armée assail- „lante doit faire tout ce qui dépend de lui pour en avertir les autorités."

N° III.

Projet présenté, dans la séance du 31 juillet, par M. le premier Délégué de Belgique, concernant les prisonniers de guerre, les non-combattants et les blessés, les belligérants internés et les blessés soignés chez les neutres.

(*Voir* prot. N° II).

CHAPITRE Ier. — DES PRISONNIERS DE GUERRE.

Art. 1er. Les prisonniers de guerre ne sont pas des criminels, mais des ennemis légaux et désarmés. Ils sont au pouvoir du Gouvernement ennemi, mais non des individus ou des corps qui les ont capturés. Ils ne doivent être l'objet d'aucune violence ou mauvais traitement.

Art. 2. Les prisonniers de guerre sont assujettis à l'internement dans une ville, forteresse, camp ou localité quelconque, avec obligation de ne pas s'en éloigner au delà de certaines limites déterminées.

Art. 3. Les prisonniers de guerre peuvent être employés à certains travaux publics qui ne soient pas exténuants ou humiliants pour leur grade et la position sociale qu'ils occupent dans leur pays et qui, en même temps, n'aient pas un rapport direct avec les opérations de guerre entreprises contre leur patrie ou contre ses alliés. Leur salaire servira à améliorer leur position, ou leur sera compté au moment de leur libération.

Ils pourront également, en se conformant aux dispositions réglementaires, à fixer par l'autorité militaire, prendre part aux travaux de l'industrie privée.

Art. 4. Les prisonniers de guerre ne peuvent pas être astreints à prendre une part quelconque à la poursuite des opérations de guerre.

Art. 5. Le Gouvernement au pouvoir duquel se trouvent les prisonniers de guerre est chargé de leur entretien. Les conditions de l'entretien des prisonniers de guerre sont, autant que possible, établies par une entente mutuelle entre les parties belligérantes.

Art. 6. Un prisonnier de guerre qui prend la fuite peut être tué pendant la poursuite, mais s'il est repris ou de nouveau fait prisonnier, il n'est passible d'aucune punition pour sa fuite; la surveillance dont il est l'objet peut seulement être renforcée.

Art. 7. Les prisonniers de guerre ayant commis, durant leur captivité, des délits quelconques, peuvent être déférés aux tribunaux.

Art. 8. Tout complot des prisonniers de guerre, en vue d'une fuite générale, ou bien contre les autorités établies au lieu de leur internement, est puni d'après les lois militaires.

Art. 9. Chaque prisonnier de guerre est tenu par l'honneur de déclarer son véritable grade et, dans le cas où il enfreindrait cette règle, il encourrait une restriction de la jouissance des droits reconnus aux prisonniers de guerre.

Art. 10. L'échange des prisonniers de guerre dépend entièrement des convenances des parties belligérantes et toutes les conditions de cet échange sont fixées par une entente mutuelle.

Art. 11. Les prisonniers de guerre peuvent être mis en liberté sur parole, si le Gouvernement de leur pays les y autorise et, en pareil cas, ils sont obligés, sous la garantie de leur honneur personnel, de remplir scrupuleusement, tant vis-à-vis de leur propre Gouvernement que vis-à-vis de celui qui les a faits prisonniers, les engagements qu'ils auraient contractés.

Art. 12. Un prisonnier de guerre ne peut pas être contraint à accepter sa liberté sur parole, de même que le Gouvernement ennemi n'est pas obligé d'accéder à la demande du prisonnier réclamant sa mise en liberté sur parole.

Art. 13. Tout prisonnier de guerre, libéré sur parole et repris portant les armes contre le Gouvernement envers lequel il s'était engagé d'honneur, n'a plus qualité pour réclamer le traitement des prisonniers de guerre.

CHAPITRE II. — Des non-combattants et des blessés.

Art. 14. Les malades et les blessés tombés entre les mains de l'ennemi sont considérés comme prisonniers de guerre et traités conformément à la Convention de Genève et aux articles additionnels suivants :

Art. 15. Le fait que les hôpitaux et les ambulances sont protégés par un piquet ou des sentinelles ne les prive pas de la neutralité; le piquet ou les sentinelles, s'ils sont capturés, sont seuls considérés comme prisonniers de guerre.

Art. 16. Les personnes jouissant du droit de neutralité et mises dans la nécessité de recourir aux armes pour leur défense personnelle ne perdent point, par ce fait, leur droit à la neutralité.

Art. 17. Les parties belligérantes sont tenues de prêter leur assistance aux personnes neutralisées afin de leur obtenir la jouissance de l'entretien qui leur est assigné par leur Gouvernement et, en cas de nécessité, de leur délivrer des secours comme avance sur cet entretien.

Art. 18. Les non-combattants jouissant du droit de neutralité doivent porter un signe distinctif délivré par leur Gouvernement et, en outre, un certificat d'identité.

CHAPITRE III. — Des belligérants internés et des blessés soignés chez les neutres.

Art. 19. Les officiers peuvent être laissés libres s'ils prennent l'engagement écrit de ne pas quitter le territoire neutre sans autorisation.

Les sous-officiers et les soldats doivent être internés, autant que possible, loin du théâtre de la guerre. Ils peuvent être gardés dans des camps et même renfermés dans des forteresses ou dans des lieux appropriés à cet effet, si l'on a des motifs sérieux de craindre qu'ils ne s'évadent.

Art. 20. L'État neutre a le droit de mettre en liberté les prisonniers amenés par des troupes qui pénètrent sur son territoire.

Art. 21. L'État neutre fournit aux internés des vivres et tous les secours commandés par l'humanité.

Art. 22. L'État neutre ne procède à un échange d'internés que de commun accord avec les États belligérants. Il en est de même de la levée de l'internement avant la conclusion de la paix définitive.

Art. 23. Dès que le traité de paix est ratifié, les internés sont rendus à l'État auquel ils appartiennent, lequel est tenu de rembourser les dépenses qu'ils ont occasionnées.

L'État neutre restituera, en même temps, et sous la même condition, à l'État qui en est resté propriétaire, le matériel, les armes, munitions, effets d'équipement et autres objets amenés ou apportés par les internés, ou le prix de vente, s'il en a été disposé par suite d'une utilité évidente ou d'une commune entente.

Art. 24. L'État neutre peut autoriser le passage par son territoire des blessés ou malades appartenant aux armées en guerre.

Art. 25. — L'Etat neutre a le droit d'accueillir chez lui des blessés ou malades à condition de les garder jusqu'à la conclusion de la paix. Ceux qui seraient estropiés au point d'être devenus impropres au service ou dont la convalescence serait présumée devoir excéder la durée probable de la guerre, seraient renvoyés dans leur pays dès que leur état le permettrait.

Nº IV.

Projet de réponse à la pétition des habitants d'Anvers présenté, dans la séance du 1er août, par M. le Président de la Conférence.

(*Voir* prot. nº III.)

M. le Délégué de S. M. le Roi des Belges a donné communication à la Commission d'une pétition adressée au Gouvernement du Roi par les habitants de la ville d'Anvers.

Cette pétition a pour objet d'exprimer le vœu que la Conférence réunie à Bruxelles, étant instituée dans un but d'humanité, veuille bien adopter comme un principe à appliquer désormais en cas de guerre, que lorsqu'une ville fortifiée sera soumise au bombardement, le feu de l'artillerie ne soit dirigé que contre des forts et non contre les habitations privées appartenant à des citoyens inoffensifs.

La Commission a pris acte de cette communication. Elle s'est trouvée d'accord pour constater que dans l'exposé des principes généraux qui forme le préambule du Projet soumis à ses délibérations, il est dit:

„Les opérations de guerre doivent être dirigées exclusivement contre „les forces et les moyens de guerre de l'Etat ennemi et non contre ses „sujets tants que ces derniers ne prennent pas eux-mêmes une part active „à la guerre."

En outre, le § 51 dudit Projet dit expressément: „Les troupes doivent „respecter la propriété privée dans les pays occupés et ne point la détruire „sans nécessité urgente."

Ces principes attestent que la Conférence est déjà saisie du vœu humanitaire exprimé par la pétition des citoyens d'Anvers et que ses délibérations ont pour but de rechercher tous les moyens pratiques de le réaliser.

Il est permis d'espérer que ces principes amèneront dans l'avenir la réalisation du vœu des citoyens de la ville d'Anvers.

En attendant, la Commission a la ferme confiance que tout commandant d'armées civilisées, se conformant aux principes que la Conférence de Bruxelles a pour objet de faire sanctionner par un règlement international, considérera toujours comme un devoir sacré d'employer tous les moyens qui peuvent dépendre de lui, en cas de siége d'une ville fortifiée, afin de respecter la propriété privée appartenant à des citoyens inoffensifs, autant que les circonstances locales et les nécessités de la guerre lui en laisseront la possibilité.

N° V.

SECTION I.

CHAPITRE V. — DES ESPIONS.

(Texte modifié dans la séance du 1er août. *Voir* prot. n° III.)

§ 18. — Ne peut être considéré comme espion que l'individu qui, agissant clandestinement ou sous de faux prétextes, recueille ou cherche à recueillir des informations dans les localités occupées par l'ennemi, avec l'intention de les communiquer à la partie adverse.

§ 19. — L'espion pris sur le fait est traité d'après les lois en vigueur dans l'armée qui l'a saisi.

§ 20. — Supprimé.

§ 21. — Si l'espion, qui, après avoir rempli sa mission, rejoint l'armée à laquelle il appartient, est capturée plus tard par l'ennemi, il est traité comme prisonnier de guerre et n'encourt aucune responsabilité pour ses actes antérieurs.

§ 22. — Les militaires qui ont pénétré dans les limites de la sphère d'opérations de l'armée ennemie, dans le but de recueillir des informations, ne sont pas considérés comme espions, s'il a été possible de reconnaître leur qualité de militaires. De même, ne doivent pas être considérés comme espions, s'ils sont capturés par l'ennemi: les militaires et aussi les non-militaires effectuant ouvertement la transmission de dépêches d'une partie de l'armée à l'autre ou en destination de l'armée ennemie.

Observation. — A cette catégorie appartiennent aussi les individus capturés dans les ballons et envoyés pour transmettre des dépêches, et en général pour entretenir les communications entre les diverses parties d'une armée.

N° VI.

**Projet d'article concernant les Guides et présenté par M. le second
Délégué de Russie dans la séance du 1er août.**

(*Voir* prot. n° III.)

Art.... — Un habitant du pays qui a *volontairement* servi de guide à
l'ennemi est coupable de haute trahison; il n'est pas punissable dès qu'il
a été *forcé* par l'ennemi.

Un guide, même quand il a été forcé de servir l'ennemi, peut être puni
quand il a indiqué avec intention de faux chemins.

N° VII.

SECTION III.

CHAPITRE Ier.

(Texte modifié dans la séance du 3 août. *Voir* prot. n° IV.)

Les §§ 55 et 56 sont réservés pour un examen ultérieur.

§ 57. — Est considéré comme parlementaire l'individu autorisé par l'un
des belligérants à entrer en pourparlers avec l'autre et se présentant avec
le drapeau blanc, accompagné d'un trompette (clairon ou tambour) ou aussi
d'un porte-drapeau. Il aura droit à l'inviolabilité ainsi que le trompette
(clairon ou tambour) et le porte-drapeau qui l'accompagnent.

§ 58. — Le chef auquel un parlementaire est expédié n'est pas obligé
de le recevoir en toutes circonstances et dans toutes conditions.

Il lui est loisible de prendre toutes les mesures nécessaires pour empêcher le parlementaire de profiter de son séjour dans le rayon des positions de l'ennemi au préjudice de ce dernier, et si le parlementaire s'est
rendu coupable de cet abus de confiance, il a le droit de le retenir temporairement.

Il peut également déclarer d'avance qu'il ne recevra pas de parlementaires pour un temps déterminé. Les parlementaires qui viendraient à se
présenter après une pareille notification, du côté de la partie qui l'aurait
reçue, perdraient le droit à l'inviolabilité.

§ 59. — Si le parlementaire se présentant chez l'ennemi pendant un
combat est blessé ou tué par accident, ce fait ne sera pas considéré par
l'adversaire comme une violation du droit.

§ 60. — Le parlementaire perd ses droits d'inviolabilité, s'il est prouvé
d'une manière positive et irrécusable qu'il a profité de sa position privilégiée pour provoquer une trahison.

CHAPITRE II. — Des capitulations.

§ 61. — Les conditions des capitulations dépendent d'une entente entre les parties contractantes. Elles ne doivent pas être contraires à l'honneur militaire. Une fois fixées par une convention, elles doivent être scrupuleusement observées par les deux parties.

CHAPITRE III. — De l'armistice.

§ 62. — L'armistice suspend les opérations de guerre par un accord mutuel des parties belligérantes. Si la durée n'en est pas déterminée, les parties belligérantes peuvent reprendre en tout temps les opérations, pourvu, toutefois, que l'ennemi soit averti en temps convenu, conformément aux conditions de l'armistice.

§ 63. — Supprimé.

§ 64. — L'armistice peut être général ou local. Le premier suspend partout les opérations de guerre des Etats belligérants; le second seulement entre certaines fractions des armées belligérantes et dans un rayon déterminé.

§ 65. — L'armistice doit être officiellement et sans retard notifié aux autorités compétentes et aux troupes. Les hostilités sont suspendues immédiatement après la notification.

§ 66. Il dépend des parties contractantes de fixer, dans les clauses de l'armistice, les rapports qui pourront avoir lieu entre les populations.

§ 67. — La violation de l'armistice par l'une des parties donne à l'autre le droit de le dénoncer.

§ 68. — La violation des clauses de l'armistice par des particuliers, sur leur initiative personnelle, donne droit seulement à réclamer des autorités compétentes la punition des coupables ou une indemnité pour les pertes éprouvées.

N° VIII.

SECTION I.

CHAPITRE Ier.

(Nouvelle rédaction proposée par M. le Président dans la séance plénière du 5 août. *Voir* prot. n° III.)

§ 1er. — Un territoire de l'un des belligérants est considéré comme occupé lorsqu'il se trouve placé de fait sous l'autorité de l'armée ennemie.

L'occupation ne s'étend qu'aux territoires où cette autorité est établie et ne dure qu'aussi longtemps qu'elle est en mesure de l'exercer.

§ 2. — L'autorité du pouvoir légal étant suspendue de fait par l'occupation, il est du devoir de l'Etat occupant de prendre toutes les mesures qui dépendent de lui en vue de rétablir et d'assurer, autant qu'il est possible, l'ordre et la vie publique.

§ 3. — Il doit à cet effet maintenir les lois qui étaient en vigueur dans le pays en temps de paix, et ne les modifier ou suspendre que s'il y est absolument obligé et seulement pour la durée de l'occupation.

§ 4. — Il doit protéger les institutions et les fonctionnaires de l'administration, de la police et de la justice qui continueraient d'exercer leurs fonctions, et ne révoquer ou livrer à la justice que ceux qui ne rempliraient pas les obligations acceptées par eux.

§ 5. — L'armée d'occupation n'a pas le droit de prélever d'autres impôts, redevances, droits et péages que ceux déjà établis par le Gouvernement légal du pays et principalement en vue de pourvoir aux frais de l'administration locale.

§ 6. — L'armée qui occupe un pays n'a le droit de prendre possession que des capitaux du Gouvernement, de ses dépôts d'armes, de ses moyens de transport, de ses magasins et approvisionnements et en général que de toute propriété du Gouvernement pouvant servir au but de la guerre.
Observation. — Le matériel des chemins de fer, de même que les dépôts d'armes et en général toute espèce de munitions de guerre, quoique appartenant à des Sociétés ou à des personnes privées, sont sujets à la prise de possession temporaire par l'armée d'occupation, comme étant des moyens de guerre qui ne peuvent être laissés à la disposition de l'ennemi.

§ 7. — L'armée d'occupation n'a que le droit d'administration et de jouissance des édifices publics, immeubles, forêts et exploitations agricoles appartenant à l'État ennemi et se trouvant dans le pays occupé. Elle doit autant que possible sauvegarder le fonds de ces propriétés et s'abstenir de tout ce qui ne serait pas justifié par l'usufruit.

§ 8. — La propriété des églises, des établissements de charité et d'instruction, de toutes les institutions consacrées à des buts scientifiques, artistiques et de bienfaisance, n'est pas sujette à prise de possession par l'armée d'occupation. Toute saisie ou destruction intentionelle de semblables établissements, comme aussi des monuments, des œuvres d'art ou des musées scientifiques, doit être poursuivie par l'autorité compétente.

N° IX.

SECTION I.

CHAPITRE VI. — Des prisonniers de guerre.

(Texte modifié dans la séance du 6 août. *Voir* prot. N° VI).

Les §§ 23 et 24 sont réservés pour une discussion ultérieure.

§ 25. — Les prisonniers de guerre ne sont pas des criminels, mais des ennemis légaux et désarmés. Ils sont au pouvoir du Gouvernement ennemi, mais non des individus ou des corps qui les ont capturés. Ils doivent être traités avec humanité et, sauf le cas d'insubordination, ne peuvent être l'objet d'aucune violence. Tout ce qui leur appartient personnellement, les armes exceptées, reste leur propriété.

§ 26. — Les prisonniers de guerre peuvent être assujettis à l'internement dans une ville, forteresse, camp ou localité quelconque, avec obligation de ne pas s'en éloigner au delà de certaines limites déterminées; mais ils ne peuvent être enfermés que par mesure de sûreté indispensable.

§ 27. — Les prisonniers de guerre peuvent être employés à certains travaux publics qui n'aient pas un rapport direct avec les opérations sur le théâtre de la guerre et qui ne soient pas exténuants ou humiliants pour leur grade militaire, s'ils appartiennent à l'armée, ou pour leur position officielle, s'ils n'en font point partie.

Ils pourront également, en se conformant aux dispositions réglementaires à fixer par l'autorité militaire, prendre part aux travaux de l'industrie privée.

Leur salaire servira à améliorer leur position ou leur sera compté au moment de leur libération; Dans ce cas, les frais d'entretien pourront être défalqués de ce salaire.

§ 28. — Les prisonniers de guerre ne peuvent être astreints d'aucune manière à prendre une part quelconque à la poursuite des opérations de la guerre.

§ 29. — Le Gouvernement au pouvoir duquel se trouvent les prisonniers de guerre se charge de leur entretien.

Les conditions de l'entretien des prisonniers de guerre peuvent être établies par une entente mutuelle entre les parties belligérantes.

A défaut de cette entente, et comme principe général, les prisonniers de guerre seront traités, pour la nourriture et l'habillement sur le même pied que les troupes du Gouvernement qui les aura capturés.

En vue de remplacer les §§ 30, 31 et 32, M. le Président donne lecture d'un Projet d'article de la teneur suivante et qui est discuté dans la séance du 6 août.

„Les prisonniers de guerre sont assujettis, selon leur rang militaire,
„aux lois du Code militaire ou aux règlements disciplinaires du Gouver-
„nement au pouvoir duquel ils se trouvent.

„Un prisonnier de guerre qui prend la fuite ne peut être tué que pen-
„dant la poursuite, et, s'il est repris, il n'est passible que de peines dis-
„ciplinaires.

„Tout complot des prisonniers de guerre en vue d'une fuite générale
„est puni selon les règlements militaires. Toute rébellion contre les auto-
„rités établies au lieu de leur internement est punie d'après les lois
„militaires."

§ 30. — Les prisonniers de guerre sont soumis aux lois et règlements
en vigueur dans l'armée de l'Etat au pouvoir duquel ils se trouvent.

Contre un prisonnier de guerre en fuite il est permis, après sommation,
de faire usage des armes. Repris, il est passible de peines disciplinaires
ou soumis à une surveillance plus sévère.

Si plus tard il est de nouveau fait prisonnier, il n'est passible d'aucune
peine pour sa fuite antérieure.

§§ 31 et 32. — Supprimés.

§ 33. — Chaque prisonnier de guerre est tenu de déclarer, s'il est
interrogé à ce sujet, ses véritables nom et grade et, dans le cas où il
enfreindrait cette règle, il encourrait une restriction de la jouissance des
avantages de position faits aux prisonniers de guerre de sa catégorie.

§ 34. — L'échange des prisonniers de guerre est réglé par une entente
mutuelle entre les parties belligérantes.

§ 35. — Les prisonniers de guerre peuvent être mis en liberté sur
parole si les lois de leur pays les y autorisent et, en pareil cas, ils sont
obligés, sous la garantie de leur honneur personnel, de remplir scrupuleusement, tant vis-à-vis de leur propre Gouvernement que vis-à-vis de
celui qui les a faits prisonniers, les engagements qu'ils auraient contractés.

Dans le même cas, leur propre Gouvernement est tenu de n'exiger ni
de n'accepter d'eux aucun service contraire à la parole donnée.

§ 36. — Un prisonnier de guerre ne peut être contraint d'accepter sa
liberté sur parole, de même que le Gouvernement ennemi n'est pas obligé
d'accéder à la demande du prisonnier réclamant sa mise en liberté sur
parole.

§ 37. — Tout prisonnier de guerre, libéré sur parole et de nouveau
repris portant les armes contre le Gouvernement envers lequel il s'était
engagé d'honneur, peut être privé des droits de prisonnier de guerre et
traduit devant les tribunaux.

N° X.

SECTION I.

CHAPITRE VII. — Des non-combattants et des blessés.

(Texte présenté par M. le premier Délégué d'Allemagne dans la séance du 7 août. *Voir* prot. n° VII.)

§ 38. — Les blessés et les malades de l'armée ennemie seront soignés et entretenus par les belligérants de la même manière que ceux qui appartiennent à leurs propres armées; du reste, ils sont, comme tous les autres prisonniers de guerre, soumis aux règles et instructions du chapitre VI (du Projet russe).

Les blessés et les malades appartenant à l'armée ennemie, et qui, après guérison, seront trouvés incapables de prendre part à la guerre, devront être renvoyés dans leur pays.

§ 39. — Les médecins, les pharmaciens et les aides-chirurgiens demeurés près des blessés sur le champ de bataille, tout le service personnel des hôpitaux militaires et des ambulances de campagne, ainsi que les membres des Sociétés de secours admis par les autorités militaires sur le théâtre de la guerre, ne pourront pas être faits prisonniers de guerre; ils jouiront de l'inviolabilité, s'ils ne prennent point part aux opérations de guerre.

Quand leurs services ne seront plus nécessaires pour les malades et les blessés, ils devront, sur leur demande, être renvoyés et, si cela peut se faire sans préjudice des opérations militaires, délivrés aux avant-postes de leur armée par le plus court chemin.

Le matériel des ambulances et des hôpitaux de réserve délaissés ne pourra être déclaré butin que quand il ne sera plus nécessaire pour le service des blessés et des malades à l'endroit où il a été établi.

§ 40. — Hors des limites du champ de bataille, le personnel et le matériel des ambulances et des hôpitaux militaires non établis est soumis aux lois de la guerre; de même tous les hôpitaux si l'ennemi en use.... (*voir* Projet russe § 40.)

§ 41. — Les personnes jouissant du droit à l'inviolabilité et.... (*voir* Projet russe § 41.)

§ 42. — Les établissements publics et privés consacrés au service de santé ne pourront, durant le temps de cet usage et à mesure de l'espace nécessaire à cet effet, être employés à d'autres buts militaires.

§ 43. — Les ambulances de campagne et les hôpitaux établis devront être marqués par un signe distinctif (drapeau blanc à croix rouge); de même un brassard blanc à croix rouge sera porté par le personnel sanitaire (voir *supra* § 39).

§ 44. — (Projet russe modifié.)

Les non-combattants, jouissant du droit à l'inviolabilité, devront porter un signe distinctif et un document d'autorisation délivré par leur Gouvernement et en outre un certificat d'identité, les deux derniers délivrés par l'autorité compétente.

A d'autres personnes le brassard blanc à croix rouge ne donnera nul droit à l'inviolabilité de la part des belligérants.

N° XI.

Projet d'articles relatifs aux Sociétés de secours pour les prisonniers de guerre.

(Rédaction proposée par M. le premier Délégué de Belgique dans la séance du 7 août. *Voir* prot. n° VII.)

1. — Les agents des Sociétés de secours n'auront accès auprès des prisonniers en marche ou provisoirement internés dans la zone des opérations militaires que dans des cas exceptionnels et avec l'assentiment préalable de l'autorité militaire compétente.

Ils pourront être admis dans les dépôts permanents en se soumettant aux mesures de précaution exigées par l'autorité militaire.

2. — Les membres délégués des Sociétés de secours seront munis d'un document officiel constatant leur identité.

3. — Les Sociétés pourront faire distribuer aux prisonniers par leurs délégués, sous le contrôle et la surveillance de l'autorité militaire compétente, des secours en habillements, en linge, en argent, en livres et en médicaments, selon les besoins et les circonstances. Elles pourront également offrir leur concours pour les soins religieux et moraux à donner aux prisonniers en respectant la liberté de conscience et en s'abstenant de toute communication qui serait jugée inopportune ou nuisible par le commandant du dépôt.

4. — Seront admis en franchise de droit les objets d'habillement, linge, etc., qui seront envoyés aux prisonniers par les Sociétés de secours, ou qui leur seront expédiés individuellement.

Les lettres envoyées ou reçues par les prisonniers, ainsi que les mandats et articles d'argent qui leur seront adressés, seront exempts de la taxe postale.

5. — Les délégués des Sociétés de secours pourront obtenir communication des listes des prisonniers dressées dans les dépôts des autorités militaires.

6. — Les délégués qui contreviendraient aux dispositions qui précèdent ou qui donneraient à leurs actes un caractère autre que celui de la bienfaisance pure ne pourraient plus réclamer le bénéfice des clauses de la présente Convention.

N° XII.

SECTION II.

CHAPITRE Iᵉʳ.

(Nouvelle rédaction proposée par M. le Président dans la séance du
7 août. *Voir* prot. n° VII.)

§ 45. — La population d'une localité qui n'est pas encore occupée par
l'ennemi et qui prend les armes pour la défense de la patrie, doit être
considérée comme partie belligérante et, si elle est faite prisonnière, elle
doit être considérée comme prisonnière de guerre.

OBSERVATION. — *L'article 45 pourrait être considéré comme suffisant. Il
en ressort logiquement que la population d'une localité occupée n'étant pas
dans les mêmes conditions, ne jouit pas des mêmes priviléges de belligérant.*

*Toutefois, pour la garantir contre les conséquences de ce vague, on pour-
rait ajouter :*

§ 46. — Les individus faisant partie de la population d'un pays dans
lequel le pouvoir de l'ennemi est établi et qui se soulèvent contre lui, les
armes à la main, *peuvent être déférés à la justice ;*

Ou bien :

§ 46. — La population d'un territoire occupé par l'ennemi qui se soulève les armes à la main peut être considérée comme belligérante si elle
satisfait aux conditions suivantes :

1° Si elle prend les armes pour la défense de la patrie sur l'ordre de
son Gouvernement ;

2° Si elle se conforme aux lois et coutumes de la guerre et aux conditions des §§ 9 et 10.

3° Si elle a une organisation suffisante pour la distinguer de la population paisible.

§ 47. — Les individus qui tantôt prennent part de leur propre chef aux
opérations de guerre, tantôt retournent à leurs occupations pacifiques, ne
satisfaisant pas en général aux conditions des §§ 9 et 10, ne jouissent pas
des droits de parties belligérantes et sont passibles, en cas de capture, de
la justice militaire.

§ 48. — La population d'une province occupée ne peut être forcée, ni
à prendre part aux opérations militaires contre son Gouvernement légal,
ni à des actes de nature à contribuer à la poursuite de buts de guerre au
détriment de la patrie.

§ 49. — La population des provinces occupées ne peut être contrainte
au serment de sujétion à la puissance ennemie.

§ 50. — Les convictions religieuses, l'honneur, la vie et la propriété
de la population pacifique doivent être respectés par l'armée ennemie.

§ 51. — Le butin doit être formellement interdit.

SECTION IV.

Des représailles.

§ 69. — En général, le droit et l'humanité exigent qu'un innocent ne souffre pas pour un coupable.

Les représailles ne seront admises, dans les cas extrêmes:

Qu'avec l'autorisation expresse du commandant en chef, contre un ennemi qui aurait violé les lois et coutumes de la guerre, celles du droit des gens et les principes posés dans la présente déclaration;

Et en proportionnant les moyens et l'étendue des représailles avec le degré d'infraction commise par l'ennemi.

N° XIII.

SECTION I.

CHAPITRE VII. — Des malades et des blessés.

(Rédaction de la sous-commission proposée dans la séance du 10 août.
Voir prot. n° VIII.)

§ 38. — Les malades et les blessés tombés entre les mains de l'ennemi seront considérés comme prisonniers de guerre et traités avec humanité conformément à la Convention de Genève. Ils recevront les mêmes soins que ceux qu'en pareille circonstances l'ennemi donne à ses propres malades et blessés.

Ceux dont la convalescence sera présumée, d'après les constatations officielles, devoir excéder la durée probable de la guerre, seront, s'ils en expriment le désir, renvoyés dans leur pays dès que leur état le permettra.

§ 39. — Le personnel mentionné à l'article 2 de la Convention de Genève ainsi que les membres des Sociétés de secours admis sur le théâtre de la guerre par les autorités militaires, jouiront des droits garantis par ladite Convention, à moins qu'ils ne prennent part aux hostilités.

L'emploi des armes pour leur défense personnelle ne les privera pas de ces droits.

§ 40. — Quand leurs services cesseront d'être nécessaires aux malades et aux blessés, l'autorité militaire devra, sur leur demande, les renvoyer et, si cela peut avoir lieu sans nuire aux opérations militaires, les faire reconduire aux avant-postes de leur armée par le chemin le plus court.

§ 41. — Les parties belligérantes sont tenues de prêter leur assistance aux personnes neutralisées tombées sous leur juridiction, afin d'assurer à celles-ci la jouissance du traitement assigné par leur Gouvernement et, en cas de nécessité, de leur délivrer des secours à titre d'avance.

§ 42. — Le personnel susmentionné doit porter, outre le signe distinctif prévu par la Convention de Genève, un certificat d'identité ainsi qu'une autorisation émanant de l'autorité compétente.

Les personnes qui ne remplissent pas ces conditions ne peuvent réclamer les priviléges garantis par la Convention de Genève.

§ 43. — Les hôpitaux et ambulances, sous la condition que l'ennemi n'en use pas dans des buts de guerre, seront respectés et jouiront des droits qui leur sont assurés par ladite Convention.

Le fait qu'ils sont protégés par un piquet ou des sentinelles ne les prive pas de cette prérogative. Le piquet ou les sentinelles, en cas de capture, sont seuls considérés comme prisonniers de guerre.

Le matériel des hôpitaux ne passe à la disposition de l'armée d'occupation qu'alors qu'il n'est plus nécessaire au service des blessés et des malades.

§ 44. — Les établissements publics et privés consacrés au service de santé ne peuvent être employés à d'autres buts militaires qu'autant qu'ils ne soient pas occupés par des blessés.

Nᵒ XIV.

SECTION I.

CHAPITRE Iᵉʳ.

(Nouveau texte proposé par M. le Président dans la séance du 11 août. *Voir* prot. nᵒ IX.)

§ 1ᵉʳ. — Un territoire de l'un des belligérants est considéré comme occupé, lorsqu'il se trouve placé de fait sous l'autorité de l'armée ennemie. L'occupation ne s'étend qu'aux territoires où cette autorité est établie et tant qu'elle est en mesure de s'exercer.

§ 2. — L'autorité du pouvoir légal étant suspendue de fait par l'occupation, l'Etat occupant prend toutes les mesures qui dépendent de lui en vue de rétablir et d'assurer, autant qu'il est possible, l'ordre et la vie publique.

§ 3. — A cet effet, il maintient les lois qui étaient en vigueur dans le pays en temps de paix, et ne les modifie, ne les suspend ou ne les remplace que s'il y est obligé.

§ 4. — Les institutions et les fonctionnaires de l'administration, de la police et de la justice qui continueraient, sur son invitation, à exercer leurs fonctions, jouissent de sa protection et ne sont révoqués, expulsés ou livrés à la justice que dans le cas où ils ne rempliraient pas les obligations acceptées par eux.

§ 5. — Les impôts, redevances, droits et péages déjà établis par le Gouvernement légal du pays, ou leur équivalent, sont prélevés par l'armée d'occupation qui les emploie autant que possible à pourvoir aux frais de l'administration locale.

§ 6. — Les capitaux du Gouvernement, ses dépôts d'armes, ses moyens de transport, ses magasins et ses approvisionnements et en général toute propriété du Gouvernement pouvant servir au but de la guerre, peuvent être saisis par l'armée d'occupation.

Observation. — Le matériel des chemins de fer, les bateaux à vapeur et autres vaisseaux, de même que les dépôts d'armes et en général toute espèce de munitions de guerre, quoique appartenant à des sociétés ou à des personnes privées, sont également des moyens de guerre qui ne peuvent être laissés à la disposition de l'ennemi. Le matériel des chemins de fer de même que les bateaux à vapeur et autres vaisseaux sont restitués à la paix.

§ 7. — L'armée d'occupation a l'administration et la jouissance des édifices publics, immeubles, forêts et exploitations agricoles appartenant à l'Etat ennemi et se trouvant dans le pays occupé. Elle doit, autant que possible, sauvegarder le fonds de ces propriétés et s'abstenir de tout ce qui ne serait pas justifié par l'usufruit.

§ 8. — La propriété des églises, des établissements de charité et d'instruction, de toutes les institutions consacrées à des buts scientifiques, artistiques et de bienfaisance, n'est pas sujette à prise de possession par l'armée d'occupation. Toute saisie ou destruction intentionnelle de semblables établissements, comme aussi des monuments, des œuvres d'art ou des musées scientifiques, doit être poursuivie par l'autorité compétente.

N° XV.

SECTION I.

CHAPITRE Ier.

(Texte modifié par la Commission dans les séances des 12, 13 et 14 août. *Voir* prot. nos X, XI et XII.)

§ 1er. — Un territoire de l'un des belligérants est considéré comme occupé lorsqu'il se trouve placé de fait sous l'autorité de l'armée ennemi. L'occupation ne s'étend qu'aux territoires où cette autorité est établie et en mesure de s'exercer.

§ 2. — L'autorité du pouvoir légal étant suspendue ou ayant passé de fait entre les mains de l'occupant, celui-ci prendra toutes les mesures qui dépendent de lui en vue de rétablir et d'assurer, autant qu'il est possible, l'ordre et la vie publics.

§ 3. — A cet effet, il maintiendra les lois qui étaient en vigueur dans le pays en temps de paix, et ne les modifiera, ne les suspendra ou ne les remplacera que s'il y a nécessité.

§ 4. — Les services publics et les employés et les fonctionnaires de tout ordre qui consentiraient, sur son invitation, à continuer leurs fonctions, jouiront de sa protection. Ils ne seront révoqués que s'ils manquent aux obligations acceptées par eux et livrés à la justice que s'ils les trahissent.

§ 5. — L'armée d'occupation ne prélèvera que les impôts, redevances, droits et péages déjà établis par le Gouvernement légal du pays, ou leur équivalent, s'il est impossible de les encaisser, et, autant que possible, dans la forme et suivant les usages existants. Elle les emploiera à pourvoir aux frais de l'administration dans la mesure où le Gouvernement légal du pays y était obligé.

§ 6. — L'armée qui occupe un territoire ne pourra saisir que le numéraire, les fonds et les valeurs exigibles appartenant en propre à l'Etat, ses dépôts d'armes, ses moyens de transport, ses magasins et ses approvisionnements et en général toute propriété mobilière de l'Etat de nature à servir au but de la guerre, peuvent être saisis par l'armée d'occupation.

Observation. — Le matériel des chemins de fer, les télégraphes de terre, les bateaux à vapeur et autres navires en dehors des cas régis par la loi maritime, de même que les dépots d'armes et en général toute espèce de munitions de guerre, quoique appartenant à des Sociétés ou à des personnes privées, sont également des moyens de guerre qui ne peuvent être laissés à la disposition de l'ennemi. Le matériel des chemins de fer, les télégraphes de terre, de même que les bateaux à vapeur et autres navires susmentionnés seront restitués et les indemnités réglées à la paix.

§ 7. — L'Etat occupant ne se considérera que comme administrateur et usufruitier des édifices publics, immeubles, forêts et exploitations agricoles appartenant à l'Etat ennemi et se trouvant dans le pays occupé. Il devra sauvegarder le fonds de ces propriétés et les administrer conformément aux règles de l'usufruit.

§ 8. — Les biens des églises, des communes, ceux des établissements de charité et d'instruction, de toutes les institutions consacrées à des buts scientifiques, artistiques et de bienfaisance, même appartenant à l'Etat, seront traités comme la propriété privée.

www.ingramcontent.com/pod-product-compliance
Lightning Source LLC
Chambersburg PA
CBHW061014280326
41935CB00009B/959